U0648249

※ 山西省晋商文化基金会研究专项课题“恰克图晋商发展变迁及当代启示研究”（编号：JSKTY201910）

※ 山西省高校哲学社会科学研究课题“清代中期恰克图贸易研究”（编号：2020W160）

※ 运城学院金融学科建设经费资助

清代恰克图与广州对外贸易方式比较研究

QINGDAI QIAKETU YU GUANGZHOU
DUIWAI MAOYI FANGSHI BIJIAO YANJIU

贾　瑞◎著

人民出版社

序

刘建生

恰克图和广州是清代两个重要的对外贸易口岸，在中外贸易关系中扮演重要角色，尤其是广州，直至今日依然是中国海上丝绸之路的重要一站。自19世纪末20世纪初以来，学术界对恰克图和广州贸易的研究不断深入，通过对大量相关文献的挖掘和分析，研究成果不断涌现，各种学术观点相互碰撞，中外学者对这一研究领域的学术热情不断高涨。

贾瑞于2016年考入山西大学晋商学研究所，攻读经济史博士学位。经过一年的学习，他确定以"清代恰克图和广州对外贸易比较研究"为博士论文选题后，刻苦钻研，在山西大学图书馆、中国国家图书馆等处查阅了大量资料，经常工作到深夜。通过个人努力，再加上与老师们的不断交流，他逐步明晰了自己的研究思路，相继完成了开题报告、论文答辩等内容，顺利毕业。工作后，作者又通过各种学术会议与相关专家学者交流，运用新史料充实论文的内容，现在终于以专著的形式同读者见面了。

关于清代恰克图贸易和广州贸易的研究虽然已经取得了不少的研究成果，但是从两地比较的角度出发研究仍然有很大的研究空间。该论著从两地比较的角度出发展开研究，理论充分，内容扎实，结构完整，具有较为重要的学术价值。作者在学术研究道路上能取得这样的阶段性成果，是难能可贵的。作为导师，我深感欣慰。

该论著写作思路清晰,以"清代恰克图和广州对外贸易比较"为主线,框架合理,数据准确,分析周到详尽,论述重点突出。第一章分别对清代恰克图贸易和广州贸易不同的发展情况进行系统阐述;第二章至第六章分别从信用机制、管理方式、商人主体、商品贸易以及税收结构和意义等方面,就清代恰克图和广州两个对外贸易口岸在多领域的相同点和不同点进行对比分析,系统阐明了清代贸易往来和商人发展趋势背后的原因,进一步弥补了现有研究成果的不足,这也是该论著最大的亮点;最后,在多角度分析清代恰克图和广州贸易异同点的基础上,强调恰克图贸易和广州贸易在清代发展的重要性及对当代贸易政策制定和对外贸易往来的借鉴意义。

该论著在以下方面形成了自己的特色。第一,从多角度出发对恰克图和广州两地的贸易进行了系统深入的比较,有助于我们更好地了解清代的外贸活动。第二,运用经济学、历史学等方法,对贸易活动进行了系统比较。第三,搜集的史料丰富多样,作者既广泛搜集了相关档案史料,又结合中外相关论著,使得论证有理有据。第四,对恰克图和广州的贸易数据进行了较为详尽的考释,论证了恰克图贸易和广州贸易的历史地位。这些方面的论述体现了作者的深入思考与认识。

该论著紧跟时代前沿,面对疫情防控常态化背景下全球经济发展面临的贸易摩擦加剧、贸易保护主义抬头等严峻挑战,系统分析了清代恰克图贸易和广州贸易,并将其与现阶段的"一带一路"倡议相结合,有利于新发展理念的贯彻和国内大循环为主体、国内国际双循环相互促进的新发展格局构建,具有重要的理论价值和现实意义。

当然,清代恰克图和广州对外贸易研究兼具历史学和经济学的双重价值,就该论著而言,可在两方面加以丰富和完善。第一,进一步搜集与清代恰克图和广州历史相关的中外文史料,深化对清代两地商人发展变迁的认识,进一步揭示出当时政策的制定和落实对商人经商的影响。第二,拓宽研究视域,以史为鉴,从经济学角度对恰克图和广州贸易口岸的发展变迁进行分析,对今后优化政府与市场之间的关系、推进有效市场和有为政府的有机结合提供一定的借鉴。

书山有路勤为径,学海无涯苦作舟。《清代恰克图和广州对外贸易比较研究》一书的出版是对贾瑞在博士阶段以及工作之初在学术研究方面的一种回顾和总结,更应该成为今后沉下心来继续从事学术研究一个新的起点和动力。我相信作者能够再接再厉,永葆初心,在今后工作和研究中取得更大的成绩。

(作者系山西大学二级教授、博士生导师,中国经济史学会常务理事,中国近代经济史专业委员会副会长,山西省晋商文化研究会会长)

目　　录

导　论

一

自古以来，中国就始终非常重视对外贸易的开展，从秦汉时期开始，政府便在南方的广州地区开展对外贸易活动，如这一时期中国商人便与大秦（罗马帝国东部）商人开展了直接通商活动。到了东晋，与中国开展贸易的地区逐渐增多，除了大秦以外，天竺（印度）、狮子国（斯里兰卡）等也频繁与中国开展贸易活动。宋代，政府设立专门开展对外贸易的市舶司，大力开展外贸活动。到了元明之际，政府制定了各类鼓励外贸活动的政策措施，对外贸易得到空前的发展，但是从明代后期开始，随着国家政策重心转向国内，对外贸易活动的高潮便逐渐消失。到了清代，这一趋势变得更为明显，国家开展外贸活动的口岸逐渐减少。即便如此，中国的对外贸易也在持续开展，并在一定时期内持续繁荣。这可以从以下两个方面看出来：

第一，从清政府方面讲，“天朝上国”的思想依然根深蒂固，这使得清政府自身具有一种优越感。同时，由于与周边国家相比，中国经济较为发达，当时士大夫的眼界基本局限于此，所以他们依然认为周边及欧洲等地的国家对中国只有“宾服贡献”的关系，希望维持“华夷秩序”，并通过“王政”安抚周边诸国，形成一种以中国为中心的外交理念，再加之周边国家在很长时间内向清王朝不断上贡，这就在客观上使清政府怠于了解全球各国经济社会的发展状况，不重视对外贸易活动的开展。而清朝初年南方边境地区存在着小股的海盗，经常对过往船只进行骚扰，这样，为了维护国内政治经济的发展和沿海地区的社会稳定，也防止中外人民过于频繁的交流给清政府的统治带来不利的影响，清政府便仅仅开放了有限的几个外贸口岸开展中外贸易活动。

第二，从世界范围看，欧洲各国急切地希望开展与中国的贸易活动。从17世纪英国工业革命开始，重商主义政策得到了普遍的认同和实行，西欧各国大力扩展海外殖民地，迅速开展资本原始积累，以增加本国财富，为经济的发展做铺垫。这些国家鼓励本国商人大力开展海外商业贸易活动，并对这些活动提供各种形式的保护。在国家的支持下，商人们在全球范围内寻找能够开展贸易、积累资金的对象。当时中国属于东方大国，其经济在全球范围内占据着重要的位置：从国内生产总值（GDP）增速看，公元1700年到1820年间，中国的GDP年均增长0.85%，在全球主要经济体中仅次于英国和美国，居世界第三位；从GDP规模看，公元1700年，中国的GDP占全球的22%，与包括英、法、德、意、荷、西、葡在内的西欧各国总和相当，到了公元1820年，西欧基本完成了工业革命，经济水平得到了大幅度的提升，但是这时中国的GDP保持在2286亿“国际元”的水平，占全球总量的33%，与120年前相比比重得到了较大幅度的提升，与之形成鲜明对比的是西欧仅占23%。[①] 这样，经济总量较大的中国便成了西欧国家急于打开的一个巨大市场，这些地区的商人也迫切希望与中国展开贸易，以更好地积累财富。对于俄罗斯而言，与中国贸易可以活跃俄国市场，促进远东地区的开发，提高国民的生活水平，并不断积累资本，为自己的经济发展服务，所以很早开始便与中国展开各种形式的陆路贸易，并希望贸易规模不断扩大。

为了保证边疆的稳定和国内人民生活的安定，并顺应国家发展的需要，清政府在南方和北方分别开放了通商口岸与外国进行贸易，在南方主要是广州

① 参见［英］安格斯·麦迪森：《世界经济千年统计》，伍晓鹰等译，北京大学出版社2009年版，第266—269页。

地区,在北方主要是恰克图地区。这样,广州和恰克图便成为中国当时对外经济往来的中心,两地承担了中国对外经济交往的主要工作,为国家的繁荣稳定提供了重要的保障。虽然当时中国更为注重贸易的政治影响,不太注重贸易的利益,但是开放两大通商口岸也在一定程度上刺激了国内贸易和国际贸易的发展,有利于中国社会和经济的繁荣。基于这两地在经济社会发展中的重要地位,目前对于这两个地区经济、社会等的各类研究成果不断问世,但是这些成果大多数着重对于单一贸易口岸的研究,对两地比较的研究成果却不多。所以,本书希望通过对恰克图贸易和广州贸易的有关问题进行比较研究,以更好地了解当时中国的对外贸易状况以及清政府的经济发展政策,为当今的外贸发展提供一定的借鉴。

二

本书对清代对外贸易发展的研究具有重要的意义。

从理论上看,尽管目前研究两大口岸外贸情况的成果比较丰富,并且对于恰克图贸易和广州贸易的各个方面都有比较深入的研究,但是对于两地贸易中存在的异同之处的综合分析还比较少。通过比较恰克图和广州贸易的异同点,有利于我们更好地理解恰克图贸易和广州贸易在清代对外贸易中所扮演的角色,以更为深入地理解清代对外贸易的发展进程,从而更好地理解清代对外贸易对中国经济社会发展发挥的重要作用。

从目前的国内国际经济发展看,随着经济实力的日渐增强,中国融入世界贸易圈的进程不断加快,发挥的作用也越来越大,深入研究清代两大口岸的对外贸易活动进程,能为当今中国经济的发展提供一些借鉴。

1. 目前,中国提出的"一带一路"倡议得到了沿途各国的广泛肯定,与之相联系的各种社会建设、经济交流、文化交融等日益频繁,与此同时,万里茶道的申遗工作也在有条不紊地进行,目前已经被列入世界文化遗产预备名录。

恰克图和广州正是古代"一带一路"贸易沿线的两个重要贸易城市，其中，经恰克图到俄国的路线是在13—15世纪从西安地区向西经甘肃、新疆出国的丝绸之路逐渐没落之后在中国北方地区形成的一条重要贸易通道，而广州与西欧的海上贸易路线基本上与古代的海上丝绸之路相吻合。本书研究可以为目前"一带一路"倡议的深入推进和万里茶道的申遗工作提供一定的理论佐证，夯实其理论基础。

2. 恰克图属于内陆地区，而广州属于沿海地区，比较清政府对这两个地区管理的异同点，可以发现清政府对于内陆地区对外贸易和沿海地区对外贸易管理的异同点。目前中国沿海和沿边的开放贸易正在深入推进，两类地区无论从贸易方式还是贸易管理上都有一定的差异，需要制定有针对性的政策加以管理，以更好促进外贸事业的推进。本研究中对清代恰克图贸易与广州贸易政策的深入分析，能为目前的沿海和内陆地区进一步推进改革开放提供借鉴。

3. 在经济全球化深入发展时期，尤其是在新冠肺炎疫情不断蔓延的当下，贸易争端频繁，表现形式多样，并与政治争端、军事争端等交织在一起；贸易保护主义抬头，一些国家在对外开放中的限制性措施越来越多。研究清代中国对外贸易中有限度的开放政策，并分析这些政策产生的原因及带来的影响，可以让我们汲取当时外贸中的经验教训，为当今的全球化发展提供借鉴。

三

恰克图贸易和广州贸易历来是史学界和经济学界研究的重要领域。从19世纪以来，国内外对该问题的研究逐渐兴起，尤其是20世纪90年代以来，伴随着经济史学的兴起，经济学界对这一问题的研究成果不断与历史学界的研究成果相互碰撞，展现出了勃勃的学术生机。但是，对于恰克图和广州对外贸易比较研究的成果并不多，且仅有的一些成果仅仅是渗透在其他相关研究中，尚未形成一个独立的架构体系，相关综合分析也相对缺乏，这也是本书努力的方向。

本书在写作过程中主要是比较恰克图和广州的对外贸易，所需资料相对较多，主要分为以下几个方面来论述。

（一）恰克图贸易

学术界对恰克图贸易的研究开展较早，并且一直持续到现在，取得了一批较为可喜的成果。其中，首先对恰克图贸易进行研究的当推俄国学者，他们的研究主要分为两个角度。第一，从中俄两国外交关系的角度考察两国贸易关系。特鲁谢维奇的《十九世纪前的俄中外交及贸易关系》以中俄外交关系为切入点，考察了中俄贸易中的运费、贸易额、价格等因素，并对中俄贸易中最为重要的两种形式——官方贸易和私商贸易进行了比较分析，虽然书中的某些观点我们无法认同，但是却给我们提供了中俄贸易的大量历史数据资料，全面深入揭示了这一时期中俄贸易的发展脉络。① 娜·费·杰米多娃、弗·斯·米亚斯尼科夫的《在华俄国外交使者（1618—1658）》对俄国使团在恰克图贸易发展中所起到的推动作用进行了阐述，提供了大量俄国商人在华贸易的有关文献，并揭示了当时清朝社会经济发展的一些状况。② 第二，基于在俄国各个档案馆众多的恰克图贸易档案考察恰克图贸易状况。阿·科尔萨克的《俄中商业贸易关系史述》根据俄国各档案馆所藏的有关恰克图贸易的第一手资料，并以英国和美国的对华贸易状况为参照，详细分析了中俄两国商人从18世纪中叶到19世纪中叶在恰克图的贸易状况，书中提供的当时中外贸易的相关资料，生动展现了中俄双方贸易的繁荣状况。西林的《十八世纪

① 参见［俄］特鲁谢维奇：《十九世纪前的俄中外交及贸易关系》，徐东辉、谭萍译，岳麓书社2010年版。

② 参见［俄］娜·费·杰米多娃、弗·斯·米亚斯尼科夫：《在华俄国外交使者（1618—1658）》，黄玫译，社会科学文献出版社2010年版。

的恰克图》对恰克图贸易的繁盛状况也进行了分析。霍赫洛夫的《集汉学家、商人和企业家于一身的米哈伊尔·舍韦廖夫》以19世纪60年代俄国商人舍韦廖夫的贸易经历为基础,从商品成本及种类、商业贸易路线等角度比较了恰克图中俄贸易和中国与西欧各国贸易之间的异同,由此指出了恰克图贸易存在的问题以及俄国政府所采取的应对之策。① 米·伊·斯拉德科夫斯基的《19世纪下半叶的俄中经济关系》总结了19世纪50年代到90年代间恰克图贸易由于各种原因而产生的变动,以及俄国政府为改变贸易逆差而采取的政策等。

日本学者也对此地的贸易进行了大量研究。吉田金一(1963)主要从中俄双方贸易商品结构的角度对恰克图贸易进行了分析,尤其是深入探讨了双方贸易的不同商品类型。森川哲雄从战争史的角度分析了中俄边境不稳定的一个重要原因是蒙古人的贫困,这使得外蒙古王公希望归顺俄国,进而给清政府的北部边疆治理带来了很大压力,开展中俄边境贸易并促使其发展壮大有利于政府对于国内的蒙古王公和国外的俄罗斯活动进行监视,更好地维护北方边境地区的稳定与安宁。②

从国内看,1949年以前,对中俄贸易的有关研究成果便不断涌现,王之相的《中俄陆路通商关系之历史上变迁》运用故宫博物院内阁大库所藏的俄国档案,系统梳理了中俄贸易的历史,认为中俄贸易对于中国而言,"通商全非其所愿,且亦实无此种需要"③,进而分析了中俄贸易发展较为迟缓的原因。刘选明的《中俄早期贸易考》系统分析了这一时期中俄贸易的发展历程及贸

---

① 参见塔日:《中俄恰克图贸易对蒙古地区经济文化的影响研究》,中央民族大学硕士学位论文,2013年。

② 参见赖惠敏:《清政府对恰克图商人的管理(1755—1799)》,《内蒙古师范大学学报》(哲学社会科学版)2012年第1期。

③ 王之相:《中俄陆路通商关系之历史上的变迁》,《辛巳文录初集》,文奎堂书庄1941年版,第105—120页。

易商品种类等情况。① 陈复光的《有清一代之中俄关系》对有清一代的中俄关系进行了系统性的分析,并对《恰克图条约》的签订过程及后续影响进行了深入的探讨。②

中华人民共和国成立以后,尤其是改革开放之后,关于恰克图贸易的研究专著不断涌现。米镇波是研究中俄恰克图贸易的重要学者,他的专著《清代中俄恰克图边境贸易》在引用大量俄文与中文档案资料的基础上,深入分析了恰克图贸易衰落的原因及其影响,并首次对中俄恰克图贸易的时间范围进行了界定;③另外,他在《清代西北边境地区的中俄贸易》中对恰克图贸易的发展进行了考察④。袁森坡的《康雍乾经营与开发北疆》对恰克图贸易规模、贸易方式、生活状况以及贸易意义等都作了分析;⑤郭蕴深的《中俄茶叶贸易史》以中俄恰克图贸易在清代中后期最为重要的商品茶叶为例,介绍了恰克图茶叶贸易的兴衰变迁历程;⑥马曼丽在《中国西北边疆发展史研究》中也比较宏观地介绍了清代恰克图地区的贸易活动⑦。

对于恰克图贸易研究的论文在这一时期也不断涌现,可以大致归纳为以下几个方面:

第一,关于恰克图贸易发展过程的研究。李志学(1992)按照恰克图贸易规模的变化情况对其分阶段进行了分析。⑧ 黄鉴晖(1993)认为虽然俄商到北京贸易可以使俄国获得巨大的利润,但清政府认为这种贸易活动不利于国家的安全,所以在乾隆时期便停止了俄商到北京的贸易,将贸易全部集中在恰克

① 参见刘选民:《中俄早期贸易考》,《燕京学报》1939 年第 25 期。
② 参见陈复光:《有清一代之中俄关系》,国立云南大学法学院 1947 年版。
③ 参见米镇波:《清代中俄恰克图边境贸易》,南开大学出版社 2003 年版。
④ 参见米镇波:《清代西北边境的中俄贸易》,天津社会科学院出版社 2005 年版。
⑤ 参见袁森坡:《康雍乾经营与开发北疆》,中国社会科学出版社 1991 年版。
⑥ 参见郭蕴生:《中俄茶叶贸易史》,黑龙江教育出版社 1995 年版。
⑦ 参见马曼丽:《中国西北边疆发展史研究》,黑龙江教育出版社 2001 年版。
⑧ 参见李志学:《中俄恰克图贸易述评》,《暨南学报》1992 年第 2 期。

图进行，这就促进了恰克图贸易的发展。① 李易文（1996）从中俄之间主要的贸易活动——茶叶贸易入手，对影响恰克图茶叶贸易情况的相关因素进行了较为深入的分析。② 庄国土（2001）对恰克图茶叶贸易的路线、旅蒙商与俄商的竞争进行了多角度的分析。③ 孙守春（2003）认为早期中俄恰克图贸易促进了俄国丝织、运输等行业的发展，为俄国工业化发展创造了条件，也在一定程度上改善了当时清政府的银荒状态，但是清政府却没有以此为契机大力发展商品经济。④ 罗椿咏（2011）对恰克图贸易中中国茶叶的出口情况进行了研究，发现中国对茶叶的出口逐渐由主动地位转向被动地位，俄商将茶叶从中国内地直接运往俄国，而不经过晋商的贩运，导致茶叶出口过程中的利润被俄国人独占，并指出了这一趋势发生的原因以及对于中国经济发展和北部边疆安全所带来的危害。⑤ 杨永生等（2015）认为随着丝绸之路从 15 世纪开始长期中断，欧洲商人试图经由俄罗斯和印度等地到达中国与中国商人进行贸易，1693 年，为了解决西伯利亚毛皮的销售问题，丹麦商人伊台斯从莫斯科到北京开展贸易，中国北方与俄国的贸易逐渐兴起并发展起来，继而恰克图贸易逐渐兴起。⑥ 李现云（2017）认为在清代，中俄贸易经过了地方边境贸易、官方商队贸易、口岸贸易和陆路贸易 4 个阶段的演变历程。⑦

第二，关于恰克图贸易政府政策的研究。蔡鸿生（1982）认为清政府在恰

---

① 参见黄鉴晖：《山西茶商与中俄恰克图贸易》，《中国经济史研究》1993 年第 1 期。

② 参见李易文：《清中后期的蒙古地区的对俄茶叶贸易》，《中国边疆史地研究》1996 年第 4 期。

③ 参见庄国土：《从闽北到莫斯科的陆上茶叶之路——19 世纪中叶前中俄茶叶贸易研究》，《厦门大学学报》（哲学社会科学版）2001 年第 2 期。

④ 参见孙守春：《早期恰克图贸易的历史地位和作用》，《辽宁师范大学学报》（社会科学版）2003 年第 26 卷第 3 期。

⑤ 参见罗椿咏：《清末俄国对中国茶叶市场的控制及其影响》，《云南师范大学学报》（哲学社会科学版）2011 年第 2 期。

⑥ 参见杨永生、李永宠、刘伟：《中蒙俄文化廊道——“丝绸之路经济带”视域下的万里茶道》，《经济问题》2015 年第 4 期。

⑦ 参见李现云：《概述清代中俄四个贸易阶段的演变——以万里茶道河北段为例》，《农业考古》2017 年第 5 期。

克图口岸实行的"部票"制度使得晋商的贸易活动在时间和空间上都没有了自由,加之这些票商的捐税非常繁重,所以在与俄商的交易中处于非常不利的地位,但是乾隆年间清政府对俄国违约实施的制裁,为晋商的发展创造了和平稳定的环境。① 孙守春(2003)认为早期恰克图贸易除了促进两国经济的增长和社会文化交流之外,更为重要的是缓解了俄国政府的财政危机,暂时确保了俄国不再侵略中国,减轻了中国北部国防存在的压力,保证了两国边境地区的和平与安宁。② 衣长春(2004)从两国政府在恰克图官职设置的角度入手,分析比较了两国政府在该地贸易中所扮演的不同管理角色。③ 林日杖(2006)对中俄在恰克图贸易中的重要商品大黄进行了分析,认为清政府将是否向俄国出口大黄作为约束俄国在边境地区行为的一个工具,并主张这是由清政府认为俄国对中国大黄的依赖所引起的这一态度,进而影响了以后清政府的有关外贸政策。④ 叶柏川(2009)认为俄国政府为了扩大自身的利益,在对华贸易中积极扩大官方贸易,并试图以此垄断俄国的对华贸易,但是由于官方贸易采用的行政手段较为滞后,并忽视了俄国边境地区人民群众的需要,最后不得不被私人贸易所取代。⑤ 刘秉贤(2010)分析了清政府在同治元年以后为了保护恰克图贸易中本国人民的利益而采取的一些措施,认为这些措施在当时虽然有利于保护商民的利益,但是也有很大的局限性。⑥ 刘孝勇(2010)对恰克图贸易的有关情况进行了分阶段分析,认为这一时期的贸易活动为俄国的工业化建设积累了大量资金,并为俄国的商品寻找到了一个广阔的销售市场,为俄

---

① 参见蔡鸿生:《"商队茶"考释》,《历史研究》1982 年第 6 期。

② 参见孙守春:《早期恰克图贸易的历史地位和作用》,《辽宁师范大学学报》(社会科学版)2003 年第 3 期。

③ 参见衣长春:《清代中俄恰克图边境早期官制考》,《西伯利亚研究》2004 年第 4 期。

④ 参见林日杖:《论清代大黄制夷观念发展强化的原因》,《福建师范大学学报》(哲学社会科学版)2006 年第 1 期。

⑤ 参见叶柏川:《论俄国早期对华贸易中推行的官方贸易垄断政策》,《中俄关系的历史与现实》,社会科学文献出版社 2009 年版,第 141—153 页。

⑥ 参见刘秉贤:《清政府挽救蒙古茶叶利权的措施——围绕〈中俄陆路通商章程〉的签订及两次修订》,《内蒙古民族大学学报》(社会科学版)2010 年第 3 期。

国迅速缩小与西方国家之间的发展差距找到了一条道路。① 史军伟(2011)从清政府的外交策略上分析了中俄边境稳定的原因,认为这一时期清政府将中止茶叶贸易作为牵制俄国的利器,逼迫其重新回到谈判桌上,进而使得恰克图贸易在出现问题时能够逐步走向正轨。② 邓沛勇(2011)从对外关系角度分析了《恰克图条约》对中俄双方经济往来所发挥的重要作用。③ 赖惠敏(2012)认为在恰克图贸易中,清政府通过实行照票制度,并设满蒙库伦办事大臣监督贸易活动,对在该地经商的商人进行严格的管制。④ 王士铭(2013)考察了19世纪穆氏家族在恰克图的大黄贸易状况。⑤

第三,对恰克图贸易的经济学分析。由于中俄之间在恰克图开展的主要是经济活动,再加上从清朝初年开始,饮茶习俗逐渐在俄国贵族中流行起来⑥,所以对于茶叶贸易的经济学分析就成为恰克图边境贸易研究的一个重要方面。这一方面的研究首推马克思的分析,他的《俄国的对华贸易》是早期研究恰克图贸易的突出成果,其从经济学角度分析了中俄恰克图贸易,深刻揭示了恰克图贸易对俄国资本积累和远东地区开发的影响,并根据当时社会经济的发展状况对中俄贸易状况进行了一定预测。⑦ 从国内学者看,陶德臣(2008)详细论述了恰克图贸易的运作模式和贸易结构。⑧ 成艳萍、王阿丽(2011)通过对茶叶贸易规模的变化和人员流动情况进行分析,认为恰克图贸

① 参见刘孝勇:《沙俄在"恰克图时代"中俄贸易中的地位》,《首都师范大学学报》(社会科学版)2010年第S1期。

② 参见史军伟:《试论清代中俄恰克图边市贸易》,《内蒙古社会科学》(汉文版)2011年第6期。

③ 参见邓沛勇:《雍正时期的中俄关系及其历史作用》,《边疆经济与文化》2011年第8期。

④ 参见赖惠敏:《清政府对恰克图商人的管理(1755—1799)》,《内蒙古师范大学学报》(哲学社会科学版)2012年第1期。

⑤ 参见王士铭:《19世纪穆氏家族与俄罗斯商人在恰克图交易大黄情况》,《内蒙古师范大学学报》(哲学社会科学版)2013年第4期。

⑥ 参见齐运东:《试论清代中俄茶叶贸易》,《中国茶叶》2006年第6期。

⑦ 参见《马克思恩格斯选集》第1卷,人民出版社2012年版,第786—789页。

⑧ 参见陶德臣:《马克思论中俄茶叶贸易》,《中国茶叶》2008年第3期。

易蕴含了经济早期近代化的特征。[①] 石涛等(2012)从中俄两国在清代后期产业结构和需求结构的变化,以及晋商在产茶区采购茶叶成本的变化中,分析出在恰克图贸易最为鼎盛时期的发展状况已经为贸易的衰落埋下了伏笔。[②]

第四,对晋商在恰克图崛起和消亡原因的分析。蔡鸿生(1982)认为 19 世纪 80 年代“商队茶”的出现是俄国抢占伊犁、排挤华商造成的暂时现象,而到了 20 世纪初,随着西伯利亚铁路的建成,俄茶倒灌日趋严重,中国茶商逐渐衰亡,沙俄可以在中国直接收茶,中俄贸易路线由 1 条变为 4 条,从而使得晋商不再是中俄贸易的直接承担者,同时俄商的大量欠债给晋商带来了巨大的损失,而俄国政府对于这些欠款不管不顾,成为晋商对外贸易逐渐走向没落的重要原因。赖惠敏(2012)认为 1860 年后清政府在各地方征收厘金使商人贩运茶叶的利润大为降低,再加之俄商在中国享受比国内商人更优惠的待遇,这样恰克图贸易便逐渐没落下去。刘秉贤(2014)认为中俄一系列条约的签订是晋商在恰克图兴盛和衰败的重要原因,具体来说,《恰克图条约》在地理空间和制度层面上促进了晋商的崛起,《中俄陆路通商章程》重创了晋商的对俄贸易,《伊犁改订条约》与《中俄陆路通商章程》的修订最终导致晋商的对俄贸易走向衰亡。[③]

第五,关于晋商信用体系的研究。学者们从多角度切入,基本形成了几种研究模式:燕红忠等(2006)从贸易规则角度认为,晋商采取的“赊销留尾”交易策略能够克服交易中的不确定性,使得商人和顾客之间由“囚徒困境”走向“合作均衡”,并形成长期的合作关系;[④]李玉龙(2007)从政府行为等外部性

---

① 参见成艳萍、王阿丽:《与恰克图茶叶贸易相关的人员流动分析》,《山西大学学报》(哲学社会科学版)2011 年第 3 期。

② 参见石涛、陈鹏、李军:《盛极而衰:清代中俄恰克图边贸新探》,《中国经济史研究》2012 年第 4 期。

③ 参见刘秉贤:《中俄系列商约框架下的晋商恰克图茶叶贸易》,《山西档案》2014 年第 5 期。

④ 参见燕红忠、李东:《基于晋商实践的信用起源与维持机制》,《经济问题》2006 年第 2 期。

角度分析了晋商信用机制的发展问题;[1]韩芸(2007)从会馆“会规”的视角考察了晋商信用体系的成因;[2]丰若非等(2008)运用重复博弈模型分析了晋商的信用体系,认为在产权无法得到有效鉴别的明清时期,晋商是通过有效的信用博弈,凭借自我实施的集体主义惩戒机制来维持自己的信用机制;[3]高春平(2009)进行了多要素分析,即从意识观念、精神信仰、对待顾客和同行、产品质量和销售、资金周转等方面阐释明清晋商信用体系的特征;[4]张忠民(2013)从顶身股制度的建立和运行,探讨其与晋商讲求信用之间存在的密切关系;[5]刘秋根等(2013)从客户管理角度分析了晋商信用体系的运行;[6]崔俊霞等(2017)从伦理角度分析了明清晋商信用制度的文化基因[7]。分析目前的研究现状,可以发现学者们的研究大都集中在从晋商的整体经营或者管理中的某一方面,分析晋商信用体系的产生、发展、变迁直至最后的衰败,但对中俄恰克图贸易中的国际贸易信用问题研究相对缺乏。

(二)广州贸易

广州十三行是清代中国南方对外贸易的重要窗口,一方面广州是中国南方经济最为发达的城市;另一方面广州是中国与西方世界进行经济、社会和文化交往的重要口岸,所以对于广州十三行的研究成果也相当丰富。其中法国学者路易·德尔米尼(Louis Dermigny)在 1964 年完成的博士论文《中国与西方:18 世纪广州的对外贸易(1719—1833 年)》,系统研究了 18 世纪广州的对

① 参见李玉龙:《晋商信用机构的外部性探析》,《中共山西省委党校学报》2007 年第 5 期。

② 参见韩芸:《试论明清晋商会馆的信用自治管理》,《山西煤炭管理干部学院学报》2007 年第 1 期。

③ 参见丰若非、马建华:《晋商信用的起源与维持机制》,《经济管理》2008 年第 13 期。

④ 参见高春平:《诚信晋商与信用山西》,《山西社会主义学院学报》2009 年第 2 期。

⑤ 参见张忠民:《顶身股:晋商的员工激励》,《清华管理评论》2013 年第 2 期。

⑥ 参见刘秋根、周星辉:《山西票号的客户管理》,《清华管理评论》2013 年第 6 期。

⑦ 参见崔俊霞、成碧莹、朱颖原:《信用伦理视域下的明清晋商》,《经济问题》2017 年第 3 期。

外贸易,此论文对于广州贸易的各类资料进行了充分利用,是研究广州十三行在18世纪对西欧贸易情况的百科全书。法国学者贡斯当的《18世纪广州对外贸易回忆录》提供了18世纪广州贸易的有关数据、西方各贸易公司之间的竞争以及中国官吏们和"大班"们对贸易的态度等情况。①

论著方面,马士的《东印度公司对华贸易编年史》《中华帝国对外关系史》、梁嘉彬的《广州十三行考》、黄启臣的《广州外贸史》等是研究清代广州对外贸易的重要专著。梁嘉彬的《广东十三行考》较为系统地对十三行的起源、沿革、行商事迹等与十三行有关的资料进行了梳理,为我们进一步研究十三行提供了诸多的便利。

关于十三行成立的原因,马士认为它与资本的进口有着密切的关系。具体来说,当时中国的利率很高,广州商人因此吸纳了许多印度方面流入的资金,他们就背负了很重的外债,为了保证信用,政府责令他们立即偿还债务,为了达到这一结果,广州十三行便应运而生。

关于十三行行商的研究,考迪(Henri Cordier)通过把行商行号与商人姓名进行对应,试图厘清行商与商行之间的关系,为深入研究行商的发展与十三行的有关问题提供了便利条件。梁嘉彬(1932)对于广州十三行以及行商问题进行了系统深入的研究。张荣洋以广泛深入的英文档案研究为基础,挖掘了很多家族以前鲜为人知的内容,大大扩展了陈国栋的研究。黄启臣(2000)拓展了对家族的研究,更深入地利用中文材料呈现出了贸易之外行商生活方面的历史内容。范岱克(Paul Van Dyke)的《广州和澳门的商人》(2011、2016)通过对藏在欧洲的广州行商档案进行分析,还原了当时丝绸和瓷器贸易的繁盛状况。王迪安(2016)深入系统地研究了著名的行商伍浩官。莫家咏(2017)从商人身份的角度研究了中国外销画家,游博清(2017)和苏珊·史楚普(Susan Schopp)(2014)分别从英国和法国的视角研究了广州十三行的运作

① 参见耿昇:《贡斯当与〈中国18世纪广州对外贸易回忆录〉》,《暨南史学》第二辑,暨南大学出版社2003年版,第362—375页。

机制。在博士论文方面,杰西卡·韩瑟(Jessica Hanser)(2012)分析了英国散商在中国和印度之间的贸易活动,王硕探讨了伍浩官的社会关系网络,叶霭云(2016)对广州贸易中通事的作用进行了分析,本杰明·阿斯姆森(Benjamin Asmussen)从丹麦商人入手分析了其在对华贸易中建立起来的网络,陈国栋也对广州行商的发展变迁过程进行了深入分析。范岱克(Paul A. Van Dyke)(2018)以广州十三行贸易的研究为基础,通过搜集散落在世界各地的多种关于行商的资料,对于行商的贸易活动、公行的建立以及行商与海外大家族之间的关系等问题进行了深入的分析。① 蔡鸿生(2003)对十三行行商的西洋观念进行了深入的研究②,章文钦、周湘对代表性的行商进行了深入研究③。黄国声(1990)、吴义雄(2007)等对行商的家世、商欠等问题进行了研究。④ 冷冬(2010)对于十三行的商人、贸易活动以及与其相关的造船业、医药卫生等行业进行了深入探讨。⑤ 张忠民(2017)认为清政府与朝廷垄断着十三行的交易,在十三行中,传统的家族势力发挥着巨大的作用,所以十三行是一个商业团体和商业家族,凡是与行商有血缘、亲属关系的主体似乎都可以成为最终的

---

① 参见[美]范岱克:《广州贸易——中国沿海的生活与事业(1700—1845)》,江滢河、黄超译,社会科学文献出版社 2018 年版,“序言”。

② 参见蔡鸿生:《清代广州行商的西洋观——潘有度〈西洋杂咏〉评说》,《广东社会科学》2003 年第 1 期。

③ 参见广州历史文化名城研究会、广州市荔湾区地方文献编纂委员会、章文钦:《广州十三行沧桑》,广东省地图出版社 2001 年版;章文钦:《广东十三行与早期中西关系》,广东经济出版社 2009 年版;章文钦:《从封建官商到买办商人——清代广东行商伍怡和家族剖析》(上),《近代史研究》1984 年第 3 期;章文钦:《从封建官商到买办商人——清代广东行商伍怡和家族剖析》(下),《近代史研究》1984 年第 4 期;章文钦:《从封建官商到买办官僚——吴健彰析论》,《近代史研究》1989 年第 5 期;周湘:《广州外洋行商人》,广东人民出版社 2002 年版;周湘:《清代广州行商倪秉发事迹》,《中山大学学报》(哲学社会科学版)2001 年第 5 期。

④ 参见黄国声:《十三行行商颜时瑛家世事迹考》,《中山大学学报》(哲学社会科学版)1990 年第 2 期;吴义雄:《兴泰行商欠案与鸦片战争前夕的行商体制》,《近代史研究》2007 年第 1 期。

⑤ 参见广州十三行研究中心、中共广州市荔湾区委宣传部、赵春晨、冷东:《广州十三行研究回顾与展望》,广东世界图书出版公司 2010 年版;冷东、刘桂奇:《十三行与清代中后期广州现代医疗卫生体系的初建》,《西南大学学报》(社会科学版)2010 年第 5 期。

无限连带责任者，这已经完全超出了通常的一般民商责任，而是传统中国社会中由血缘、亲属关系派生的财产“连坐”制度。可见，随着十三行行商的有关资料逐步公开，人们对于行商的研究逐渐深入，这就为我们更深刻地认识当时十三行行商的家族关系及发展状况提供了宝贵的资料。

关于十三行贸易活动的研究，樊树志（1982）从沙俄的角度分析了他们希望进行广州贸易的要求，而清政府对此严词拒绝。① 罗伯特·加德纳（Robert Gardella）（1994）将广州茶叶贸易的研究推到了较高的程度。龚缨晏的《“哥德堡号”——中瑞经济文化交流的历史见证》指出，瑞典东印度公司的主要贸易地点便是中国的广州。② 路易斯·德米尼（Louis Dermigny）论述了从1700年到19世纪30年代广州贸易迅速发展的大致情形。乔治·布莱恩·苏萨（George Bryan Souza）明确指出，在讨论广州贸易时必须把澳门包括进来。瓦尔（Do Vale）和奎马拉斯（Angela Guimaraes）则研究了广州体制时期澳门的贸易内容。在博士论文方面，苏珊·史楚普（2015）系统地探索了围绕广州的中法贸易史，莉莎·赫尔曼（Lisa Hellman）从社会史的角度研究了中瑞贸易。另外，蒋祖缘（1998）、李庆新（2008、2010）从中外关系史的视角探讨了行商与西方之间的贸易与文化交流状况。③ 杨宏烈（2004）从经济地理学的角度分析了广州十三行对于广州发展的作用。④ 范岱克（2018）系统研究了广州贸易的行政管理、通事、代理商等。陈国栋（2019）系统研究了广州十三行行商在贸易过程中的资金周转不灵问题及其解决之道。⑤

---

① 参见樊树志：《从恰克图贸易到广州“通商”》，《社会科学战线》1982年第2期。

② 参见广州历史名城研究会、广州市荔湾区编志委员会：《广州十三行沧桑》，广东省地图出版社2001年版。

③ 参见蒋祖缘：《清代十三行吸纳西方文化的成就与影响》，《学术研究》1998年第5期；李庆新：《濒海之地——南海交通与中外关系史研究》，中华书局2010年版；李庆新：《广东省社会科学院历史与孙中山研究所建所五十周年纪念文集》，银河出版社2008年版。

④ 参见杨宏烈：《“十三行”：清朝广州城市发展动力分析》，《中国名城》2014年第5期。

⑤ 参见陈国栋：《经营管理与财务困境——清中期广州行商周转不灵问题研究》，花城出版社2019年版。

对于广州贸易的管理及粤海关在其中的作用，戴和（1985、1988）考察了粤海关的人事管理制度、税收报解制度等一系列制度的运行状况①，黄国盛（1998）考察了粤海关主管官员与外商“大班”之间的关系②，吴义雄（2005）考察了鸦片战争前后粤海关的税务问题③，廖声丰（2009）考察了粤海关的商品和税收问题④，隋福明（2007）分析了十三行贸易制度的变迁⑤，王询等（2013）分析了广州十三行的衰落与政府管理制度之间的密切联系⑥，陈国栋（2014）对广州十三行的行政、税务以及代表性商人等做了全面系统的分析，但是对该地的政府管理方式的分析却着墨不多⑦，腾德永（2019）分析了粤海关为清廷购买黄金的过程，并认为这一行为是造成这一时期白银购买力大为降低的一个重要原因，对于购买黄金价格的持续上涨，清政府并没有拿出根本解决方案，只是进行内部争斗⑧。

（三）恰克图、广州外贸的比较及税制研究

目前学术界对于两地贸易的比较研究并不是很多。刘选民是较早对两地贸易进行比较研究的学者：他在《中俄早期贸易考》中较早地讨论了恰克图贸易的各类经济制度与经济活动，并认为广东贸易与恰克图贸易有巧合之处：广州有公行，恰克图则有票商。Mark Mancall（1964）认为中俄恰克图贸易是一

---

① 参见戴和：《试论清前期粤海关征税用人的弊端》，《广州研究》1985 年第 1 期；戴和：《清代粤海关税收的考核与报解制度述论》，《海交史研究》1988 年第 1 期。

② 参见黄国盛：《鸦片战争前粤海关当局与“大班”的关系及其演变》，《福建论坛》（文史哲版）1998 年第 1 期。

③ 参见吴义雄：《鸦片战争前粤海关税费问题与战后海关税则谈判》，《历史研究》2005 年第 1 期。

④ 参见廖声丰：《清代前期粤海关的商品流通及税收》，《华南农业大学学报》2009 年第 1 期。

⑤ 参见隋福明：《清代“广东十三行”的贸易制度演化》，《社会科学战线》2007 年第 1 期。

⑥ 参见王询、许晓东：《清代广州通商及其十三行制度》，《东北财经大学学报》2013 年第 6 期。

⑦ 参见陈国栋：《清代前期的粤海关与十三行》，广东人民出版社 2014 年版。

⑧ 参见腾德永：《粤海关与晚清宫廷的购金》，《中国经济史研究》2019 年第 1 期。

种在平等贸易地位上的互惠互利行为，而同一时期的广州贸易却出现了一种较为紧张的关系。[①] 近年来，部分学者从不同角度也对该问题进行了比较：周湘（2000）对广州和恰克图的进出口商品种类、市场占有率、进出口贸易额以及洋商与内地商人的管理体制、采销手法进行了一定的比较；[②]刘建生和王锦（2016）从经济学的角度比较了恰克图和广州的外贸管理体制；[③]王飞（2018）从宏观角度对于恰克图贸易和广州十三行贸易进行了比较。[④] 但是从整体上看，这种比较还较为零散，综合性的比较相对缺乏。

对于清代关税的研究主要分为两个层面。

首先，关于清代关税的宏观研究，曾耀辉和匡小平（2012）认为清代的关税主要是清政府在商品的运输过程中征收的一种过路税。清政府在顺治年间废除了明朝的加派谕旨，总体上减轻了老百姓的负担，有利于恢复和发展生产，维持清政府的统治。康熙年间实行摊丁入亩，一方面调动了老百姓的生产积极性，维护了他们的利益；另一方面，国家税收得到了大幅度的提高，改善了国家的财政状况。[⑤] 许檀和经君健（1990）也得出了整个清代税率是呈现下降趋势的结论。[⑥]

其次，关于关税的微观层面研究，近百年来，成果相当丰富。

民国时期对于粤海关关税的研究就已经开始。国内学者方面，贾之芳的《近代中国经济社会》（1949）研究了清代关税与军事之间的关系。吴兆莘的《中国税制史》（1937）对清代的常关税、海关税、厘金税等进行了详细的研究。

---

① 参见赖惠敏：《清政府对恰克图商人的管理（1755—1799）》，《内蒙古师范大学学报》（哲学社会科学版）2012 年第 1 期。

② 参见周湘：《清代毛皮贸易中的广州和恰克图》，《中山大学学报论丛》（社会科学版）2000 年第 3 期。

③ 参见刘建生、王锦：《恰克图与广州对外贸易管理体制比较研究》，《史志学刊》2016 年第 3 期。

④ 参见王飞：《清代十三行贸易和恰克图贸易比较研究》，《经济问题》2018 年第 3 期。

⑤ 参见曾耀辉、匡小平：《康乾盛世的税收制度文化诱因》，《财经理论与实践》2012 年第 3 期。

⑥ 参见许檀、经君健：《清代前期商税问题新探》，《中国经济史研究》1990 年第 2 期。

另外,陈向元(1926)、吴育幹(1930)、周念明(1933)等也对清代的关税进行了一定的研究。国外学者方面,日本东亚同文书院主持的《支那经济全书》第三章对清代的关税进行了研究。日本学者平濑巳之吉的《近代中国经济史》对清代关税与军事之间的关系进行了分析;吉田虎雄的《中国关税及厘金制度》对于清代的常关与海关进行了系统的研究,并整理出一整套的《海关税率表》,有利于后来的学者进一步研究。另外,日本学者高柳松一郎的《中国关税制度论》和英国学者莱特的《中国关税沿革史》等也都是研究中国近代海关制度和关税征收的力作,前者"论"的色彩较浓,后者更多地具有"史"的色彩。

新中国成立到20世纪70年代,中国大陆学者对关税的研究虽然不突出,但是也有一定的成果。彭雨新的《清代关税制度》对整个清代的税关设置和征税制度进行了深入的研究,认为在鸦片战争以后,中国关税性质随着西方资本主义国家的入侵发生了根本改变,突出表现在具有了明显的半殖民地性质。汤象龙(1957)系统研究了清代前期的财政制度,附有"十八世纪末粤海关税率及行商附加表"等统计资料。① 在资料整理上,这一时期编著了很多的关税资料集成。《中国近代对外贸易史资料》《中国海关与中法战争》《中国海关与庚子赔款》等提供的资料为我们深入研究清代的关税提供了极大的便利,有利于进一步深化清代关税史的研究。

20世纪80年代以后,随着学术界的逐渐开放,人们对于这一时期的关税问题进行了广泛深入的研究。在国内学者方面,赵淑敏的《中国海关史》研究了清前期到国民政府时期的海关沿革、关税对国际贸易的影响,提供了大量近代海关关税资料②;叶松年的《中国近代海关税则史》分析了中国近代海关税则的演变情况③;祁美琴的《清代榷关制度研究》对于清代国内榷关的设置、沿革、组织、地位等方面进行了系统性的研究,是目前为止最系统地研究该问题

① 参见汤象龙:《鸦片战争前夕中国的财政制度》,《财经科学》1956年第1期。

② 参见赵淑敏:《中国海关史》,"台湾"中央文物供应社1982年版。

③ 参见叶松年:《中国近代海关税则史》,上海三联书店1991年版。

的著作之一;[1]戴一峰的《近代中国海关与中国财政》主要研究海关与常关、海关与厘金制度、海关与财政之间的关系,对于鸦片战争以后中国海关的性质和作用进行了分析,认为当时的中国海关既是列强侵华的工具,又成了他们改造中国财政体制的样板;[2]冈本隆司的《近代中国与海关》通过对比粤海关和上海海关研究了晚清海关的起源和税务司制度;陈争平的《1895—1936 年中国国际收支研究》对晚清中国的对外贸易活动和海关变迁进行了较为深入的研究;[3]何勇(2006)对归化城税关进行了考察;[4]赖惠敏(2004)对乾隆时期中俄贸易量的迅速增加做了深入的分析,指出这是当时皇室收入增加的一个重要原因,并对内务府包衣在北路三关税收中的作用进行了阐述[5]。国外学者方面,滨下武志是研究清末中国外贸问题的重要日本学者,他的《中国近代经济史研究:清末海关财政与通商口岸市场圈》对晚清海关与常关、财政、市场、金融等之间的关系进行了深入研究,并附有各类海关统计资料,具有重要的史料参考价值;[6]他的另一部著作《近代中国的国际契机》也涉及晚清的海关与关税[7]。

国内外学者在 20 世纪 80 年代以后发表的关税研究论文,主要集中在清朝前期关税制度和关税征收方面。何本方(1984、1985、1987)对户部关的设置、税则的厘定、户部诸关关税在财政中的地位等问题进行了较为深入的探讨。[8] 许檀、经君健(1990)就清代前期关税税则的沿袭、关税定额等问题进行了较全

---

① 参见祁美琴:《清代榷关制度研究》,内蒙古大学出版社 2004 年版。

② 参见戴一峰:《近代中国海关与中国财政》,厦门大学出版社 1993 年版。

③ 参见陈争平:《1895—1936 年中国国际收支研究》,中国社会科学出版社 1996 年版。

④ 参见何勇:《清代漠南地区的商业重镇归化城》,《城市史研究》第 24 辑,天津社会科学院出版社 2006 年版,第 136—164 页。

⑤ 参见赖惠敏:《清乾隆朝的税关与皇室财政》,《台湾"中央研究院"近代史研究所集刊》2004 年第 46 期。

⑥ 参见[日]滨下武志:《中国近代经济史研究:清末海关财政与通商口岸市场圈》,江苏人民出版社 2008 年版。

⑦ 参见[日]滨下武志:《近代中国的国际契机》,中国社会科学出版社 1999 年版。

⑧ 参见何本方:《清代户部诸关耗羡归公的改革》,《南开史学》1984 年第 2 期;《清代的榷关与内务府》,《故宫博物院院刊》1985 年第 2 期;《乾隆年间榷关的免税措施》,《历史档案》1987 年第 4 期。

面的考察。① 邓亦兵(2003)通过对清代前期税则制度变迁的描述,论述了关税税则的变与不变,以及由此导致的问题。② 彭泽益(1984)、韦庆远(1989)对康熙年间江浙闽粤四海关的设置进行了探讨,认为康熙年间实行的关税政策主要是为了更好地发展对外贸易,四海关的设置以及有关关税问题的具体规定有利于国内外经济的发展和交流。③ 针对鸦片战争以后清政府对于海关的认识,王立诚(2001)认为第一次鸦片战争以后,清政府仍然没有认识到海关在国家财政与外交过程中的重要作用,只是把广州的外贸作为安抚外国的一种手段,对于关税的收入没有重视,从而纵容了外商在这一口岸从事大量的走私活动。④ 曹英(2013)认为五口通商初期,清政府出于战败赔款的压力以及海防建设的需要,比较重视海关税收的收入。⑤ 陈诗启(1987)论述了清末税务处的设立和海关隶属关系的改变。⑥ 陈国栋的《清代前期粤海关监督的派遣》《清代前期粤海关的税务行政》,范毅军的《走私、贪污、关税制度与明清国内货物流通税的征收》,日本学者松浦章的《清初的榷关》、香坂昌纪的《清代淮安关的构成及其职能》《清代常关的包揽》、滝野正二郎的《清代乾隆年间常关税额的初步考察》也对清代前期的关税制度和关税征收等做了比较深入的探讨,香坂昌纪的《论清朝嘉庆年间的国家财政与关税收入》则考察了关税收入与国家财政之间的密切关系。

从以上的梳理中我们可以看出,目前国内外学术界对于恰克图贸易和广州贸易的研究成果相当丰富,并且许多都进行了比较深入的研究,得出了很有价值的成果。但是目前从整体上对恰克图贸易和广州贸易进行综合分析的研

---

① 参见许檀、经君健:《清代前期商税问题新探》,《中国经济史研究》1990 年第 2 期。

② 参见邓亦兵:《清代前期税则制度的变迁》,《中国史研究》2003 年第 3 期。

③ 参见彭泽益:《清初四榷关地点和贸易量的考察》,《社会科学战线》1984 年第 3 期;韦庆远:《论康熙时期从禁海到开海的政策演变》,《中国人民大学学报》1989 年第 3 期。

④ 参见王立诚:《英国与近代中外贸易"法治"的建立》,《历史研究》2001 年第 2 期。

⑤ 参见曹英:《近代中外贸易冲突及中国应对举措研究》,湖南师范大学出版社 2013 年版,第 81 页。

⑥ 参见陈诗启:《清末税务处的设立和海关隶属关系的改变》,《历史研究》1987 年第 3 期。

究还不多,而对它们的综合研究能够更好地从宏观上把握清代的对外贸易活动。由此,本书试图以对恰克图贸易和广州贸易的比较为切入点,对两地的贸易管理和贸易活动进行整体性分析,希望能够弥补研究的空白之处。

四

对于经济史研究,吴承明先生主张"史无定法",也就是说在经济史研究中要根据具体的问题选用合适的方法进行研究,可以对不同的方法进行适当的组合,而不必专门使用某一种方法进行分析研究。学界目前主要有历史学方法和经济学方法两种主要研究方法,另外,一些研究中还使用管理学、社会学以及地理学等方法。不同的研究方法取决于不同的研究目的,对于恰克图和广州贸易而言,其研究的对象主要是经济现象,主旨是对清代对外贸易运行中的经济机制和行为进行探讨,所以本书主要使用的是历史学和经济学研究方法。

(一)历史学研究方法

在对清代对外贸易活动的研究中,需要尽可能多地利用已经公开出版的史料。由于清代的史料汗牛充栋,其外贸史料也分散在各种文献中,本书试图尽可能地使用这些史料,还原清代对外贸易的发展过程,从而对恰克图贸易和广州贸易进行更好地把握。

(二)经济学研究方法

由于清代的对外贸易活动是一种经济活动,所以运用经济学理论和方法对其进行分析能够对这两处贸易发展的经济动因和经济效果有更加清晰的认识。

首先,运用制度经济学、国际贸易学以及财政学等有关经济理论对于清代的对外贸易进行探讨。无论是恰克图的自由贸易体制还是广州前期的行商体制;无论是恰克图晋商的发展衰落还是广州商业发展衰落进而复兴,都与当时的经济环境密切相关,运用经济学理论分析其背后的动因,可以使我们更好地认识清代对外贸易的发展状况。

其次,运用统计学的有关方法,对恰克图和广州贸易中的有关数据进行横向和纵向的分析,以直观地认识两地当时经济发展的实际状况以及对于国家的重要意义。

五

本书选择对恰克图和广州地区在清朝时期的对外贸易进行比较,就是要从整体的角度把握清代中国的对外贸易,找出南北对外贸易的异同点,从而可以对当代对外贸易的发展提供借鉴。

本书的主体共分为六章。

第一章对于清代恰克图贸易和广州贸易的发展情况进行概述,对于恰克图贸易的发展历程分为形成、发展、繁盛与衰落四个阶段进行概述,把广州贸易分为四口通商时期、一口通商时期、行商垄断制度废除后的开放时期等几个阶段进行概述。

第二章比较了恰克图贸易和广州贸易的信用机制。两地的贸易活动能够长久持续地进行,与两地贸易中的信用机制密切相关,它们的这一信用机制都来源于中国传统文化,并在发展过程中形成了一套完整的信用体系,两地的商人信用、职业信用、商业信用和政府信用等相互配合,共同保证了他们的兴起和商业的发展,其中,前者是以商业信用为主导,后者在前期以政府信用为主导,后期以商业信用为主导。

第三章比较了两地的管理方式。清政府在对两地进行管理时,考虑到它们是处于内陆沿边地区和沿海地区两类显著不同的区域,从而在两地设置了不同的管理机构，实行了不同的管理政策，其中，恰克图的税收与市场管理相分离，广州的税收与市场管理在同一区域，恰克图的管理比广州更为宽松。

第四章比较了两地商人的发展变迁。在商人结构上，两地商人基本都以本区域内的商人为主，在发展过程中与政府关系较为密切，并都对两地商业的发展做出了一定的贡献，但是他们在发展过程中的代理机制、交易方式以及所面临的压力等方面有较大的差异。在后期的发展中，两地商人都面临着自身能力的弱小以及政府的予取予求等诸多不利条件，在不同交易费用的影响及买办等新兴力量的作用下，恰克图晋商与十三行行商的衰败时间有较大差异。

第五章比较了两地的商品及税收结构。通过对两地进出口商品种类以及价值的分析，可以看出两地出口的都是当时具有比较优势的茶叶、丝绸等商品，进口的主要是香料、药材、棉花等商品。清朝中前期，两地的进出口贸易发展较快，但是恰克图的贸易量远远小于广州；到了清朝晚期，恰克图的贸易量有一个短暂的上升，之后便迅速衰落下去，而广州贸易量的绝对值有所增加，虽然与上海等贸易口岸相比，其所占比重有所下降，但是仍是中国南方的重要贸易口岸。在税收上，广州的税收规模远远大于恰克图，其财政贡献率也比恰克图高得多。

第六章比较了两地贸易的意义。两地的贸易都在一定程度上促进了内地手工业的繁荣与发展，都促进了文化的发展。从不同点看，恰克图贸易促进了国内沿线城市的发展，并为俄国的工业化发展创造了条件，而广州贸易促进了广州地区的近代化进程。

结语部分是对全书的总结。在此基础上，结合当代国际贸易发展状况，分析了恰克图和广州对外贸易给当代国际贸易带来的启示。纵观全书可以看到，恰克图和广州的对外贸易活动促进了国内外经济的发展，极大影响了中国社会的发展进程。对两地对外贸易的分析，不仅要从历史学的角度展开分析，而且要深挖历史资料，从经济学、管理学等角度进行突破，才能对当时的对外贸易活动得到更为深刻的认识，进而古为今用，为当代社会经济的发展提供借鉴。

第一章　恰克图和广州对外贸易发展变迁

在研究恰克图贸易和广州贸易时，必须首先明确这是中国和外国之间进行的平等国家之间的贸易活动。在明清时期，中外关系在很多情况下都是宗主国和附属国的关系，并且明清朝廷经常称呼周边和西洋地区为蛮夷，并没有体现出国家的意识。但是，从恰克图贸易和广州贸易的诸多史料中，可以清楚地看出恰克图贸易和广州贸易都是属于国与国之间的贸易。如顺治二十五年顺治帝给俄国沙皇的敕书开头便提到："大清国皇帝敕谕俄罗斯国察罕汗"①；康熙三十二年五月，索额图为驳俄国索捕逃事复俄伊尔库茨克长官的咨文中提到："本大臣等仰付我圣主统治万邦，普育众生之至意，为两国永相和好，前于尼布楚与贵国大使业已会议定界"②；乾隆帝也明确指出："俄罗斯乃我朝与国"③；另外，清朝在与西方政府的官方往来中有"中国""英吉利"等的表述，可以看出，当时清政府在一定程度上与外国之间还在进行国与国之间的贸易往来。所以，当时清政府把这两地的贸易看成是中外贸易，也在一定程度上体现了当时清政府国家意识的增强。

---

① 故宫博物院明清档案部：《清代中俄关系档案史料选编》，中华书局1979年版，第18页。

② 故宫博物院明清档案部：《清代中俄关系档案史料选编》，中华书局1979年版，第142页。

③ 王建朗、黄克武：《两岸新编中国近代史·晚清卷》，社会科学文献出版社2016年版，第13页。

第一节 恰克图对外贸易发展变迁

从16世纪开始，俄国开始从欧洲地区逐渐向东部地区拓展，广袤的西伯利亚便成为了俄国领土，这样，在扩展到远东地区以后，中俄两国的大部分地区便处于接壤状态，两国边界线便达到10000多公里。随着边民对于贸易需求的日益提升，中俄之间的贸易也从边境零散区域的偶发性贸易逐渐发展到有固定交易场所、经常性的贸易活动。这种发展与中俄两国在政策和军事上的博弈密切相关。在17世纪中叶，清政府刚刚入关，建立了稳定的国家政权，政府受传统观念的影响，认为包括俄国在内的周边国家是落后于中华文明的小国，因而以“中央之国”自居，希望其臣服于中国，向“天朝”纳贡；而俄国视清政府为其征战的对象，要其“归顺于我沙皇陛下最高统治之下，向我大君主纳贡”①，试图侵略中国以进一步扩张领土范围，扩大市场和原料来源地，增加对外贸易机会，为其经济发展服务。由于国家政策上的这种差异，中俄双方进行了“雅克萨之战”，最终以清政府的胜利告终，之后两国签订了《尼布楚条约》和《恰克图条约》等一系列条约，并确定恰克图为双方贸易口岸，这样两国边境在很长一段时间内基本保持和平状态，贸易得以长足发展。

中俄恰克图贸易历经200余年，经历了形成、发展、繁荣和衰落四个阶段。1728年之前，是恰克图贸易的形成时期，这一时期，中俄之间的贸易活动主要在北京、库伦、齐齐哈尔等地，贸易地点时常发生变化，贸易方式也不太稳定，在《恰克图条约》等协议签订之后，两国的贸易活动逐渐集中到恰克图地区。从1728年中俄民间贸易集中到恰克图的18世纪末，是恰克图贸易的发展时期。这一时期，俄国在恰克图的贸易活动主要是民间贸易，北京商队贸易在18世纪上半叶依然开展，但是逐渐没落，到了18世纪中叶完全停止，而恰克

① 故宫博物院明清档案部：《清代中俄关系档案史料选编》，中华书局1979年版，第23页。

图地区的民间贸易日益发展起来;清政府为了维护边境的安定,实行了“以商制夷”的政策,为了保证两国边境地区的稳定,以使得两国能够在边境地区持续开展正常的贸易活动,清政府对于中俄双方出现的争端,采取了多次的闭关政策,这样,两国的贸易额在这一时期有一定的反复,但是总体上看还是在稳步增长。19 世纪上半叶,是恰克图贸易的繁荣时期。这一时期,中俄两国对恰克图贸易的管理政策逐渐完善,管理方式也日趋规范,贸易活动持续进行,贸易量也得到了迅速提升,其中,最为突出的是茶叶成为最重要的商品,并在特殊情况下担负起了一般等价物的职责。19 世纪下半叶至 20 世纪初,是恰克图贸易的衰落时期。此时,随着沙俄逼清政府签订一系列不平等条约,其对中国的介入程度进一步加深,并强迫清政府在中国的黑龙江、蒙古、新疆等靠近俄罗斯的地区开放了众多的通商口岸,与此同时,中国南方地区局势日益混乱,沙俄等国直接在这些地区开设工厂,这样晋商便无法从南方各地向恰克图持续稳定地输送各类货物,恰克图的地理位置在众多的口岸中处于较为劣势的地位,从此便日益衰落下去,在 1903 年中东铁路建成并通车后,恰克图贸易加速衰落,逐渐走到了尽头。

具体来说,恰克图贸易经历了以下几个发展阶段。

第一阶段,中俄恰克图贸易的形成(1727 年以前)。

中俄之间的贸易活动具有很悠久的历史。至迟在 16 世纪末以前,两国就以中亚商人为纽带展开了居间转运贸易,此时两国之间的贸易还不频繁,带有一种偶发或间接的性质。隆庆五年(1571)明政府和蒙古鞑靼部谈判后,在北部边关的 11 处地区开设贸易市场,进行边境交易活动。之后,随着北方地区的稳定,人们对于各类商品的需求日益旺盛,边境贸易得到迅速发展,中原地区的商品大量进入蒙古地区,这样使蒙古地区的商品日益丰富,为中俄边境贸易的开展奠定了基础。

16 世纪末,在俄国向东部扩张的同时,俄商也随之进入西伯利亚地区展开贸易活动,把当地逐渐变成一个商业贸易场所。17 世纪初,地处中国西北的蒙古各部（主要是厄鲁特蒙古和喀尔喀蒙古）为满足生活的部分需要，率先与俄人交易，开启了中俄之间的直接贸易往来。从此，该地贸易活动逐渐由零散的偶发性交易行为逐渐演变为有组织的、有一定规模的贸易往来：在1607年，厄鲁特蒙古杜尔伯特部的居民组成了一支90人商队到达西伯利亚地区与当地的俄罗斯人展开了贸易活动。次年，西伯利亚当局派哥萨克伊万·别洛戈洛夫一行前往中国试图开展官方交易活动，但是没有成功。可见，虽然当时中俄双方官方的贸易往来还未开始，但是民间贸易往来已在中俄边境的各地持续进行。

清朝建立以后，为了保证北部边境的安定，中俄之间的外交活动逐渐增多。随着来华俄国外交使团的增多，两国贸易就以其使团来华的随带贸易、官方商队组织的来华贸易等多种方式进行。俄国外交使团在北京开展外交时，一方面，外交使团试图与中国政府开展谈判，以在边境地区持续地开展贸易活动，但是，这一努力并没有获得成功；另一方面，与外交使团共同到达北京的俄商在京城与本地商人尽可能地开展贸易活动，以求获取丰厚的利润。1654年，沙皇阿列克谢·米哈伊洛维奇政府派遣费·伊·巴伊科夫使团到达北京，并在北京等地开展贸易活动，逐步将中俄贸易的开展区域从边境地区扩大到中国内地。两年后，即1656年3月，巴伊科夫到达北京，带上了沙皇的国书和沙皇赠送的厚礼，表达了沙皇“不会拒绝”“中国需求”的承诺，希望理顺与中国之间的贸易关系，但是，清政府“以来使不谙朝仪却其贡”，因此其带到北京的货物也没有销售出去。[①] 1668年，沙俄商队随使团运来价值4500多卢布的毛皮等货物，在北京换取价值11500多两白银的中国货，运回俄国共销售得18700多卢布，买卖中其获利3倍以上。[②] 1675年，由沙皇直接指派的、以斯帕法里为首的外交使团来华，希望中国“准两国互市，通路开放不绝。若有贵

---

① 参见［俄］娜·费·杰米多娃、弗·斯·米亚斯尼科夫：《在华俄国外交使者（1618—1658）》，社会科学文献出版社2010年版，第7页。

② 参见李康华等：《中国对外贸易史简论》，对外贸易出版社1981年版，第415页。

国商人前来，则由我边界地方供给食物骑乘”，“准我使臣销售随带之货物，并购买尔处货物，此等交易，若须纳税，则请大皇帝定夺”，“请每年拨派四万斤左右银子，及价值数万两之生丝、熟丝，若大皇帝欲用何物，则以该银、丝等价之物品相送”等，与此同时，该使团带来了大量的貂皮，希望在北京开展贸易活动，但是清政府认为外国人在北京的活动只能限于请安，接受皇帝的赏赐，而并不能提出自己需要的物品，提出“凡外国人可前来向圣主请安、进贡、交易，而无派我国之人前去外国交易之例，故毋庸议”，而后进一步指出：“俄罗斯察罕汗若能还我逃人，并能每年不断派使请安、进贡，届时察罕汗若有何事奏请皇上，应否赏赐之处，则著该部议奏”①，拒绝了他们的请求。次年 5 月，俄国使节帕法理到达中国，同样在礼仪上与清朝官员发生了争执，清政府认为只有俄国使节“遵中国礼行，方许照常贸易，从之”②。俄国使节没有遵从中方的要求，也没有达成外交使命。

1689 年，中俄双方签订《尼布楚条约》，在贸易方面，条约规定双方的主要贸易地点集中在中国的 3 个大城市——北京、库伦和齐齐哈尔，边境地区的商民可以在随身携带护照的情况下在两国边境地区开展自由的贸易活动。可是，此时清政府的目的仅仅是维持边界安定，并不希望在自己领土上从事真正意义上的自由贸易，于是在条约签署后的一个相当长的时间里，边境贸易没有发展起来。由于当时西伯利亚地区经济发展较为落后，所以这种小规模的边境贸易活动给俄国政府带来了巨额的利益，例如中俄边境阿尔巴津城一年仅向国库缴纳两次毛皮税，每次缴纳的价值就高达 8000—9000 卢布。③ 与此同时，双方在北京的贸易依旧非常繁盛。康熙三十年（1691），俄国两个商队到北京贸易，以皮货等商品购买了超过其货值的一两倍的中国货，可见，两国之

① 中国第一历史档案馆：《清代中俄关系档案史料选编》，中华书局 1981 年版，第 26—30 页。

② 《清实录·圣主实录（一）》（第 62 卷），中华书局 1985 年版，第 799 页。

③ ［俄］特鲁谢维奇：《十九世纪前的俄中外交及贸易关系》，徐东辉、谭萍译，岳麓书社 2010 年版。

间的贸易给俄国带来了巨大的利益。

在这种丰厚利润的吸引下，沙皇政府对《尼布楚条约》关于通商的规定仅限于“边界人民，往来贸易”并不满足，为了扩大中俄之间的贸易，并且用“一种周密的政策来扩大商业利润”①，于是在 1692 年派伊兹勃兰德・义杰斯到达北京，其主要目的是探明俄国向中国购入或输出哪些商品最好以及中国在内地和边关对于俄国商品征收的税赋状况等。这次出使达成了一定的目的，清政府同意俄国提出的要求，允许俄国商队每隔 3 年来京一次，但每次不得超过 200 人，居住在俄罗斯馆，以 80 年为期。这一政策大大促进了俄国商人在中国境内的商业活动，到了康熙三十年（1697），俄国对华皮货输出总额已超过 24 万卢布。

虽然北京贸易的繁荣与清政府将对俄贸易置于国与国之间的平等基础上的地位是分不开的，但是清政府依然将俄国商队称之为“贡使”，这突出表现在清政府对他们的接待方式上：由“喀尔喀土谢图汗将其来人数目奏闻后，派官员迎接护送至京，抵京后供给食物、栈院。限期贸易八十日，若于限期之内贸易未完可再延期贸易。返回时，仍派员护送出界”②。当然，这种待遇不仅俄国官方商人享有，即使是私人商队也同样享受，这里举两例：第一，康熙二十九年（1690）五月，俄国巨商菲拉季耶夫、卢津、乌沙科夫、尼基金等在西伯利亚的代理商组成的庞大私人商队抵达北京，康熙帝虽然明知这是一支私人商队，他们“只是为了贸易而来；他们运来六十车各种毛皮”③，但是清政府仍然下令按照使团的规格接待，“派官员护送，供给一切食用之物，所带货物准其自由贸易，并给予赏赐”④，商队在北京贸易完成返回俄罗斯时带回了总值达

---

① 樊树志：《从恰克图贸易到广州“通商”》，《社会科学战线》1982 年第 2 期。

② 中国第一历史档案馆：《清代中俄关系档案史料选编》（第一编），中华书局 1981 年版，第 309 页。

③ ［法］张诚：《张诚日记》，陈霞飞译，商务印书馆 1973 年版，第 80 页。

④ 中国第一历史档案馆：《清代中俄关系档案史料选编》（第一编），中华书局 1981 年版，第 131 页。

14464 卢布的中国丝绸等货物。① 第二,康熙三十二年(1693),伊兹勃兰特·伊台斯使团和商队造访北京,清政府对使团接待后,也对商队进行了款待,其中康熙帝亲自接待了伊台斯,并给予使团全体成员以赏赐。

中俄双方频繁的贸易活动为两国人民的生活提供了便利,促进了两国商业的发展和人民生活水平的提高,但是也给清政府带来了许多困扰:

第一,俄国商人大量涌入中国给清政府的日常社会管理带来了巨大的挑战。俄国政府为了以最有利的价格向中国市场出售皮革,并且以相对低廉的价格购买中国的商品,鼓励私商带领自己的仆人、携带财产和商品不计人次地出入俄中边境地区。这使得北京、库伦、脑温(今齐齐哈尔旧城区)和其他的一些中国城市里涌进了数千名俄罗斯商人。这些商人的经商活动促进了中国这些城市的繁荣,然而,一方面,根据中国传统对待外国人的规章制度,外国商人来中国贸易时,中国政府要出资供应他们的生活,所以俄国大量商人的纷纷涌入给清政府的财政带来了巨大的负担;另一方面,由于俄国商人对于中国内地的风俗习惯以及法律制度不是很了解,所以他们的一些行为不符合中国的传统习惯,引起民众的不满,如 1712 年有民众抱怨称俄国人到中国进行贸易活动不遵守中国的规章制度和商业习惯,给他们的生活带来了很大的困扰。

第二,俄国商人对中国人多有敲诈。在贸易过程中,有国内的商人抱怨官家商队和税务官不给皇帝出示好毛皮,指出他们对于低劣的商品也要向穷人索要高价;俄商赊购毛皮导致国内商人负债累累,继而破产;另外,俄国人对待自己的债户非常残酷,政府不得不亲自出面为其偿还债务,等等,这使得国内的商人对俄商怨声载道,不满情绪日益高涨。

第三,中俄边界的界限不清,管理相对薄弱,导致边界上经常发生争执、抢劫和杀人事件。例如,1693 年,清政府要求依照条约对 13 名越境猎取紫貂和

① 参见孟宪章:《中苏贸易史料》,中国对外经济贸易出版社 1991 年版,第 51 页。

抢劫30车毛皮的人执行死刑；1704年，由于在边境争执中中国一侧的居民被俄国居民打死，清政府要求将肇事者处死。按照清政府的统计，从《尼布楚条约》签订之日至1719年，俄国人杀死了3名中国人，打伤了300多人，掳走了7匹骆驼和1000匹马。可见，这些不稳定因素给中俄边境的安全带来了极大的困扰。

为了保证边境地区人民生活的稳定，清政府在1718年中断了北京贸易，这样俄国就遭受了相当大的损失，于是在1718年，俄国政府就派出新的外交使团到北京与清政府展开谈判，希望达成贸易协定，允许俄国的货物可以自由进入中国进行买卖，并在交易的过程中不用缴纳包括关税在内的任何税金。但是一方面，清政府认为俄商自由到中国内地开展贸易不利于维护北部边境地区的稳定；另一方面，当时一部分蒙古人从中国逃往了俄国，而俄国并没有把这些人送回中国境内，所以清政府就没有对俄国的要求做出答复，迫使俄国使团放弃了谈判。俄国政府到北京与清政府开展谈判这一行为表明俄国有诚意与中国开展贸易活动，于是，清政府决定俄国使团秘书郎克可以作为领事留在北京，允许随他前来的商队在北京做生意。

俄国商人在北京开展贸易期间，清政府对其进行了有效的管理，如“时而准许做生意，时而禁止；时而只能凭路条进入俄馆；时而大臣们来巡查生意，将好的商品留给自己，以此将买主赶走；时而低价出售皇宫国库里的皮毛，目的是压低俄国毛皮的价格；时而不让俄国人出门等”①，俄国商人认为这些行动使他们在北京贸易的过程中受到不公正的待遇，于是提出回国要求并被批准。但是为了长期开展贸易，他们还是希望与中国商人展开正常的贸易活动，对此，清政府指出，“今该商队之贸易之事皆已完毕，尔将起程……俟吾之逃人一事解决后，尔之商队方可入我帝国。尔亦可随之一同前来”，明确要求俄国先解决中国的逃人问题，才能够进行正常的贸易往来。

---

① ［俄］特鲁谢维奇：《十九世纪前的俄中外交及贸易关系》，徐东辉、谭萍译，岳麓书社2010年版，第36页。

在西伯利亚地区,俄国也以类似的方式对清政府的这一行为提出了抗议,如清政府在1720年想从俄国取回一尊佛像时遭到了俄国政府的拒绝。对于从内外蒙古越境到俄国的逃人,清政府曾于1721年1次、于1722年3次到俄国索要,都遭到了拒绝。为此,清政府暂时中断了两国的贸易活动,拒绝放行货值超过30万卢布的官家商队返回俄国。雍正帝指出,如果俄国不归还中国的逃人,就停止双方的贸易往来。此事之后,俄国在与中国的贸易中遭受了大量损失,为了防止损失的进一步扩大,俄国政府下令归还了这些逃人。

为了解决中俄边界地区存在的问题,更好地维护边界的安定,1725年,清政府与俄国政府所派特使萨瓦·弗拉季斯拉维奇在北京展开谈判,但是没有进展,于是双方到中俄边境地区持续开展谈判。经过48轮谈判后,1727年6月双方在布拉河岸签订了《恰克图条约》,并在1728年6月被互换。从此以后,中俄之间的贸易活动集中到了恰克图地区。

该条约具体内容如下:1. 自议定之日起,两国各自严管所属之人。2. 嗣后逃犯两边皆不容隐,必须严行查拿,各自送交驻扎疆界之人。3. 从指定的贸易地——恰克图开始,进行严格的边界划分,边界线上应安放63块界标。4. 准许自由贸易。前往北京的商人以200人为限,商队则每3年派一次,对于在边界贸易的商民,卖者、买者均不取税。但商人应取正道前往那里,否则将其货物入官。5. 在京之俄馆,嗣后仅止来京之俄人居住,俄使请造庙宇,中国办理俄事大臣等帮助俄馆盖庙,现在住京喇嘛一人,复议补遣3人。6. 送文之人俱令由恰克图一路行走,如果实有紧要事件,准其酌量抄道行走,但如果故意抄道行走,则按律治罪。7. 保留乌带河边界线于划分前之状态,严禁双方人员越境。8. 若边境事务被耽搁,双方各按国法惩处本国的关防长官。9. 两国以后互换的文件应当按时送到,否则两国暂停边境贸易,待事情查明之后再行开市。10. 两国嗣后如有逃人、持械越境者、强盗、杀人者在边境被抓到,于拿获地就地正法。如无护照在境外被拿获,按相应的规定惩罚。越境之窃贼应处以死刑或绞刑。越境偷窃牲畜者:初犯者,罚取10倍;再犯者,罚取20倍;第三次犯者,处以死刑。凡边界附近打猎者,猎物入官。11. 互换条约。①

雍正五年(1727)该条约签订以后,清政府根据条约的规定,将贸易地点“迁于卡伦外之恰克图,而库伦驻大臣司稽观焉”②,为恰克图贸易的开展创造了条件。1728年,中俄《恰克图条约》签订,从此以后两国贸易的地点便集中在恰克图一处了,但是需要指出的是,在北京仍然还存在着俄国的官方商队开展贸易活动。雍正八年(1730),清政府在中俄边境的蒙古地区建立了买卖城(恰克图中国市圈)。这就确定了中俄双方的民间贸易地区,并确立了恰克图到北京的官方贸易路线,为双方以后的持续贸易活动奠定了法律基础。从国际贸易的角度看,这一时期俄国依然在北京展开官方贸易活动,在恰克图地区进行的只是民间贸易。

第二阶段,恰克图贸易的发展并逐渐繁荣(1727年到19世纪50年代)。

《恰克图条约》的签订,促进了中俄边境城市恰克图的开发。由于恰克图地区在当时是一个新兴城市,所以在开市之初环境比较恶劣,其坐落在沙地上,周围既没有放养牲畜的草场,也没有森林,从水井里提取上来的水甚至不能用来沏茶。从交通条件上说,恰克图与西伯利亚之间的交通运输都很困难,有时需走水路,有时需走旱路;恰克图到北京则需要经过广袤的荒漠。另外,俄国也希望在布赫塔尔马城堡等地开展贸易活动,但是清政府对这一请求予以了回绝。③ 于是,双方集中发展恰克图地区的贸易,为此,双方都建立了相应的市圈,俄方市圈称“恰克图”,中方市圈称“买卖城”,两座城毗连,中间仅以木栅栏相隔。其中,中方的买卖城主要是山西商人建起来的。随着两国商人贸易的进行,恰克图城市也逐渐繁荣起来,“贸易商民建立木城,起盖房屋,

① 参见王云五主编:《万有文库·中外条约汇编》,商务印书馆1933年版,第331—332页。

② 姚贤镐:《中国近代对外贸易史资料》(第一册),科学出版社2016年版,第100页。

③ 参见[俄]特鲁谢维奇:《十九世纪前的俄中外交及贸易关系》,徐东辉、谭萍译,岳麓书社2010年版,第137页。

费力无多,颇为坚固"①。买卖城,南北向有3条街,长皆不到1里,中曰中巷子,东曰东巷子,西曰西巷子;东西向有一条街,约半里,曰横街。各街建有商屋及庙宇,中巷子亦曰正街,直接俄国驿路,来往车辆、牲畜终日不断。②

依照《恰克图条约》的规定,中俄双方的贸易活动应当集中在边境城市恰克图地区,但是俄国仍然可以在北京开展零星的贸易活动,于是俄国政府组织了一批国家商队赴北京开展贸易活动。为了争取民间商人对于国家商队的支持,俄国政府逐步放弃了国家对毛皮、茶叶、大黄等的垄断,允许民间在恰克图地区开展此类商品的贸易。由此开始,直到1756年,俄国政府先后派出了6支国家商队到北京开展贸易活动。但是,其销售状况却很不理想,无法取得可观的收益。1762年,叶卡捷琳娜二世停止了俄国对华的北京官方贸易活动,中俄之间的贸易就集中到了恰克图一处。

在征税制度上,为了方便两国的商民在恰克图地区展开贸易活动,稳定两国边境的局势,双方在条约中规定,在恰克图进行的交易活动不征税,但两国可以在各自境内征收货物通过税。其中,中国在从内地到北部蒙古地区的常关张家口、杀虎口以及归化城征收货物税,俄国在国内的味贺屠耶和尼布楚设立关卡查验通关手续并负责征收货物的通过税。随着恰克图贸易的日益繁荣,俄国政府认为在恰克图征税可以大幅度增加国家财政收入,于是,在1753年,俄国政府不顾清政府的反对,在恰克图地区设立关卡向商人征收进出口税,这一行为严重影响了双方在恰克图的贸易活动,违背了《恰克图条约》的有关精神。另外,清政府认为恰克图贸易是对俄罗斯的优待,中国根本不需要这一贸易来发展自己,所以其主要受益方是俄国,政府可以通过暂时性地停止恰克图贸易来约束俄国的相关行为,迫使俄国重新遵守双方的约定,以驯服进而驾驭俄罗斯③,保证自己的天朝上国地位,以达到维护北部边疆安定的目

① 何秋涛:《朔方备乘》卷四六,日本早稻田大学藏书,第5页。

② 参见黄鉴晖:《明清山西商人研究》,山西经济出版社2002年版,第118页。

③ 参见米镇波:《清代中俄恰克图边境贸易》,南开大学出版社2003年版,第6页。

的，所以此后清政府在此地进行了数次闭关。

关于恰克图闭关的次数，国内外学者意见不一，苏联学者齐赫文斯基根据俄国所藏有关中俄贸易的档案，认为在1744—1792年，恰克图地区的贸易活动就被清政府中断了10次。特鲁谢维奇也认为，乾隆时期清朝边境当局中断恰克图贸易达十余次。① 王少平认为恰克图贸易在18世纪曾中断了12次。② 从国内文献记载看，仅有恰克图3次闭关的记载，尤其值得注意的是曾经作为乾隆五十年恰克图闭关的当事人钦差大臣松筠在《绥服纪略》中提到："甲戌申约法，宽猛化无知"，也仅仅记述了乾隆二十九年、四十三年和五十年的恰克图"三次闭关"，并没有提到俄国档案中的其他闭关。另外，军机处记载到，在乾隆二十七年，由于俄国在恰克图设立税官，擅自征税，进而停止了恰克图的贸易活动，在乾隆三十三年才在签署协议的情况下再次开市；乾隆四十三年，由于俄国的玛玉尔与清政府的冲突，两国再次停止通商，次年恢复通商。乾隆四十九年，"因乌拉勒斋持械进卡抢夺，俄罗斯延不交犯，于五十年停止通商；乾隆五十六年十月，俄罗斯呈请通商，文词恭顺，准其通商"③，于是在乾隆五十七年清政府与俄国政府商议后，恢复在恰克图地区的商贸活动。《清史稿·邦交志》也记载："乾隆二十三年春……厄鲁特台吉舍楞戕中国都统唐喀禄叛逃入俄，索之又不与，绝其恰克图贸易。三十八年秋八月，俄绰尔济喇嘛丹巴达尔扎等请附，又恐俄人追索，中国擒送，遣人来探，瑚图灵阿以闻，帝命纳之。三十三年秋八月，复俄恰克图互市，理藩院设库伦办事大臣掌之。四十四年再停互市。次年复之。五十四年又以纳叛人闭市，严禁大黄、茶叶出口。俄人复以为请。五十七年乃与订恰克图市约五条。"④从以上记载中可以

① 参见［俄］特鲁谢维奇：《十九世纪前的俄中外交及贸易关系》，徐东辉、谭萍译，岳麓书社2010年版，第41—56页。

② 参见王少平：《恰克图贸易中断原因初探》，《学习与探索》1987年第3期。

③ 故宫博物院明清档案部：《清代中俄关系档案史料选编》（第三编上册），中华书局1979年版，第360—361页。

④ 赵尔巽等：《清史稿》，中华书局1976年版，第4484页。

看出，恰克图较为确定的闭关次数为3次，而一些研究得出的闭关次数为多次，这是因为其他时期可能发生过小规模的闭关，但是没有什么比较大的影响。从总体上看，当时清政府与俄国在恰克图的贸易之所以停止往往是由于俄国不遵守条约规定或者俄国商人私自做出越境等事所引起的，贸易的停止给俄国带来了巨大的损失，因此俄国政府在此时会极力通过各种方式复市，而清政府也清楚俄国的这一需求，就要求俄国遵守两国达成的协议，以此来保证两国边境地区的安定。

由于恰克图所属的西伯利亚地区的许多妇女为了在贸易中获利，学习了中国的纺织手艺，同时当地有许多商户、驼户、猎户、脚夫等以恰克图贸易为生，并且从西欧和北欧运输茶叶的成本超过在恰克图运输茶叶的4倍以上，再加上闭关一年会给俄罗斯的国库带来60万卢布的税收损失①，占西伯利亚私人资本流通额的20%左右，因此，中国采取的这几次闭关行动使得俄国的经济发展遭受到了较大的损失，不利于俄国商人阶层及商业活动的发展；同时，18世纪80年代后，北美皮货经海路源源不断地运入广州，这样中国就从南方进口大量皮货，填补了北方皮货的不足。作为对华销售皮货的重要市场，恰克图的贸易面临着前所未有的挑战，所以，为了适应俄国国内存在的普遍的重商主义气氛，更好地御控中国北方的贸易活动，避免由于广州贸易的繁荣导致恰克图的皮货贸易萧条，同时防止由于两国的边界争端引起清政府再一次中断恰克图贸易，俄国政府不得不严格管束恰克图地区俄国商人的行为，在1800年制定并颁布了《恰克图贸易章程》和《对恰克图海关及各公司股东的训令》等一系列规章制度，要求俄商在恰克图地区的贸易活动要严格遵守相关规定，不得任意作为。清政府也对乾隆时期实行的票证制度进行了放宽：为了有利于中小商人到恰克图地区开展外贸活动，实行了朋户和朋票制度，即有票证的商人可以在一定的限度内带领没有票证的中小商人一起到恰克图开展贸易活

① 参见米镇波：《清代中俄恰克图边境贸易》，南开大学出版社2003年版，第37页。

动，这一方面解决了内地人口密集区的人口压力问题，另一方面也活跃了恰克图的商业活动，从此，恰克图贸易开始了新一轮的发展。这一时期，茶叶贸易成了恰克图地区最主要的贸易活动，由于茶叶贸易的广泛发展，茶叶在此时也充当了准货币的职能，即俄罗斯的商品用茶叶来估价。俄国政府看到了中俄贸易能够获得丰厚的利润，于是在嘉庆十年（1805），俄国政府派戈洛夫金（Count Goloffkin）使团到达北京，该使团的目的便是要求进一步扩大中俄贸易的范围：希望中国开放两国全部疆界，以便通商贸易；允许俄国在广东停泊船只进行贸易；允予俄商赴内地任意城市贸易等。① 但是这一要求与清政府开展与俄国贸易的目的相违背，同时，俄国使节在北京时坚持行欧洲外交仪式，拒绝叩头跪拜，引起清政府的不悦，这样，两国便没有达成边境贸易的共识，俄国使团因而没有完成使命。

嘉庆道光年间，为了确保从恰克图贸易中获得稳定的收入，同时有效防止西方资本主义国家通过各种借口进入这一市场，俄国政府接受了清政府的建议，在中俄恰克图边贸地区施行了禁止鸦片走私的政策。此时，晋商看到了向俄国运送茶叶可以获得丰厚的利润，于是运用这一有利的时机大量贩运俄国所需要的茶叶等商品，使得恰克图贸易逐步繁荣起来。据统计，1811—1820年中国在恰克图出口的白毫茶和砖茶就达 96145 普特，1821—1830 年上升到 143195 普特，仅仅这些茶叶就占全部出口产品的 90%。② 到了 1839—1845 年，这一比例进一步上升，达到了 91%。③ 从而，恰克图贸易达到了极盛时期。

这一时期，晋商在南方的采茶区域包括福建和两湖地区。其采茶重点在福建地区，另外至迟在乾隆年间晋商在两湖地区就开始了采购茶叶。这可以从湖南安化永锡桥关帝庙藏晋商于乾隆二十八年（1763）所铸铁钟的铭文得

① 参见刘选民：《中俄早期贸易考》，《燕京学报》1939 年第 25 期。

② 参见［俄］阿·科尔萨克：《俄中贸易关系史述》，米镇波译，社会科学文献出版社 2010 年版，第 97 页。

③ 参见蔡鸿生：《“商队茶”考释》，《历史研究》1982 年第 6 期。

以印证:“今信:大清国山陕两省众商人等捐资,善铸洪钟一口,重一千余斛,于湖南省长沙府安化县十三都桥口关帝庙永远供奉。乾隆二十八年岁在癸未季春月孟旦。”可见,乾隆年间,湖南安化地区便成了晋商采购茶叶的一个重要基地,晋商这种扩大采茶基地的策略也为后期恰克图贸易的稳定发展奠定了基础。

第三阶段,恰克图贸易的衰落(19 世纪 50 年代到清末)。

这一时期,随着工业化加速发展,俄国经济实力大为上升。为了进一步开拓市场,俄国便与西方列强一道发动战争,强迫中国与其签订了一系列不平等条约。根据这些条约,俄商直接进入中国内地收购茶叶,并逐渐参与生产,之后自己将茶叶直接运送到俄国。这样,俄商便占领了中国出口给俄国茶叶的很大份额,晋商的市场份额逐渐下降,在主要贸易城市恰克图的茶叶销售日益衰落下去。这一趋势主要是由以下几个因素所导致的:

首先,晋商把采茶重点从福建地区转到湖南湖北,一定程度上降低了茶叶的运输成本,但是清政府对于国内商人大量征收厘金,导致晋商向恰克图贩运茶叶的成本反而提高,晋商在恰克图贸易的竞争力便逐渐下降。

1851 年,太平天国起义爆发,起义军迅速从广西地区打到长江流域,占领了中国的东南地区,晋商原来从福建贩运茶叶的路线便被阻断。为了保证恰克图主要商品茶叶的供应,晋商就把茶叶采购的主要区域转移到湖北羊楼洞、湖南安化。由于晋商早年也在这一区域采购茶叶,只是采购的较少,在转移到此地之后,利用原来所积累起来的采购经验、对地理环境的了解等优势,在此地的采购规模不断扩大,保证了茶叶的数量。另外,从这一地区到达恰克图的运输路程比从福建武夷山出发缩短了 300 余公里,这能显著降低茶叶运输时间和成本,进而提高产品竞争能力,为晋商大量贩运茶叶创造了良好条件。

但是这一有利条件在清政府对于国内商人的压榨和俄国等国家在中国从事茶叶贸易的优势比较下显得微不足道。俄国贩运茶叶的比较优势前文已经提及,从清政府方面看,为了解决财政紧缺,镇压国内的太平天国起义等反抗活动，亟须筹措军费，于是便在全国范围内实行了厘金制度。由于晋商贩运茶叶等商品需要从南方福建等地一路向北，经过江西、湖南、湖北、河南、山西、内蒙古、外蒙古等地，需要通过国内的众多厘金税卡，所以支付的厘金费用很高，再加上其他的各类杂税，晋商贩运茶叶的成本大大提高。据测算，晋商每次交纳 50 两领取一张照票，可以贩茶 300 斤，茶值约 6000 两，但另外要交正税 1200 两，厘金 60 两，加上路途中的各种费用，致使其在把茶叶运往恰克图后成本过高。虽然他们在运输途中还能向国内沿途的居民贩卖一些零散物品谋取收益，但是却无法弥补其在路途中所交纳的税负，这样其外贸产品的竞争力便下降了。再加上清政府此时还认为："张家口一路或谓亦宜有重兵防守，昌则以为不然，查外国之入中国通商贸易为第一要事，俄人以买茶为性命，现仅恰克图至张家口为运茶要道，即至失和，必无用兵，此路自绝生意之理，况外隔沙漠数千里，汉唐迄明，皆以出塞为难，军行食用诸多不便，我不便由此往，彼亦不便由此来，可以揣测而知者。"①认为张家口这一要口可以保护内地的产业，但是事与愿违，咸丰年间中俄《天津条约》《北京续增条款》陆续签订，根据条约的规定，俄商经陆路到达中国的人数以及商品数目不再受限，这样清政府对于从事恰克图贸易的晋商保护力度大为下降，不可避免地导致了商业的衰落。

其次，在一系列不平等条约的影响下，俄商在中国取得了制茶贩茶的权利，加之他们的税负相对较低，使得运到俄国的茶叶成本很低，严重挤占了晋商销往俄国产品的市场份额。

从俄国方面看，第二次鸦片战争后，俄国迫使中国签订了《天津条约》《北京条约》和《中俄陆路通商章程》等一系列不平等条约，开放了众多的通商口岸，恰克图贸易的优势地位开始下降。具体看，中俄 1860 年签订《北京条约》，规定中俄双方在边境交界地区免税贸易，俄国商人可以到中国的蒙古地

① 《清经世文三编》，卷五十兵政六，清光绪石印本。

区展开贸易活动，这样，在库伦、归化城和张家口等城市，俄商就开始利用自身的优势展开大量的贸易活动，晋商在边贸活动中的垄断地位便逐渐下降。到了同治元年(1862)，中国被迫与俄国签订《中俄陆路通商章程》，这一条约规定俄国商人在天津开展贸易的税率比其他国家低1/3，从而俄国在中国内地的特权进一步增多。1869年，该章程的改订条约签订，俄国商人在中国内地开设了大量砖茶制造厂，直接从中国内地购买砖茶，然后支付较低的运费和关税费用运销俄国。对国内商人主要是晋商而言，他们从南方向北方恰克图地区运输茶叶等商品时需要按规缴纳较多的厘金，并且其陆路运输成本也较高，这样运输到恰克图地区产品成本大幅度提高，无法与采用新设备生产、承担较少税负的俄商展开竞争，晋商于是就遭受了巨大损失。对于俄国向中国出口的商品，俄国可以按照"一体均沾"条款向中国售卖，售价大为降低，晋商运输的同样产品成本相对较高，无法与俄商展开竞争。这样，恰克图的晋商遭受了进出口领域的双重打击，经济实力明显降低，也引致了恰克图贸易的衰落。

最后，大量俄商没有向晋商归还在贸易中赊欠的款项，致使晋商在对俄贸易中损失惨重，新兴交通工具的出现也进一步加速了恰克图贸易的衰败。

光绪二十六年(1900)，恰克图5家俄商倒闭，由赊销而形成亏欠华商17家货款791440卢布，按每卢布折合白银7钱8分5厘计，折合白银621077两。其中，山西榆次车辋村常氏开设的属于红茶帮的大升玉、大泉玉、独慎玉3家就被亏欠416028卢布，占欠款的52.58%。① 这些欠款由于俄商的倒闭无法得到偿还，他们损失严重，而这种严重的损失使得晋商的资金变得紧张，贸易活动举步维艰。

1903年，中东铁路通车；1908年，京张铁路通车。这使得中俄两国邻近地区的交通运输条件得到了极大的改善，俄国对华贸易利用铁路运输这种廉价的运输方式极大地降低了成本，这样，很多货物都经过铁路运输，例如，中东铁

① 参见穆雯瑛:《晋商史料研究》，山西人民出版社2001年版，第115页。

路通车当年，货运量就高达33万吨，高达恰克图贸易量的50倍。这一改变也导致了国内传统城市的衰落和新兴城市的兴起。俄商利用其具有的特权，将从汉口等地生产的砖茶，直接运往天津、大连，然后通过铁路直接运送到俄国，不再经由张家口、归化城、库伦到达恰克图的传统路线，相比之下，晋商坚持的这一传统路线上贸易量大减，直接导致了恰克图贸易没落，最终消亡。

持续数百年的恰克图贸易促进了中俄两国经济的发展，方便了两国边境人民的生活，为俄国的资本主义发展提供了广阔的市场和资源，促进了两国人民之间的相互了解和文化交流，一定程度上遏制了沙俄掠夺中国土地的企图，维护了中国北方边境地区的安定。

第二节 广州对外贸易发展变迁

广州对外贸易的历史源远流长。早在秦汉时期，广州就是对外贸易的重要城市，在广州从事对外贸易的商贾众多，广州南越王墓中的西亚珍品充分说明了当时广州的对外贸易发达。隋唐时期，政府开始在广州设立专门管理海外贸易的"市舶使"，使得海外贸易得到迅速发展。宋元时期，随着航海技术和造船技术的进步，海外的象牙、珠玑、金贝、名香、宝布等都荟萃在广州城，使得广州的贸易得到进一步发展。明代隆庆年间，广州"几垄断西南海之航线，西洋海舶常泊于广州"①。可以说，在清代以前，广州的对外贸易在几千年的发展中日益繁荣，为清代广州对外贸易的发展奠定了一定的基础。

在研究清代广州贸易时，必须明确"闭关"这一概念。从现实世界的运行看，考虑到资源的相对稀缺性，无论在哪个时代，任何一个地区的人都无法生产出其所需要的全部物品，人们会根据自己的比较优势进行商品的交换，以获取较高的边际产品价值，所以不同地区之间的商品交换是不可避免的，绝对的

① 广东省人民政府参事室等:《广东海上丝绸之路史料汇编》(秦汉至五代卷)，广东经济出版社2017年版，第6页。

“闭关”是不可能存在的。清代虽然有“片板不准下海”的说法,实际上沿海居民经常下海进行生产作业活动,清政府也只能听之任之。所以,本书考察的清代前期和中期的中外贸易的史实并不否认当时国家实行的闭关政策,只是由于“闭关政策”才显得广州的对外贸易更为重要。从清代整个历史时段看,广州贸易大体可以分为 3 个阶段:四口通商时期、一口通商时期和自由贸易时期。

第一阶段,四口通商时期。

清朝建立之后,一方面为了收复台湾,保证多民族国家的统一;另一方面担心外国人进入内地可能惹出事端,“法兰西国人居濠镜澳互市有年,后深入省会激变,遂行禁止”①,于是采取了“海禁”的政策。到康熙二十三年(1684),清廷平定“三藩之乱”以及收复台湾后,认为“先因海寇,故海禁未开,为是今海寇既已投诚,更何所待”②,并且远海贸易有利于人民的生活,于是取消了海禁政策,宣布在广州地区开海贸易。但是清政府认为如果不制定合理的税收政策,商人们的贸易就会无序,进而就会拖累政府,所以应当派遣官员,在广州地区制定合理的税收政策,以稳定人民的日常生活,保证这一地区的和平与安宁。康熙二十四年(1685)四月,清政府指定广州(广东省)、漳州(福建省)(后来改到泉州、又改到厦门)、宁波(浙江省)、云台山(江南省)(后来改到松江)4 地为对外贸易港口,分别设立粤海关、闽海关、浙海关、江海关来管理对西方国家的贸易。除了这 4 处海关之外,还有浙江的乍浦,专门负责对日本的贸易,并有对朝鲜、琉球、廓尔喀(尼泊尔)等国的小型贸易口岸,但是它们没有独立的海关。在南方四个海关中,除了广州的粤海关监督由户部直接任命以外,江海关和浙海关的监督都由该省的督抚兼任,闽海关监督由福州将

① 广东省人民政府参事室等:《广东海上丝绸之路史料汇编》(清代卷),广东经济出版社 2017 年版,第 1 页。

② 中国第一历史档案馆:《明清宫藏中西商贸档案》,中国档案出版社 2010 年版,第 132 页。

军兼任，这充分说明在开海贸易时清政府对于广州贸易的重视程度之高。

粤海关建立后，首任粤海关监督宜尔格图认为设立在广州城西南五仙门的粤海关大关（总部）不便管理在澳门的贸易，就联合两广总督吴兴祚、广东巡抚李士桢上奏，请求在澳门之外、广州城南的珠江口岸上开设贸易口岸，这一建议得到了中央政府的批准。这样，广东就有了广州和澳门两个通商口岸。外国商船前往广州和澳门贸易，都要向广东当局缴纳船钞，不同的是：到广州贸易，货税要交给广东当局；到澳门贸易，货税则要交给澳门葡萄牙当局，这是对澳门葡萄牙当局的优待措施。商人们对比后发现，去广州做买卖比去澳门缴税多，为了少缴税，于是纷纷涌向澳门经商，这就使得澳门葡萄牙政府的税收大大增加，却令清政府失去了很多税收。

为了解决这一问题，康熙二十五年（1686）四月，广东巡抚李士桢会同两广总督吴兴祚、粤海关监督（Hoppo of Canton）宜尔格图发布《分别住行货税》文告，要求把在此地的对内贸易和对外贸易区分开，其中从事国内贸易的商人到税课司交纳“住”税，从事对外贸易的商人到粤海关交纳“行”税。同时设立专门从事国内贸易的“金丝行”和专门从事对外贸易的“洋货行”，这样，洋货行便建立起来。这些洋货行“从前共有十三家，在西关外开张，料理各国夷商贸易，向称十三行街”①，从此十三行得其名。

1716 年，英国商馆在广州设立后，广州口岸极盛一时，当年到达的船只就有 20 艘，清政府担心过于频繁的对外贸易会对自己的统治不利，便要求出海船只不许多带口粮。次年，清政府颁布“南洋禁海令”，要求商船只能往日本、琉球等东洋地区国家开展贸易活动，而不准前往南洋、吕宋、噶喇巴等处贸易，否则严惩治罪；对东南沿海一带的华侨，限令 3 年内回国，否则就禁止回国。这一禁令使得对外贸易大受影响。在后来的几年中，广州口岸的盛衰经历了反反复复。1721 年，由于广州海关索取的“规礼”不断上升，外商叫苦不迭，所

① 姚贤镐：《中国近代对外贸易史资料》（第一册），科学出版社 2016 年版，第 186 页。

以到达的船只不断减少,负责接待外商的行商收益也随之大大减少。雍正元年(1723),行商基本已陷入困窘的境地,大多数已经破产。次年,一位布官交纳了24000两白银给巡抚,包揽了全年的对西洋贸易,使得英国大班和其他商人均难以应付,于是,行商纷纷返回厦门,广州的贸易一落千丈。

从政府方面看,在雍正元年,清政府再一次强调了要严格执行海禁政策,"一切出洋船只,按其海道远近、船内人数多寡停泊。发货日期,每人每日准带食米一升余,米一升以防风信阻滞,出口时文武官逐一验明,方许放行。若有于定数之外多带米粮货卖者,查出将米入官卖米之人处绞,文武官隐匿不报,事发从重治罪等。因立法已属严密,臣于回任后,复行沿海州县将商船所带口粮,设立用印米票,令船户于开放时赴地方官报明船内人数若干,路程若干,带米若干。地方官填给印票,赴受口营汛验对符合,始许出口。其渔船则朝出暮归,每人只许带米一升。"①可以看出,清政府对于出洋船只中的米粮等都有严格的规定,为了防止沿海居民外出不归,只准每人带一升米,但是,南海地区范围广大,船只的行驶速度极为有限,再加上偶尔会有风浪的袭击,只准每人带足够食用一天的米,就严重阻碍了渔民以及商人外出贸易的热情,他们只能在近海的一些区域活动,不利于对外贸易的发展。

雍正二年(1724),蓝鼎元指出:"昔闽抚秘陈,疑洋商卖船与番,或载米接济异域,恐将来为中国患。又虑洋船盗劫,请禁艘舶出洋,以省盗案。以坐井观天之见,自谓经国远猷,居然入告。乃当时九卿议者,既未身历海疆,无能熟悉情形。土人下士知情形者,又不能自达朝廷,故此事始终莫言,而南洋之禁起焉。……闽、广人稠地狭,田园不足于耕,望海谋生,十居五六……闽地不生银矿,皆需番钱,日久禁密,无以为继",所以需要"开南洋,有利而无害,外通货财,内消奸宄,百万生灵,仰事俯蓄之有资,各处钞关,且可多征税课,以足民

---

① 中国第一历史档案馆:《明清宫藏中西商贸档案》,中国档案出版社2010年版,第210—212页。

者裕国"[①]。五年(1727)清政府规定:"广东省地狭民稠,照福建例准往南洋贸易。"[②]之后,为了恢复广州的对外贸易,雍正解除了康熙年间颁布的"南洋禁航令":"现今外国之船许至中国,广东之船许至外国,彼来此往。历年守法安静,又虑有私贩船料之事。外国船大,中国船小,所有板片桅柁,不足资彼处之用。应请复开洋禁,以惠商民,并令出洋之船,酌量带米回国,实为便益。"[③]但是仍规定从前逗留外洋的商民,不得回国。经历几年的萧条,加上雍正的一再整顿,广州、宁波分别设立了负责对外贸易活动的总商,之后外贸活动开始缓慢恢复和发展。

第二阶段,一口通商时期。

乾隆年间,英国东印度公司代理人洪任辉(James Flint)率武装商船北上,要求到浙江宁波等地贸易,清政府发现后将其圈禁在澳门。清政府担心西方人不断从广州北上,造成不良后果,认为"洋商意在图利,使其无利可图,则自归粤省"[④],便在乾隆二十二年(1757)十二月中旬,要求提高浙海关的税收,使之高于粤海关,这样就可以有效地减少到达浙江的欧洲商人。这样,清政府将浙海关的税收增加了两倍,但是,由于"浙省出洋之货物价值既贱卖,于广东收口之路稽查又加严密,即使补征关税梁头,而官府只能得其大概,商人计丝秋毫"[⑤],商人们依然在浙江进行贸易,从而这一税收政策以失败而告终。为了防止外商再次进入内地,再加之官员无法直接干涉商业,官员与商人的地位不平等,不能直接往来,所以,半个月之后,清政府以"民俗易嚣,洋商错处,必致滋事"为理由,制定了许多防范外商进入内地的规范,例如"防夷五事""防

---

① 姚贤镐:《中国近代对外贸易史资料》(第一册),科学出版社 2016 年版,第 56—57 页。

② 姚贤镐:《中国近代对外贸易史资料》(第一册),科学出版社 2016 年版,第 55 页。

③ 张本政:《〈清实录〉台湾史资料专辑》,福建人民出版社 1993 年版,第 101 页。

④ 中国第一历史档案馆:《明清宫藏中西商贸档案》,中国档案出版社 2010 年版,第 1156 页。

⑤ 中国第一历史档案馆:《明清宫藏中西商贸档案》,中国档案出版社 2010 年版,第 1156—1157 页。

范夷人章程”等，并采取了一系列措施来保证其顺利实施，规定从此以后到中国沿海贸易的船只只能在广州停靠，在广州展开贸易活动，而不能到宁波等东南沿海其他港口开展贸易。从此，对于外国商人在港口和夷馆的一切活动，都通过中国的行商来管理。这就把来华外国商船限制在广州一口进行贸易，史称“一口通商”。

清政府之所以选择广州作为“一口通商”的地点，有着深刻的原因：

第一，广州地理位置优越，便于进行对外贸易。

广州处于中国大陆的最南端，有五岭使其与内地相对隔绝，并且南邻南海，在数百年中，为了得到发展，只能利用较为发达的水路运输系统，大力开展对外贸易。由于山岭使其与内地隔绝，而中央政府又远在北方，加上广州地区燥热的气候环境，导致了广州的政治地位不高。到了清朝，随着造船技术的进步，广州可以利用自己优越的地理位置集散国内外的商品，大力发展海洋经济，因此外贸事业迅速发展。

第二，广州有进行对外贸易的悠久历史。

从汉唐开始，广州地区就一直进行着对外贸易，到了明末清初，虽然政府时不时地实行海禁政策，但是广州地区依然开展着一定的对外贸易活动。在清初尚可喜控制广东之后，广州商民依然通过各种形式开展对外贸易活动，并设立了专官管理对外贸易活动。到了康熙初年，政府的“海禁”政策愈发严厉，但是这一政策并无法阻止海上走私贸易的发展。由于走私贸易利润巨大，所以当地的官员都在一定程度上默许走私贸易的发展。这样，广州在很长时期内一直保持着对外交流的状态。

第三，广州地区经济的繁荣为对外贸易的发展创造了有利条件。

18 世纪以后，随着社会秩序的相对稳定，农业生产得到了明显的恢复和发展。南方的广州地区粮食产量稳定，广大群众从事的生产加工业、工场手工业也迅速发展起来，城市经济进而得到了迅速发展，各类商品市场也如雨后春笋般发展起来，这种情况下，当地的商品市场就无法满足经济发展的需要。为了更好地发展，广州地区除了进一步密切与内陆地区贸易外，还大力发展海外贸易，从而为广州对外贸易的迅速发展提供了良好的经济保障和支持。

在以上诸多优势条件的作用下，清政府最终选择了广州作为对外贸易的理想之地。为了保证广州贸易的顺利进行，清政府对贸易物品的种类、贸易方式及贸易纠纷的处理等也都做了比较严格的规定，并设立了公行制度，由广州十三行（位于今天东至仁济路，西至衫木栏路，南至珠江岸边，北至十三行路的广州文化公园一带）负责外贸事务。但是必须指出的是，"一口通商"主要针对西方国家的来华商船，而对于中国东南沿海商船的出口及南洋地区商船的进口，都不在此限制之内，对此，有马汝珩等认为，这是"在当时的历史条件下，乾隆继康雍之后，其海疆政策的延续和发展，是清廷海防重于通商这一指导思想的集中体现"①。这一政策虽然限制了南方广大地区对外贸易的正常进行，但是客观上带动了广州的对外贸易发展，使广州逐渐成为清政府与国外进行贸易的主要口岸，逐步成为中外进行贸易的集散地。

乾隆时期，英国马戛尔尼使团访华，希望增加英国在中国的贸易口岸，就是在广州开展贸易之外，逐渐增加在宁波、舟山和天津等地的贸易活动，并允许英商在北京设立行栈，用来收贮发卖货物，对于广州的税率，希望清政府能够明确公布，以防止随意乱收杂税。但是清政府认为自己是天朝大国，因而对于这些要求并没有允许，仍然要求英国只许在广州开展贸易活动。

清朝中期，俄商也试图打开广州的贸易口岸，嘉庆十年有俄罗斯国"夷船二只，自称嘚啞国来广贸易，监督延丰准其卸货，旋为具奏，钦奉谕旨此等外洋夷船向未来粤者断不可擅自准行，十一年又奉上谕，嘚啞国贸易船只业据行商承保起卸，货物自未便，复行稽阻，此次姑着准其贸易。嗣后再有该国船只来至澳门，即应严行驳斥，不得擅与通市"②。可见，由于清政府认为俄国与中国之间的贸易应该集中在北部边境地区，于是俄国的这次叩关并没有取得成功。

① 马汝珩、马大正：《清代的边疆政策》，中国社会科学出版社 1994 年版，第 235 页。

② 《（道光）广东通志》卷一百八十，清道光二年刻本。

第三阶段,行商垄断制度废除后的自由贸易时期。

19世纪30年代,随着英国工业革命的开展,英国迫切希望打开位于东方的庞大中国市场,但是此时清政府依然固守传统的对外贸易政策,不允许欧洲商人到广州以外的港口进行贸易,这样,行商在广州依然保持着对外贸易的垄断态势。东印度公司急切希望中国废除行商垄断制度,但是在当时的情况下,清政府不会自己从内部废除这一制度,达到这一目的必须通过外力才能够完成。

由于广州的外贸活动归十三行进行管理,广州进口的货物需要十三行负责,在嘉庆末期之前,在广州贸易的外国商船主要隶属于东印度公司,所以十三行比较方便严格管理广州的进出口货物,在贸易中没有鸦片直接交易的记录。到了1833年,东印度公司专利权被撤销,在广州贸易的外国商人不再仅限于东印度公司,这样,就有个别唯利是图的商人使团冒充行商,走私鸦片进入中国。

随着走私贸易的日益加剧,清政府认识到这种贸易对于国家的安全和赋税收入造成了重大影响,于是,派遣林则徐到广州开展禁烟活动,英国政府以此为由对华开展了战争行动,并逼迫清政府开放了广州、厦门、福州、宁波、上海5个通商口岸,从此,行商对于西欧贸易的垄断便终结了。

在1843年10月24日,十三行发生了大火,丹麦行、西班牙行、一部分法兰西行和新中国街化为灰烬。1847年,英国军队企图炮轰广州城,"冥王星号"军舰在十三行附近抛锚,在两广总督耆英答应租给英国土地作为住宅区和教堂之后作罢。从当时的图画中也可以看出,在十三行数次面临灭亡命运之后,一艘蒸汽护卫舰停靠在十三行前方,可见当时十三行面临的危机之深。① 1856年底,即"亚罗号"事件爆发两个月之后,英国入侵广州,其海军准将西蒙(Seymour)命人拆毁了与十三行相邻的房屋,这就减少了十三行被烧

① 参见孔佩特:《广州十三行:中国外销画中的外商》,商务印书馆2016年版,第193页。

毁的可能性，但是随着战争的推进，十三行中除英国行以外的所有商馆还是被全部烧毁，几天后，英国馆也发生火灾，几乎烧毁殆尽。到了 1857 年 1 月 12 日，英国海军以中国人企图摧毁他们的战舰为由，对广州进行了轰炸，十三行的房屋也毁于一旦。① 十三行从此走到尽头。

随着五口通商的开展以及各个通商口岸的开放，外商来华贸易的港口选择范围迅速增加，由此广州的贸易量便迅速下降，再加上从广州到香港"在六、七个小时以内就可以到达，它（香港）是一个免税口岸，为储存货物和必要时转移这些货物，都提供了很大的便利"②，所以，外商此后到广州的贸易量相对来说迅速下降。其具体原因可以分为以下三点：

第一，随着上海、福州等地相继开放为对外通商口岸，这些地区的区位优势逐渐显现，相比之下，广州的区位劣势日益明显。上海港在这一时期经济非常发达，并且其港口与广州港相比，属于优质的深水区，适宜大型船舶的出入；上海港附近的苏杭地区经济非常发达，相应的产品生产门类较为齐全，与广州相比更能满足外商的需要；福州、厦门、宁波等港口的开放使得外商在此地购买茶叶比在广州更为便利。除此之外，由于福州离主要产茶地武夷山更近，所以，大量的外商聚集到了福建沿海的开放城市，他们在此地就近采买茶叶，然后直接出口，这就使得到广州的洋船大为减少，广州的贸易量也迅速下滑。

第二，在清政府把香港岛割让给英国之后，英国人在此地进行了大规模的建设，使得香港成为英国在亚洲地区的商贸活动中心，为了更好地从香港地区获取财富，英国允许各国商船自由进出香港，而与香港相隔不远的广州地区仍然处于传统专制的统治之中，对于外来的船只征收重税，还通过各类手段对其进行盘剥，虽然鸦片战争后广州港的税率大幅度下降，但是在"路径依赖"的作用下其贸易量并没有明显增多。这样，众多的商船就放弃去广州，而直接到

---

① 参见孔佩特：《广州十三行：中国外销画中的外商》，商务印书馆 2016 年版，第 197—200 页。

② 姚贤镐：《中国近代对外贸易史资料》（第二册），科学出版社 2016 年版，第 1077 页。

达香港,在香港卸货并对货物进行分类之后,运往相应的港口进行销售。这样,进入广州港的货物大为减少,广州的贸易日益萎缩下去。

第三,在大量外商去武夷山直接采购茶叶的同时,大量的广州商人也为了自身的利益到福建武夷山地区采购茶叶,并在当地进行贩卖,这样,广州的贸易更为萧条。对于这种情况,广州当地的政府不是妥善应对,采取各种利商的措施把商人留在广州,保证广州地区的发展,而是采取了一种听之任之的态度,对于这类现象不闻不问,进一步推动了广州贸易的萧条。

虽然如此,但在这一时期,广州的对外贸易得到了一定的发展,这是因为英国、法国等在广州建立租界,建厂投资,随着洋行的进入以及外商在广州等地设立洋行等,他们逐渐垄断了广州的出口市场,广州也依然保持住了南方重要贸易城市的地位。

中外商人持续数百年内在广州开展贸易活动,促进了广州地区经济的发展,增进了中外之间经济文化交流,使得广州成为这一时期全球重要的贸易港口,这一地位一直持续到了现代。

第二章　恰克图和广州对外贸易信用机制的比较

在恰克图和广州贸易中的商人群体能够在清朝几百年的时间中垄断各自地区的商业活动,与他们自觉地构建了一套较完善的信用体系是密不可分的。这套信用制度不仅规范着这一群体中每一个商人的行为,而且规范着整个商人群体的行为,支撑着他们各自的商业经营活动。

他们在商业交往中坚持的信用是包含商业信用在内的一套信用体系。其中商业信用与传统社会生活领域的信用体系相比是更高一个层级的信用制度。在中国商人数千年的经商历史中,为了更好地从事商业活动,他们以中国传统信用体系为根基,不断汲取其他领域有关信用的积极要素,逐渐积累并构建出商业信用规则,并完善了商业信用体系内涵,使这一信用规则成为一套独具特色的完整体系。这一体系既吸收了中国传统的交往守信的思想,又考虑到了商业交往的特殊性;它强调需要对经商员工进行严格的教育与管理,对内制定严密的规章制度,对外建立比较完善的商业交往制度,并在比较稳定的传统信用网络下严格执行。这使得中国传统的商业信用在当时处于较为领先的地位,也有力促进了中国传统商业的发展壮大。

第一节　恰克图对外贸易的信用机制

在恰克图贸易中,晋商信用机制的产生是多方面因素共同作用的结果,也正是这些因素的影响,使得晋商的信用机制得以长期维持下来。

分析晋商在对俄贸易中信用体系的成因,可以发现,这是长期贸易实践的产物。

第一,地缘网络关系与惩戒机制是晋商外贸信用存在的根本原因。虽然血缘关系是传统社会中人们之间最基本的关系,但是晋商在中俄边境的交易往来过程中,为了避免血缘关系造成的复杂利益纠葛,他们经常任用山西同乡在恰克图与俄国商人进行交易,于是逐渐形成了一种地缘网络关系。这种地缘关系可以减少甚至消除血缘关系所带来的道德风险,并且以这种方式选拔出来的员工如果失信,“即予开除……职员既多是山西人,若有作弊情事,老板很容易找到他的家族追究”①。这种关系还支撑起了晋商在全国范围内甚至境外持久的商贸活动,并且通过会馆、行会、祭祀等活动构建出一个有效的治理机制,降低了交易成本,使得晋商在各种挑战中顺利地化解风险,实力不断壮大。

第二,资金在恰克图与内地之间存在着周转盈余与短缺不均,是晋商外贸信用存在的直接原因。在对俄贸易过程中,早期存在着物物交换,后来逐渐转变为以货币为媒介的交换。可是,由于长途贩运费时又费力,无法随时拥有资金,为了保证交易的顺利进行,就必须最大限度地利用闲置资金。由于晋商在全国有许多分支机构,当对俄贸易需要资金时便可以利用其他分号的资金,反之亦同。这样,就可以保证外贸活动的正常进行。

第三,在竞争中最大限度地占有外贸市场的份额,提升商号的影响力和保证外贸的客源,是晋商外贸信用得以持续的推动力。在对俄贸易中,晋商虽然依靠皇商的身份大受其利,但是为了保证商业的持久运行,保证自身能够在对外贸易中占据绝对垄断的地位,就必须在与其他的商帮之间的激烈竞争中发展壮大,而提高竞争力的关键便是提高效率和效力。为此,晋商在产品的采购

① 中国人民银行山西省分行、山西财经学院、黄鉴晖:《山西票号史料》,山西经济出版社 2002 年版,第 608 页。

和运输过程中，对于出口的产品精挑细选，严把质量关，并通过提升管理水平、降低产品的运输成本和耗损率，提高自身的声誉。对外则主要靠及时捕捉市场信息，在中俄边境积极与俄商打交道，联络感情，积极抓住市场中的敏感信息，尽量保证自己在交易过程中立于不败之地。

第四，最大限度地降低交易成本，进而提高经济效益是晋商外贸信用广泛存在的重要原因。中国商人与俄国商人之间各类交易行为的实现，都依赖于相互之间的信任，晋商如果要维持交易的正常运转，就必须使中俄双方商人在交易商品的质量上达成一致，这就需要晋商多方了解俄民的生活习性和嗜好，从而使交易成本在无形之中变得高昂，降低了商人的收益。另外，由于信息不对称的存在和买卖合同的不完备性，交易双方为了保证交易的正常进行就会加强对交易各个环节的监督，其成本代价也相应提高。在中俄交易中，俄国买主会挑剔地打量中国出口产品的质量，以保证自己的收益最大化。晋商只有在确定从南方运来的商品能够在恰克图地区销售并获得预期的收益，且可以弥补成本、获得收益的情况下，才会从事对俄的商贸活动。为了保证这一目标的实现，晋商就必须合理安排运力、人力以及资金等资源，这些资源的合理安排就必须以他们拥有完善的信用体系为前提。

总体上看，晋商的对俄贸易经历了前期和后期两个阶段。19 世纪 50 年代以前属于第一阶段，在这一阶段，中国商人（主要是晋商）在中俄边境的恰克图与俄商互通有无，平等交易，不但稳定了中俄边境的局势，而且提高了两国人民的生活水平。19 世纪 50 年代以后属于第二阶段，在这一阶段，由于清政府的腐败以及中国国防力量的空虚，俄国不断入侵中国边疆各地，迫使清政府签订一系列不平等条约，给俄国商人许多额外的优惠待遇，客观上降低了对中国内地商人（主要是晋商）的待遇。尽管晋商在这一过程中坚持诚信经营，力挽狂澜，但无奈力量单薄，无法摆脱一步步走向衰落直至消亡的命运。下面就从这两个阶段来具体分析晋商在对俄贸易中的信用体系。

一、恰克图贸易前期的信用机制

晋商前期对俄贸易的信用体系处于形塑阶段。晋商们在最初的对俄贸易中坚守信用，形成了一套包括商人信用、职业信用、商业信用、政府信用等在内的相互影响、相互促进的信用体系，逐渐形成了一种人人都遵守的非正式制度安排，从而促进了晋商贸易的不断发展。具体来看这一信用体系分为：

第一，商人信用。这是商人群体的人格信用，是晋商在对俄贸易中坚持的根本信用。传统上士农工商，商人为诸家之末，而明清晋商，以立人为先，强调诚信经营，信义为本，先义后利，诠释了义利相通的理念，建立了商人群体的良好人格形象。晋商在发展过程中，"智术不能望江浙"，"推算不能及江西湖广"，之所以能够发展壮大，"唯其心朴而心实而已"①。正是这种优势，使得其能够在恰克图与俄国进行持久的贸易。在贸易中，如果有人失信，则会被其他所有的商人抛弃，这样，他在恰克图的贸易活动也就无法开展下去，也无颜回到家乡，所以他们不敢违背这种信用。同时，这些商人均供奉关羽，除了关羽是山西人之外，更为重要的是关羽的"敦信义""崇信行"的行为方式为他们注入了精神灵魂，塑造出了其与俄商贸易中的独特人格。另外，晋商在交易过程中要求遵守集体定价机制，不得私下交易，"不应过分贪求购买俄国商品，在贸易中应不露声色"②，以维护集体利益。

第二，职业信用。这是晋商在对俄贸易中坚持的基本信用，它体现在职业操守和职业技能等方面。明清晋商对俄贸易的商品以茶叶为主，但也辅以其他各类商品，可以说种类繁多；这些商品在恰克图和广州都进行着出口交易，各类商品在不同地点价格不相同。从南方到恰克图的交通极为不便，加之与俄贸易的分号、分庄大多设于中俄边境，其间道路崎岖，交通工具简单，贸易往来十分困难。这样，为了保证边境商号对俄贸易的运转协调，防止给晋商带来

---

① 田兆元、田亮：《商贾史》，上海文艺出版社1997年版，第54页。

② 米镇波：《清代中俄恰克图边境贸易》，南开大学出版社2003年版，第89页。

不必要的损失，商号要求严禁将内部及当地的商业秘密，特别是有关的条令透露给俄商。这表明晋商在与俄商的交易过程中保证自己的商业秘密，在职业中保持良好的职业操守，保证自己在整个商人团队中的形象。

正是由于晋商在职业过程中特别讲求信用，所以他们才能够在与俄商的贸易中发展壮大，进而垄断中俄贸易。据统计，当时中俄交易中方一侧的买卖城有房舍 200 余所，其中祁县史大学开创的大盛魁，乔家恒隆光，汾阳牛氏璧光发，太谷曹家景泰亨、锦泉涌，以及榆次常家大升玉、大泉玉、独慎玉均在此占有一席之地。

第三，商业信用。这是保证晋商对俄贸易顺利进行的基石。在恰克图贸易中，为了保证货物的质量以及交易的正常进行，中俄交易双方便寻找专门的机构进行监督。具体的做法是，“在商号里按照事先商定的价格并由商界选出的 4 名监督人出面成交”。这些监督人在一年任期中实际上就是商界行为的领袖，他们和商人们一起估价，并按照商人来到的日期先后顺序依次安排交易，对于蒙古札萨克及哲布尊丹巴呼图克图等来贸易的，100 两以下的自行交易，100 两以上的，由札萨克及商卓特巴发出印文，展开交易活动。如果有人用次货充好货，就要受到相应的处罚：头一两次罚款；第三次再犯，就被取消在恰克图经商的权利。这种监督，可以有效地降低交易成本，提高经济效益，树立双方交易的良好形象，从而使晋商和俄商获得一种长期的收益。

第四，政府信用。这是晋商能够长期在中俄边境进行贸易活动的重要保证。晋商群体之所以能够迅速成长发展，从经济层面看，是这一时期生产规模的不断扩大、各类市场不断发育、社会对白银需求增加的必然产物。从政治层面看，晋商作为传统社会重要的商人群体之一，它的发展是与清政府在各个方面的大力支持密不可分的，晋商利用清政府的专制权力来取得垄断业务或特权，借助政府信用进行扩张来实现其不断发展壮大的目的。

晋商与清政府的密切关系，使得晋商在清朝前中期垄断了对俄贸易。具体而言，政府给晋商发了照票，保护晋商与俄商之间的贸易。所谓照票，也称信票、部票、龙票、票证，是清政府特准颁发的赴恰克图贸易、运送货物的凭证，它长1英尺3英寸到1英尺4英寸(约38厘米到40.5厘米)见方，由厚重的麻布制成。龙票上印有满语、蒙古语和汉语，还盖有玉玺。它的周边印有彩龙图案，最初由张家口衙门一地呈报理藩部颁发，咸丰后期归化城将军、多伦诺尔同知衙门皆可承办。照票上由官府将商人姓名、车辆、货物、数目等明白填写。每一信票不得超过10人、20辆货车，而且仅一次有效。贸易完毕立即返回，呈缴换取新票。无票不准入市，一旦发现就视为走私，查出照例治罪。所运之货一半入官、一半奖赏稽查人员。在这些条例的“熏陶”下，练就了沿途官吏“敏锐”的嗅觉器官。他们无不尽心竭力，四处拘捕、扣押无票商人和运往恰克图的货物。这一政策虽然不利于竞争，但是却有力保护了晋商的对俄贸易。

晋商在恰克图的对俄贸易，通过各类信用的作用得以维系并迅速发展，繁荣了中俄双边市场，保证了边境的稳定，带动了中国蒙古、山西乃至南方广大产茶地区经济的发展，显著增加了俄国政府的财政收入，促进了俄国经济的发展和社会的转型。

二、恰克图贸易后期的信用机制

晋商后期对俄贸易的信用体系依然存在，却逐渐在贸易活动中无法有效地发挥作用，这主要源于以下两方面的原因：

其一，晋商的信用体系在晚清混乱的经济体系中无法发挥作用。

清朝后期，随着中俄诸多不平等条约的签订，俄国商人逐渐进入中国内地市场，并在中国享受着诸多国内商人享受不到的优惠政策；反观国内商人，他们受到了清政府在税收等诸多方面的压制。在这种不利的情况下，晋商依然通过自身的不懈努力维系着对俄的贸易。例如这一时期，晋商因对俄国中小商人赊欠茶叶损失白银达62万余两，受到了沉重的打击。这充分说明，在晋商发展后期，由于对俄贸易活动中的诚信经营、信用至上的机制和稳定的制度环境遭到了破坏,其建立的文化基础亦遭到了破坏。

另外,这一时期正是中国政权和俄国政权较为动荡的时期,致使国家政权对于商业经营的保护力度较弱。所以,虽然晋商在对外交易的过程中严格按照自己的信用体系办事,但是在没有国家制度保障的情况下,这一信用制度则显得苍白无力。这在晚清时期的诸多事例中可以得到充分体现,例如清末大钱的发行:咸丰朝铸造了种类繁多、数量庞大的大钱,导致其不断贬值,而由于大钱只能在附近的地方使用,不能往远处汇,不利于商人之间的大额交易,导致商人之间的交易受阻。同时,俄商也利用银钱比价的差额,贱入而贵出,赚取大量的利益;而清政府也无法保护晋商的利益,使得晋商在对俄贸易中受到严重损失。在这些政策面前,晋商的信用体系已失去公平的贸易环境基础,被掠夺性的商业逐利行为所抛弃。这样,清政府就失去了对于晋商与俄国商人之间贸易活动进行有效保护的能力,晋商对俄贸易的衰落趋势便无法避免。

其二,政府的软弱导致晋商的信用体系不能发挥自己应有的作用。

客观地说,一方面,晋商在发展过程中,无论从萌芽阶段还是到发展的鼎盛阶段,其间无不渗透着清政府的大力支持与协助;另一方面,晋商在整个商业运营过程中受着深厚的儒家思想的熏染,虽然进行了开拓创新,但依然没有摆脱传统商人的特点,即没有形成近代商业精神,并对官府权力具有较强的依赖性。这可能导致两个后果:在政府竭力支持的情况下,晋商就会充分利用这一优势,努力经营,提高效率,实现利润;一旦遭受内部势力张裂或受到外部力量的挤压,政府不仅会减少对晋商的支持,而且还会凭借自己的强势地位索取高于其提供服务所需要的租金。这时,晋商对政府的依赖性这一先天性的缺陷就会暴露无遗,他们无法充分发挥自主性,以致海外资产很难得到切实的保护。

当外国政府对待晋商不公时,本国政府又无法对其进行有效的保护,只是任其自生自灭,这样晋商的信用机制在清政府的无视和外国政府的压力下逐渐失去了实施的物质基础和文化保证。如宣统元年(1909),俄国政府通过对在俄罗斯的中国商人征收重税来排挤在当地经营的中国商人,而清政府在此时也无法对在外的晋商提供有效的保护,因而晋商在此项政策下损失惨重。

这样,在清末社会发生剧烈变迁的情况下,信用制度本身的内涵和功能也相应地发生了改变,以“诚信、仁义、效忠、等级有序”为核心的伦理道德、价值观念等非正式约束处于混乱和整合的过程中,在这个基础上建立起来的封建传统商业信用在这一时期也逐渐趋于无效,无法为晋商的发展发挥出应有的作用。晋商依旧坚持传统商业信用,没有跟随时代潮流与近现代信用制度相衔接,从而成为对俄贸易逐渐走向没落的重要原因之一。

从以上的分析中可以看出,恰克图商业活动中的各类信用结合在一起起着重要作用,而其中又以商人信用为核心,在发展的整个时期商人信用都发挥着巨大的作用,但是在后期由于经济体系的混乱和政府的软弱导致了这一信用体系无法发挥作用,加速了对俄贸易的衰败。

第二节　广州对外贸易的信用机制

在广州贸易中,信用机制始终发挥着重要作用。其中,在广州十三行贸易时,其发展过程中也存在着商业信用、职业信用、政府信用等多种信用组合而成的信用体系,而这种信用机制是以政府信用为核心的。在十三行破产后,广州的贸易信用主要是商业信用。

一、广州十三行贸易时期的信用机制

广州十三行的信用机制是在清政府开展广州贸易时形成的,这时的信用主要是政府信用,在行商制度确立后,清政府对于十三行的管理主要是通过行商来完成,即行商对于外商的一切行为负责,此时广州贸易中的信用主要就表现为商业信用,是政府信用在商业活动中的延伸。这种信用机制的形成与机会成本存在着密切关系。与十三行行商相比,清政府不善于与外商展开交流,为了保证广

州地区的稳定，就必须在与外商的交流中发挥政府信用的作用，但是由于清政府主要关注于国内事务，不善于与外界打交道，这就导致了政府与外商直接展开交流机会成本过大。清政府为了降低机会成本，最大限度地避免与外商接触，并方便对外商的管理和海关关税的征收，便运用行商来管理外商的各类行为。

行商在与外商的交易过程中，不断与外商进行沟通联谊，并处理好与官员之间的人际关系，在此基础上与其他行商在竞争的同时又适度联合互助，这样行商的信用制度便日趋完善，在这一制度的保证下，很多行商在十三行的外贸过程中日益壮大，为广州外贸事业的发展做出了巨大贡献。

具体来说，他们的信用机制主要表现在与清政府的关系、与外商的关系以及行商之间的关系等几个方面。

第一，从行商与清政府的关系来看，他们与清政府官员联系紧密，保证了他们在广州地区的长久发展。

在中国传统社会，官商结合是商人发展的一个重要秘诀，广州十三行商人也不例外，并且，广州十三行的官商结合所形成的政府信用是行商发展最重要的一个原因。

广州十三行成立之初，其中的行商便被政府认定为“亦官亦商”的群体，于是他们的发展既受到了清政府的保护，也被政府的有关政策牵制，所以他们与清政府的关系一向非常密切。例如，行商历来为宫廷办理洋货的收购，乾隆年间，“海关监督每年采办货物……向系买自内地行商，即李永标到任以来，亦系循照旧例办理”①。并且，行商每年还需向内务府造办处上缴银两，为皇室买贡品提供经费，行商的这种经常性上贡使得清政府经常对于广州行商进行庇护。为了使十三行行商之间的恶性竞争、价格混乱等现象得到调和与改善，行商团体就建立了公行，但是这一“公行”并没有按照他们原先的想法来发展，反而走向了他们愿望的反面。这些行商没有政治权利却要履行“准政

---

① 中国第一历史档案馆、广州市荔湾区人民政府：《清宫广州十三行档案精选》，广东经济出版社2002年版，第116页。

府官员”的义务，每年帮助清政府收缴税款，于是，行商在与政府的交往中，不遗余力地争取取消“公行”制度，使得公行在1771年被正式解散。1782年，在只收佣金这一条件下，公行复建。在后期的发展过程中，政府要求行商不仅承销洋商的货物，并负责征收关税，为了使自己的垄断贸易能够正常进行，行商们遵照政府的要求管理外商的一切事务，政府也在法律制度框架内授予了行商垄断广州对外贸易的特权。行商的这种信用成为政府信用与商业信用结合的一种模式。并且，商业信用在政府信用的保护之下得以良好运行，比如潘有度任洋商时，就得到了在北京做官的潘有为的大力协助，使得他在贸易中规避了一些官府的骚扰，贸易得到了顺利进行。

第二，行商善于与外商交往沟通，代理外商处理外贸交易，保证了双方交易的顺利进行。

十三行商人为加强与外商的联系，就创造条件与外商进行比较频繁的私人交往，一方面为外商在广州顺利展开贸易活动创造良好的外部环境，另一方面极力扩大自己的视野范围，为贸易的发展服务。如2006年瑞典仿古商船“哥德堡号”船上潘振承画像旁边写道：“瑞典东印度公司的大班经常求助于通议大夫潘启官，他同茶叶商的关系密切。”①1839年，潘正炜等行商邀请外商在珠江赛艇，并送给美国商人约瑟·库利奇一个独特的广式外销银器——刻有洋商在珠江赛艇热闹场面的盖杯；同时，潘有度在与外国人交往的过程中获得了当时最新的世界地图，之后对这一地图进行了仔细研究，为自己的商业活动服务；马戛尔尼曾经对潘有度有较高的评价，认为他在与外国人的交往过程中，“表现得对英国十分尊重，而且毫无保留地宣示他愿意尝试交易任何我们商馆要他去尝试的新事物”②。这类交流加深了行商与外商的友谊，并扩大了自身的视野，有利于双方商业信用的形成，为交易打下了一定的基础。

---

① 潘剑芬：《广州十三行行商潘振承家族研究（1714—1911）》，社会科学文献出版社2017年版，第77页。

② 陈国栋：《清代前期的粤海关与十三行》，广东人民出版社2014年版，第185—186页。

第三,行商之间既联合又竞争,在这之中形成了兼顾集体利益和个人利益的商业信用,促进了各行商的发展,也推动了市场中商业以及价格的平衡。

行商之间既联合又竞争,这是由多方面原因造成的。首先,连坐制度的实行使得行商们之间需要互相协助。按照规定,行商之间实行连坐制度,一旦其中的一家行商由于某些原因破产,其他的行商就要按照一定的比例对该行商的债务进行均摊,以保证外商和政府的利益不受损失。在这之中,虽然有个别行商会通过一些方式少承担责任,但是对绝大多数行商而言,这种分担是一种巨大的负担,例如在 1780 年,由于颜时瑛和张天球两家行商欠外商巨额债务而破产,潘振承等行商就必须在 10 年之内还清这两家行商的债务,因此,行商们尽量保持密切的合作。其次,行商们在中国传统儒家思想的熏陶下成长起来,这种传统的思想道德深深影响了他们的商业行为,他们在经商过程中按照自己的道德准则行事,以促进整个行商团体的发展。例如,在 1763 年,当潘振承面对同行石康官和瑛秀拒绝按照以往的惯例承销外商的毛织品的 1/4 时,他决定和赤官均分,并且提出如果赤官不同意这样做的话,他将把除了赤官承销的外,其他全部毛织品进行承销。最后,为了保证获得足够的利润,他们在商品定价上存在一定的竞争。行商们为了获取更有利的供货条件,更多的流动资金,在与外商交易的过程中,内部存在着激烈的竞争,这种竞争关系使得他们在承销外国商品时价格不会过高或者过低,他们"坚持要获得好的价钱,但当价钱达到极限时,他们立即让步,尊重他们对手大班,而大班亦尊重他们"①。也就使得东印度公司的大班认为:"正是他们之间的互相妒忌与憎恨,让我们反对不合理货价有了很大的保证。"②

因此,行商们之间既联合又竞争,在这之中尽量避免其他行商破产,以防止

---

① 潘剑芬:《广州十三行行商潘振承家族研究(1714—1911)》,社会科学文献出版社 2017 年版,第 83 页。

② 潘剑芬:《广州十三行行商潘振承家族研究(1714—1911)》,社会科学文献出版社 2017 年版,第 84 页。

给自身带来沉重的负担。也正是在这种商业信用指导下，行商们才一次又一次获得了外商的信任，保证了他们在广州的外贸活动能够得到长久而持续的发展。

第四，行商销售的产品可以保证稳定的质量，有利于维持与外商之间的信用。

在广州的对外贸易中，茶叶等产品质量的高下直接关系行商贸易活动能否长久持续进行。为了满足出口茶叶的需要，行商在采购和销售产品时会注重产品的质量，保证他们外销活动的顺利进行。例如，行商潘振承建立了自己的茶叶基地，并在发展过程中逐步实现产供销一体化，这样，既最大限度地保证了产品的质量，又实现了规模效益，还降低了成本、提高了收益，也取得了外商的信任，以至于东印度公司的职员认为虽然潘振承出售的茶叶价格较高，但是其质量是进口茶叶中最好的。这样，潘振承出口的茶叶便得到了市场的信任，促进了其家族的发展。

可以看出，在广州十三行时期，政府信用发挥着主导作用，商业信用、职业信用等在政府信用的保护之下积极发挥作用，推动了广州十三行的发展，也为福建地区茶农的发展提供了一个广阔的市场。福建的茶农不仅为国内和俄国提供茶叶，还源源不断地通过十三行为西欧各国提供茶叶，促进了福建地区农业经济的发展。

二、广州十三行破产后广州贸易的信用机制

鸦片战争以后，清政府被迫同英美等国先后签订《南京条约》《望厦条约》等不平等条约，南方各个城市逐渐开放，处于政府信用保护之下的广州十三行就失去了政府信用的支撑，再加上西欧各国近代商人的有力竞争，十三行贸易迅速衰落，进而消亡。19 世纪 50 年代以后，随着十三行的衰亡，十三行商人有的转变为文人墨客，有的则继续经商，与新兴的商人群体一起转变为买办阶级。由于清政府的衰微，广州地区的自主权已经不复存在，这样，对于广州商人而言，清政府就无法发挥信用机制对其进行保护，这些商人就只能依靠商业

信用等保证其商业活动的正常进行。

这一时期，广州商人逐渐形成买办阶级，在他们的发展过程中主要是以商业信用为主。为了保证商业信用的实施，他们就采取了信用保证、现金保证和财产保证等具有近代化色彩的措施保证商业活动的顺利开展。其中，信用保证是人保，即买办需要找身家殷实的人或者商铺为其作保，并开具书面证明，明确担保责任，一旦买办有重大过失，在买办力所能及地承担相应赔偿责任外，其他的赔偿责任由保人承担，在乡土观念还比较浓厚的当时，这一担保措施能够很大程度上使买办遵守商业信用。现金保证是买办根据其所服务商家的不同特点及规模大小、买办责任等，向外商支付一定的现金作为保证。财产保证就是买办用自己的房产等财产为自己的业务作保证。这类多种保证相结合的制度有利于买办遵守自己的商业信用，同时，由于这类保证的存在，外商可以大量雇用买办，并传授给他们近代商业活动的基本理念，这也促进了近代买办阶层知识水平的提高，为广州近代化的发展创造了有利条件。

可见，在十三行破产之后，广州商人对于中国传统的商业信用进行了认真的反思，很快接受了外商所拥有的近代信用体系，并结合中国传统的儒家道德观念，对这些信用思想进行了认真的学习与吸收，创造出了适合自己的信用思想，并在实际商业活动中有效运用这些思想。这些信用思想的实践，一方面有利于广州商人从传统向近代化的转化，避免了他们在近代化浪潮中被抛弃；另一方面，有利于广州地区的技术进步，大量的广州商人成为保商之后，不仅学习了新知识，还加强了西方国家与广州的联系，引进了大量的先进技术，并在以后的广州发展过程中发挥了积极的作用。

第三节　恰克图和广州贸易信用机制的比较分析

一、恰克图和广州对外贸易信用机制相似之处

首先，恰克图晋商和广州十三行行商贸易活动能够发展的一个重要保障

是其信用机制发挥了作用。这一机制的根基在于中国传统文化。他们之所以能够垄断中国的对外贸易,与他们属于中国的传统商人、受传统思想影响较大密切相关。中国传统信用思想源远流长,经历了一个不断发展的过程,形成了兼具儒、道、法、释,并独具特色的较为完整而开放的思想体系。比如,从"大道之行,天下为公,选贤与能,讲信修睦"①发展到"君子养心莫善于诚,至诚则无它事矣"②,再发展到"夫信者,人君之大宝也,国保于民,民保于信;非信无以使民,非民无以守国"③。概言之,中国古代信用思想对于他们的影响主要包括三点:第一,儒家伦理思想使得晋商在经营过程中坚持"忠恕"思想,待人以诚、推己及人,在委托代理关系中委托人(财东)对代理人(经理)充分信任,让其大胆经营,财东只等年终决算报告;使十三行商人在与外商交往过程中极为守信,尽力使得交易过程透明化,防止欺诈行为的产生。第二,道家思想促使晋商在经营过程中不能离开真诚,在组织中使用"集体主义"的惩罚机制来保护整个商人集团的利益,从而使得晋商虽然在外地经营,但是"无不兢兢自守,不敢稍有亏短"④,并通过晋商会馆的建筑形式警示商人们如果不诚信就会付出惨重的代价;促使十三行商人在贸易中诚信经营,保证商品质量,做到公平买卖,例如东印度公司对行商潘振承的评价为:"他确实是一位很有能力的人……他的儿子一定能够保持商行的信用和经营"⑤。第三,佛教的因果报应思想使得晋商在经营过程中本着诚信至上,宽以待人的信条,对待人们做到了宽仁大度,轻财重义,如乔家就要求家人做到包括不准吸食鸦片、不准纳妾、不准赌博等在内的十不准⑥;促使行商在经营过程中积极投身于社会公益事

① (东汉)郑玄注:《礼记正义》,上海古籍出版社1990年版,第412页。

② (唐)杨倞注:《荀子》(第2卷),商务印书馆1919年版,第49页。

③ (北宋)司马光:《资治通鉴》(第2卷),中华书局1936年版,第48页。

④ 《申报》1879年5月25日。

⑤ 潘剑芬:《广州十三行行商潘振承家族研究(1714—1911)》,社会科学文献出版社2017年版,第111页。

⑥ 参见张正明:《晋商兴衰史》,山西古籍出版社1996年版,第220页。

业、积德行善、周济贫困，如潘家就曾资助修建桥梁、房屋、庙宇等工程，并且在鸦片战争后以购买战舰、领导群众等方式积极抗击侵略。可以说，在不断发展过程中，中国传统思想对他们的发展影响巨大。

其次，从信用内容来看，恰克图贸易和广州贸易中都存在着商人信用、政府信用、商业信用等多种信用。正是这多种信用的结合存在，并相互之间发挥作用，既相互促进，又相互制约。其中，商人信用和商业信用的存在保证了晋商和行商能够在相当长的时期内与外商展开各类交易活动，政府信用保证了两地商人能够在中央集权的专制政体下长时期存在并不断发展，也在一定程度上保证了商人信用和商业信用持续发挥作用。总之，这些信用交织在一起，共同保证了两地商业活动环境的安全，也促使政府对两地的商人在一定程度上进行保护，促进了两地商业活动的顺利进行。

二、恰克图和广州对外贸易信用机制差异之处

在恰克图的贸易中，商业信用占据主导地位，政府信用为商业信用的良好运作提供了有力保障。到了清朝晚期，政府信用无法发挥作用时，商业信用依然在恰克图的贸易中发挥着重要的作用，但是由于政府信用的衰落，晋商在面对俄国政府的发难时便无法维护自己的合法权益，这样，商业信用便无法发挥作用，进而使得恰克图贸易逐渐衰落下去。而在广州贸易中，前中期是由政府信用发挥着主导作用，并支持着广州十三行行商的商业信用，为十三行的顺利发展创造了条件。但是这种政府信用是以十三行对政府的贡献为条件的，政府对于十三行的剥削也加速了十三行的灭亡。此时，商业信用虽然能够加强行商与外商的联系，但是依然左右不了行商逐渐破产的归宿。到了十三行破产、各类新兴商人兴起以后，在不平等条约的影响下，政府信用发挥作用的空间便越来越小，这时商业信用的作用便日益凸显，促进了广州贸易的发展。

第三章　恰克图和广州对外贸易管理方式的比较

恰克图和广州的对外贸易的发展出现了不同的走向，这种不同的走向与清政府开展南北贸易的目的密切相关。在不同政策目的的指引下，清政府在两地设置了不同类型的管理机关，采取了不同的管理政策，有效服务当时边疆的稳定和社会经济的发展。鸦片战争爆发后，随着一系列不平等条约的签订，在外商的压力下，清政府对于本国商人的管理力度逐渐下降。第二次鸦片战争以后，行商逐渐退出历史舞台，广州的商人逐渐以小商人和买办商人为主，清政府对其的管理力度明显下降。所以，本章暂不考虑清政府对于买办及民间小商人的管理，主要比较清政府对于恰克图的晋商和广州十三行行商的管理方式，以更深入地比较两地对外贸易的发展变迁。

第一节　两地管理机构设置的比较

一般来说，政府为了方便在各地开展管理，会在各地设置相应的管理机构，为了最大限度地减少交易成本，提高政策的执行效率，政府在各地对于同一事务设置的管理机构基本相同，但是清政府在北部边境与南部沿海面临着不同的局势，所以，对于同一问题——对外贸易——设置了两套管理机构，并且这两套管理机构在一段时间内，对于各自地区的对外贸易都起了非常明显的促进作用。具体来说，这类管理机构主要包括商业管理机构和税收管理机构两种。

一、恰克图贸易的管理机构

（一）商业管理机构

一般认为，恰克图贸易正式开始于1728年《恰克图条约》签订之后，对恰克图的商业管理在《恰克图条约》签订前后有所差异。前期主要是由土谢图汗进行管理，理藩院仅仅负责监督；后期主要是由理藩院选派官员进行管理。

《尼布楚条约》签订前，中俄双方的商人在两国边境地区已经有了比较频繁的商业交往活动，这些贸易“向惟土谢图汗自为经理，初未设官弹压，亦未著于功令也”①。1689年《尼布楚条约》签订后，中俄贸易正式得到官方承认，在中国方面这一贸易活动一直由喀尔喀土谢图汗进行管理。康熙三十二年规定“许俄罗斯国隔三年来京贸易一次”②，这便开启了大规模的北京贸易。为了更好地促进双方的贸易活动，康熙五十六年将贸易地点改在了齐齐哈尔。康熙五十九年（1720），中俄双方开始在库伦展开贸易活动，“由院委监视官一人，前往会同喀尔喀土谢汗等弹压稽核，查二年一次更代”③。康熙六十年，清政府任命土谢图汗旺札勒多尔济管理边境地区的贸易活动。自此开始，中俄两国在这一地区的贸易活动变得愈加频繁，但是在1722年，因俄国留京商务代表劳伦茨·兰克未经允许擅自与在北京的朝鲜使臣见面，这引起清政府的强烈不满，俄国代表被驱逐出境，清政府也中止了《尼布楚条约》规定的边境

① 何秋涛：《朔方备乘》卷三十七，日本早稻田大学藏书，第15页。
② 米镇波：《清代中俄恰克图边境贸易》，南开大学出版社2003年版，第12页。
③ 何秋涛：《朔方备乘》卷三十七，日本早稻田大学藏书，第15页。

贸易,中俄边境贸易受到重挫。

为了恢复双方的贸易活动,中俄双方进行了多轮谈判,并在雍正五年(1728)三月签订了《恰克图条约》,正式确立了双方贸易口岸。其中,恰克图为首选贸易地点,在该地,"设监视官一员,由理藩院司官内拣选,二年一次更代"①;并把祖鲁图海作为第二个互市地点,在这一带边境的卡伦分派札萨克、参领、章京、骁骑校等官员②,对恰克图贸易进行有效的管理。在贸易地点逐渐集中到恰克图一处后,中方管理人员主要由理藩院负责派遣。乾隆"十年,命土谢图汗部亲王额璘沁多尔济督理俄罗斯边境事。十二年,议准恰克图驻扎司官改为三年一次更代。二十一年,土谢图汗部台吉琳丕勒多尔济自科布多军营调回库伦协理俄罗斯边境事。"③之后去恰克图贸易者需要携带理藩院部票,"恰克图商集,由理藩院司官一人主之,设书吏协齐"。④ 乾隆二十七年,"始设钦差大臣驻扎库伦办理事务",由理藩院议准派遣,三年更换一次,库伦办事大臣二人,"一由在京满洲蒙古大臣内简放,一由喀尔喀扎萨克内特派"⑤。且设置"所属库伦本院司官二人,笔帖式二人。恰克图本院司官一人,辖卡伦会哨之各扎萨克以理边务"。⑥ 乾隆四十九年,清政府要求恰克图的所有官员由库伦办事大臣进行管理。相对频繁的官员调动充分说明了清政府对于恰克图贸易的重视。

(二)税收管理机构

《恰克图条约》明确规定,两国在北京和恰克图地区进行的贸易不征税,并且为了方便两国居民在此地进行交易活动,中俄两国政府约定在边境

① 何秋涛:《朔方备乘》卷三十七,日本早稻田大学藏书,第17页。
② 参见樊树志:《从恰克图贸易到广州"通商"》,《社会科学战线》1982年第2期。
③ 何秋涛:《朔方备乘》卷三十七,日本早稻田大学藏书,第19页。
④ 何秋涛:《朔方备乘》卷三十七,日本早稻田大学藏书,第20页。
⑤ 何秋涛:《朔方备乘》卷三十七,日本早稻田大学藏书,第21—22页。
⑥ 何秋涛:《朔方备乘》卷三十七,日本早稻田大学藏书,第22页。

地区的尼布楚和色楞格两地选择适合的地段为两国贸易的商人建造房屋，并且对在这一地区的贸易活动也不征税。虽然俄国为了增加财政收入，在一段时期内对于在恰克图地区贸易的商人征税，但是总体上看，恰克图地区属于一个相对免税的贸易区。为了保证这一自由贸易区的良好运行，防止一些人借机从内地迁徙到蒙古地区，加强政府对于商人的管理，并保证政府的收入，清政府对于出口商品征税的地点主要集中在从内地通向边关的几条重要通道上的过境城市：杀虎口、张家口和归化城，即对这些货物征收通过税。

张家口位于直隶北部，在明代中后期即是中原与蒙古地区之间的重要交通要道。顺治元年，张家口地区设置满官。顺治七年，又设置满司官和笔帖式各一人。由此可以看出，顺治初清政府即开始在此设关征税。张家口关的税额在清前期并无定额，在实际征收过程中逐年增加。雍正初年，华北地区三个重要的关口张家口、宣化府、居庸关三处的税收都由张家口监督进行管理。雍正五年，署直隶总督宜兆熊奏请交地方官管理，雍正皇帝以张家口为“小税”及满司官专管为由，降旨“不必，照旧”①。康熙元年，在张家口和杀虎口两个税关，分别设置满官和蒙官，以管理这两地的贸易活动。康熙二年，六部官员轮流到张家口管理其税务活动。康熙三十年，在张家口和杀虎口地区不再设置满官。乾隆三十年，裁潘桃口监督缺，所有税务归并张家口监督管理，其潘桃口所管六小口改归通永道征收，潘桃口木税令多伦诺尔同知管理。

杀虎口位于山西省右玉县，1544 年设立，初名杀虎堡，位于右卫县治北 20 里左右的长城边墙附近，清代属山西朔平府，顺治八年（1651）清政府在

① 中国第一历史档案馆：《雍正朝汉文朱批奏折汇编》（第 10 册），江苏古籍出版社 1989 年版，第 832 页。

此地设立关市，“内驻扎税部、驿道、巡检司副将、都司守备等官”①，并改名为杀虎口②。其不仅具有重要的军事地位，而且是内地与关外进行商品交流的重要集散地。康熙帝于三十六年(1697)赴宁夏督师时提出，蒙古地区的贸易比较少，为了保证继续通市，停止颁发茶引，口外蒙古地区的商人可以就近在杀虎口地区买茶，不必要专门到达黄甫堡地区。在监督人选上，顺治十三年，在张家口、杀虎口各差满官一人、汉军官一人、笔帖式一人，关期均为一年。在乾隆年间，陆续开通归化城、宁鲁边口、得胜口等关口征收，并且这些关口均由杀虎口管辖。光绪三十三年，增设口岸新平口、高庙子。这样，政府从官方敕令上对杀虎口作为关内外交通要地进行了强化，从国家政策和经济制度上保证了晋商从事边境贸易的安全与利益。

归化城即呼和浩特，在清代属山西省，雍正元年(1723)置归化城厅，乾隆六年(1741)升为直隶厅。在清初即为内地与蒙古各部的互市之所，是清代蒙古草原最重要的商业城市之一，也成为清政府向出口俄国商品征收关税的重要关口。乾隆二十六年杀虎口监督期成额提出，在蒙古地区种植生产的产品在归化城售卖，因此，希望在归化城设立税关，对这些商品征税，所以，乾隆二十六年清政府在归化城设关榷税。具体来看，归化城税关辖八个征口和四个稽口。乾隆二十九年开通宁鲁边口，归杀虎口监督管理和征税。乾隆五十八年又开通得胜口，亦归杀虎口管理。光绪三十三年，增设口岸新平口、高庙子。乾隆三十八年到光绪二十二年税制改革以前，归化关体制完备，几乎没有发生变化，归化关由归绥道管理，而且在和林格尔的新店子、东白塔儿两处设巡役稽查。另外，归化城还有一些分税口，即漠南商业中心包头镇、萨拉齐、托克托城等，不过，这三处城镇只征收牲畜税，不征货税。

① 丰若非:《清代榷关与北路贸易——以杀虎口、张家口和归化城为中心》，中国社会科学出版社 2014 年版，第 34 页。

② 古代，“口”往往专指长城的关口，人们将长城以里的地区叫“口里”，长城以外的地区叫“口外”。

二、广州贸易的管理机构

(一)商业管理机构

清朝前期的海关全部事务由海关监督管理,此职位多由内务府和户部满旗司员派充,有时也由各省督抚或将军兼任,只有粤海关专门设立监督①(参见表3-1),这是因为广州地区与西欧各国及东南亚之间的贸易额较大,贸易频率也较高,从中也可以看出粤海关在清政府管理对外事务中的重要地位。由于粤海关监督最完整的官衔是"督理广东省沿海等处贸易税务户部分司",所以粤海关监督属于户部官员。

表3-1　粤海关监督统计表

时间	满人人数	汉人人数	广东巡抚、内务府郎中等
康熙年间	21	12	—
雍正年间	2	—	4
乾隆年间	—	—	27

数据来源:祁美琴:《清代榷关制度研究》,内蒙古大学出版社2004年版,附录。

康熙二十四年(1684),为了更好地管理商业活动,并对到广州贸易的船只进行监管,清政府在广州设立了粤海关监督。由于广州地区对外贸易额比较大,粤海关监督可以获得的利益也较高,所以该职位逐渐变得炙手可热;同时,很多官员都希望担任粤海关监督,因此其监督职位的人选变动较大。如在雍正年间,粤海关先后由广东巡抚、粤海关监督、总督、广州守城、粤海关副监督等管辖。乾隆四年(1739),粤海关监督由广东巡抚兼任,乾隆六年由督粮道兼任,乾隆七年设立专官进行管理,乾隆八年由广州将军兼任,乾隆十年由广东巡抚兼任,乾隆十二年由总督兼任,乾隆十五年设立专官,直到道光十八

① 只有雍正元年到乾隆十五年中的一段时期内停止差官,由广州的地方官兼任粤海关的主管。

年,基本上是专官专任。① 这种变化的过程,充分表明了清政府对于广州对外贸易活动的重视。从以上的分析中可以看出,广州地区的外贸活动主要是由粤海关管理,但是其主要的工作交由广州十三行具体负责。

表 3-2 粤海关监督在职表

在职时间	姓名	备注
雍正二年(1724)	年羹尧	巡抚兼任
雍正三年(1725)	杨文乾	雍正四年至雍正六年留任
雍正七年(1729)	祖秉圭	复设监督。雍正八年至雍正九年留任
雍正十年(1732)八月	毛克明	以广州城守副将任。十一月,又设副监督一人。雍正十一年、雍正十二年留任。
雍正十三年(1735)	郑五赛	以副监督任。乾隆元年至三年留任
乾隆四年(1739)	王国安	以巡抚兼任。乾隆五年留任
乾隆六年(1741)十一月	朱叔权	督粮道兼任
乾隆七年(1742)十月	伊拉齐	复设监督
乾隆八年(1743)四月	策楞	将军兼任。乾隆九年留任
乾隆十年(1745)	准泰	巡抚兼任。乾隆十一年留任
乾隆十三年(1748)七月	岳浚	
乾隆十五年(1750)三月	苏昌	
乾隆十五年(1750)六月	唐英	复设监督
乾隆十六年(1751)	李永标	乾隆十七年至乾隆十九年留任
乾隆二十四年(1759)十月	尤拔世	乾隆二十五年至乾隆二十七年留任
乾隆二十八年(1763)九月	方体沿	乾隆二十九年至乾隆三十年留任
乾隆三十一年(1766)九月	德魁	乾隆三十二年至乾隆三十八年留任
乾隆三十九年(1774)	李文照	
乾隆三十九年(1774)九月	德魁	再任,乾隆四十年至乾隆四十二年留任
乾隆四十三年(1778)二月	图明阿	乾隆四十四年至乾隆四十五年留任
乾隆四十六年(1781)三月	伊龄阿	
乾隆四十六年(1781)四月	李质颖	乾隆四十七年至乾隆四十八年留任
乾隆四十九年(1784)一月	穆腾额	乾隆五十年留任

① 参见[日]松浦章:《清代海外贸易史研究》,李小林译,天津人民出版社 2016 年版,第 546—547 页。

续表

在职时间	姓名	备注
乾隆五十一年(1786)十一月	佛宁	乾隆五十二年至乾隆五十四年留任
乾隆五十四年(1789)闰五月	图萨布	巡抚署任
乾隆五十四年(1789)六月	善德	将军署任
乾隆五十四年(1789)七月	额尔登布	乾隆五十五年留任
乾隆五十五年(1790)五月	郭世勋	巡抚署任
乾隆五十五年(1790)十月	额尔登布	乾隆五十六年留任
乾隆五十六年(1791)三月	郭世勋	
乾隆五十六年(1791)九月	盛住	乾隆五十七年留任
乾隆五十八年(1793)七月	福昌	将军署任
乾隆五十八年(1793)八月	苏楞额	
乾隆五十九年(1794)十月	舒玺	乾隆六十年留任
嘉庆元年(1796)八月	书鲁	
嘉庆二年(1797)六月	常福	嘉庆三年留任
嘉庆四年(1799)八月	佶山	嘉庆五年留任
嘉庆六年(1801)十月	三义助	嘉庆七年至嘉庆八年留任
嘉庆九年(1804)七月	延丰	
嘉庆十年(1805)二月	阿克当阿	嘉庆十一年留任
嘉庆十二年(1807)八月	常显	嘉庆十三年至嘉庆十五年留任
嘉庆十六年(1811)四月	德庆	嘉庆十七年留任
嘉庆十八年(1813)七月	祥绍	嘉庆十九年至嘉庆二十二年留任
嘉庆二十三年(1818)七月	阿尔邦阿	嘉庆二十四年至嘉庆二十五年留任
道光元年(1821)九月	达三	道光二年至道光三年留任
道光四年(1824)三月	七十四	
道光五年(1828)八月	达三	道光六年至道光七年留任
道光八年(1828)二月	延隆	
道光九年(1829)十一月	中祥	道光十年至道光十三年留任
道光十四年(1834)八月	彭年	道光十五年留任
道光十六年(1836)三月	文祥	道光十七年留任
道光十八年(1838)五月	予堃	

资料来源:[日]松浦章:《清代海外贸易史研究》,李小林译,天津人民出版社 2016 年版,第 553—554 页。

另外,通过对粤海关监督在任时间(参见表3-2)的观察可以发现,虽然制度上规定粤海关监督的任期为一年,但在实际管理中灵活性很大。例如在康熙年间除了宜尔格图等四名监督各自留任一年外,其余都只任期一年。乾隆以后,各监督经常获准留任,因此在任期间的长短相差很大。例如李永标在任前后9年、德魁在任一共长达12年,但是也有官员因为程序问题在任时间很短,例如伊龄阿因为在得知任命后没有立即向皇帝谢恩,只任职了24天。

就粤海关监督的身份而言,他们最初并不具有某一特定的身份,但是自从乾隆十五年开始,这一职位就专属于包衣了,他们并不是自由人,而是属于包衣阶级的皇室世仆。按规定,这一监督属于"一年期满之差",在任期届满数月前,他们就要咨报户部,由户部提请皇帝任命下一任监督。但是,在很多时候,监督届满前会直接上奏皇帝,而不告知户部。为此,在乾隆三十五年,乾隆帝下令:"关差内间有自行奏请,并不经部办理者,究非体制。嗣后……粤海等关将届一年期满,并著一体报部,听该衙门具题请旨。著为令。"①其中明确了粤海关监督上任的程序:在户部接到监督的报告咨文之后,会先告知军机处和内务府,并咨会军机处和内务府开列有资格出任关差的人员名单,列好后,名单由两个机构直接交与内阁。内阁在收到户部的题本(一般称为"部本")后,由票签房的官员负责票拟,黏附双签,其中一签有建议人选的名字,另一为空白签,隔天将此部本与军机处、内阁开列的完整候选人名单上奏给皇帝。皇帝选出新任粤海关监督后,由户部给受任者下发任命公文,新任监督须马上谢恩,之后到达广州接任,在接任中,新任监督须接手粤海关监督的关防、历任监督所接获的上谕抄册、监督的折奏案稿、关库钱粮文卷、当时支销的各种册档等,然后与上任监督对收支的详情及关库的现况进行交接。

粤海关监督总体上负责广州的外贸管理事务,但是并不负责具体事务的管理,而是根据广州的实际情况,要求广州十三行的行商对外商进行管理。这

① 梁廷枏:《粤海关志》,广东人民出版社2014年版,第120页。

样，行商便逐渐兴起，并在清政府和粤海关的支持下，逐渐操纵了西欧各国在广州的各类贸易活动。粤海关要求这些商人代表他们管理外商并征收关税，对外商在广州的一切活动负责。为了更方便地管理对外贸易活动，这些行商便组成了“公行”，俗称“十三行”①。

由于行商对外商在广州地区的各类活动负有担保责任，尤其要负责这些商人进出口商品的税收安全，所以又被称为“保商”，又因为他们主要办理外商在广州的有关事务，所以又被称为“洋商”。从 1725 年开始，行商成为当时中国对外贸易的垄断者。② 由于这一时期行商在经营对外贸易中获利丰厚，所以规定商人要成为“公行”成员，必须向清政府交纳 200000 两白银。③ 行商的首领总商最初实行公推制，不必经官方批准。嘉庆十八年（1813），粤海关监督德庆整顿关务，奏请“于各洋商中择其身家殷实、居心公正者一二人，饬令总理洋行事务”④。此后，总商须经清政府的批准才能够上任。十三行的商人在对外贸易过程中起着非常重要的作用，他们要为外商在内地采购商品，统一出口商品的价格，保证外商在广州贸易中合理纳税，同时不发生违法活动，代理清政府与外商之间开展外交活动等等。

（二）税收管理机构

清初，由于政府一直实行海禁政策，所以在广州贸易中走私贸易较多，也没有专门的税收管理机关。直到康熙二十三年（1684），随着南方局势的安定，逐渐恢复了对外贸易活动，并于次年设立江海关、浙海关、闽海关和粤海关

---

① 日本学者根岸佶在《广东十三行》中认为，公行由 13 家行商组成而得名，大多数学者如梁方仲、彭泽益等认为洋行数目一般是十余家，最多 26 家，最少四五家，十三行只是一个因习俗形成的命名。参见彭泽益：《清代广东洋行制度的起源》，《历史研究》1957 年第 1 期。

② 参见姚贤镐：《中国近代对外贸易史资料》（第一册），科学出版社 2016 年版，第 189 页。

③ 参见郑友揆：《中国的对外贸易和工业发展》，上海社会科学院出版社 1984 年版，第 5 页。

④ 梁廷枏：《粤海关志》，广东人民出版社 2014 年版，第 503 页。

4个海关,南方地区的对外贸易活动便日益频繁。广州作为一个具有明显贸易优势的城市,外贸活动迅速大规模开展起来,并逐渐成为清政府与国外进行贸易的主要口岸和中外商品贸易的集散地,其税收管理机构为粤海关。

粤海关设在广州,监督衙署设在外城五仙门内。① 康熙二十三年,福建、广东二省设满汉海关监督各一人,笔帖式各一人。从康熙末年到乾隆初年,海关关员的选派制度和海关的管理制度发生了很大变化。粤海关原本是与闽海关、江海关、浙海关并列的四大对外贸易口岸之一,但随着清政府对外贸易政策的调整,到乾隆二十二年(1757)政府宣布西洋船只只能在广州进行贸易后,其重要性大大提高,因此清政府也就格外强化了对粤海关的管理。由于广州地区较为平坦,其对外贸易事务较多,洋商和本地豪强劣绅的走私行为比较严重,单单凭借监督难以很好地管理这一地区的经济活动,所以,清政府规定粤海关监督这一职位由当地的巡抚和都督兼管,并且全省的文武官员都要受其节制。显然,粤海关一直由中央政府派遣任命海关监督,但由于粤海关在乾隆中期以后成为管理外国来华商人的唯一口岸,从分权和相互牵制的角度来说,粤海关既设监督,又由督抚监督,从而形成了由粤海关监督与督抚共同管理粤海关的特殊格局。

粤海关下辖省城大关和澳门、惠州、潮州、雷州、琼州、高州7个总关口,在每一个总关口下分设若干个小关口,在每个关口中设有税官、夷务所、买办馆、永靖营等机构。其中,税官主要职能是征收外商的船钞、规礼及其他有关税馆;夷务所主要职能是办理外商船只进出广州,以及其他贸易事项;买办馆主要职能是为外商提供后勤服务;永靖营是清政府派驻港口的兵营,执行防卫任务。

三、恰克图和广州对外贸易管理机构的比较

从以上的分析中可以看出,从贸易初期开始,清政府便在恰克图和广州地

① 参见梁廷枏:《粤海关志》,广东人民出版社2014年版,第120页。

区设立了相应的管理机构。在贸易的发展过程中,这些机构的管理范围逐渐扩大,管理人员的设置也逐渐细化,表明了清政府对维护边境安定的意识逐渐加强,其通过对外贸易来维护国家安定的目的越来越明显。具体来看,设置的这些贸易机构的相似点在于其设置的背景和目的。

首先,从设置背景来看,南北方面临着相同的国内外经济政治环境。

清政府对外贸易的观念受中国传统社会的影响,将农业作为国之根本,历来不鼓励商业的发展,相比财富而言更加注重政权稳固。在清政府看来,中国是天朝上国、天下共主,万邦来朝,是王朝政治安定、经济繁荣、文化发达的盛世标志,不论南北对外贸易都需要体现出中国统驭外邦的政治外交关系。中俄贸易中不去分辨哪些是“陪臣”,哪些是商人,一律给予贡使待遇,每次往返,都隆重接送,贸易免税;而当其离京时,清政府常以厚礼相赠,量加恩赏,以示怀柔。因此要求兼管内地少数民族的理藩院管理对俄贸易,从这一管理机构的设置上,可以更好地看出当时中国的天朝上国地位。对于广州贸易也是如此,清政府认为天朝抚有四海,奇珍异宝并不贵重,物产丰盈,无所不有,西方国家与朝鲜等周边小国是一样的,与中国交往是输诚向化、远慕天朝,明确表示,只要他们前往北京进行朝贡就可以与朝鲜一体优待。乾隆皇帝曾发布上谕:“中国抚驭远人,全在秉公持正,令其感而生畏,方合政经。”再加上清政府认为当时中国出产的茶叶、瓷器和丝巾等商品是西欧各国的必需物品,广州贸易的开展只是清政府为了满足西方对于中国商品的需求。所以,清政府在广州地区设立十三行,让他们直接与外商接触,政府只是负责宏观上的管理。

可见,无论是在恰克图还是在广州,清政府的天朝上国思想影响了其在两地管理机构的设置。

其次,从设置目的来看,恰克图和广州贸易的税收收入都是为了保证国家财政收入。

虽然说清政府对政治的关注度高于经济,将外贸的地点都选在了便于防御的战略地点,但是在客观上促进了对外贸易的发展。北路的恰克图和南路的广州作为对外贸易的主要场所,相互呼应,对其贸易商品的税收收入成为国家财政收入的重要来源。在恰克图贸易中,清政府要求商人在从关内到关外的张家口、杀虎口、归化城等常关交纳赋税,有效地保证了国家赋税的来源和税收的稳定;而在广州地区,由于其贸易活动集中在广州,所以政府便把征税机关设置在广州,并与行政管理机关设置在一处,便于对各国商船征税,最大限度地防止了税源的流失,稳定了广州海关在外贸活动中的地位。

两地管理机构的设置上的不同点主要体现在以下几个方面:

第一,恰克图的管理是在多个地区进行的"两头管",而在广州的管理是在一个地区进行。

在恰克图对俄贸易中,为了保证边境贸易的正常进行,更好地维护北部少数民族地区的安定团结,清政府在雍正年间设置司官、笔帖式等官职对当地的贸易进行管理。其征税机关主要集中在国内商品通往恰克图的 3 个中转城市:杀虎口、张家口和归化城。其中,杀虎口和张家口在顺治年间定为征税地点,而归化城在乾隆年间定为征税地点。在广州,乾隆二十二年(1757)宣布西洋船只只能在广州进行贸易后,征收权力就集中到粤海关,并且直到鸦片战争以前一直维持着这一格局。可见恰克图贸易的税收管理和行政管理是分在多地进行管理,而广州的各项管理都集中在粤海关,并且恰克图的管理机构设置时间要早于广州。

第二,从最高管理者来看,恰克图是自由选举,而广州是由政府任命。

在恰克图的对外贸易中,虽然清政府对于来往的商人和货物等进行着一定的控制管理,但是商人自发组织的行会在该地发挥的作用更为巨大。这些行会组织主要包括库伦十二甲首和恰克图八甲:在库伦,康熙十二年有 12 家商人到达此地进行经商活动,12 家每家推举一位任商董,组织到一起,成为十二甲首,这些甲首负责管理相应区域内商铺的治安和盗窃案件。起初,都是由商铺自己向十二甲首呈报失窃案件。乾隆三十年,发生桑斋多尔济等走私贸易后,重订恰克图贸易章程,包括定货品的种类、官员联合商人与俄国人议价等。清政府在恰克图、张家口、库伦等地设官管理票照，又将商人编入保甲制度。“库伦市圈设十二甲，各甲皆设铺首管辖。首先是设立甲首，管理该甲的治安、窃盗案件。在这之前都是铺户自己呈报失窃案件，而三十三年之后，由铺首呈报失窃案件。库伦商民每年进张家口贩货依照十二甲铺户编制清册，以便于管理。”这样，库伦十二甲便管理北部的对外贸易活动。恰克图市场在《恰克图章程》签订之后，把商人带进恰克图市场的商品种类分为绸缎、布、绒线、细青茶叶、砖茶叶等粗茶、烟、砂糖干果、瓷器 8 项，设立八甲，各甲均设有甲首，甲首是资本较为雄厚的商铺，“一年一换周而复始。每年更换自十二月初一日起，不计闰，如此轮流挨班更换”，①管理本甲内部的日常事务。

而广州的管理主要由十三行代表政府进行，十三行由多家商行、洋行组成，包括怡和行、广利行、同文行等，这些洋行大都是亦官亦商的机构，他们与清政府结合共同处理广州的对外贸易，且洋行数目是不断变化的，有多有少，无定数。十三行的总商制度与恰克图、库伦的甲首制度比较相似，但是也有很大差异。甲首主要是商铺，总商主要是商人代表。甲首会轮流当值，总商却必须是“身价殷实”之人，能承担一定责任。更为重要的是，十三行与政府之间的交往更为密切，他们既是市场交易主体，又是市场的管理者。

所以，在恰克图的管理机构是由比较自由的商人自主设置的，清政府不加干涉，由商人们根据市场发展的具体情况以及各类商业的发展趋势自主设立管理机构，并通过内部的自我约束保证这一机构的顺利运作；而在广州的管理机构是在政府的严密监管下设置的，其具有的双重身份使得它不仅要为商人们的商业交往服务，更要服务于清政府的对外贸易政策。

第三，恰克图理藩院管理的政治因素比广州大。

恰克图对外贸易由理藩院管理，而广州对外贸易由十三行管理，最终由礼部负责。理藩院对恰克图的管理仅仅是需要商人领取照票，但十三行却要对

---

①　赖慧敏：《清政府对恰克图商人的管理（1755—1799）》，《内蒙古师范大学学报》（哲学社会科学版）2012 年第 1 期。

外商进行严管,不准外商在交易地区任意出入,而且在广州,清政府不接见外商,洋人所禀,一切由洋商转禀。

理藩院的地位相对于六部而言较高,这虽然是为了加强对于西北边疆地区的管理,但在一定程度上表明了清政府对于中俄贸易的重视程度。另外,俄国当时也是一个大国,虽然清政府把其当作藩属国,但是在与俄国的外交及战争中也发现了俄国的强大,所以,由理藩院对恰克图贸易进行管理也成为一种震慑俄国侵略企图的手段。反观广州,由于广州有比较悠久的对外贸易传统,所以在解除海禁之后,人们的对外贸易热情逐渐被激发出来。再加上当时在广州贸易的商人主要是东南亚商人和西欧地区的商人,他们到达广州展开贸易主要是为了积累财富,实现资本的原始积累,所以,清政府对于广州地区的贸易以商人管理为主,政治因素所发挥的作用并不大。

第四,两地的税收管理机构设置不同。

在恰克图贸易中,其税关主要位于张家口、杀虎口和归化城,而广州贸易中的税关粤海关设在广州,粤海关的管理更为严格。

恰克图贸易中,税关设置在张家口、杀虎口和归化城3处。其中,张家口税关设置时间最早,在顺治和乾隆年间变动较大,官员基本上由满官和汉官共同担任。在杀虎口,开始是设置笔帖式,后来考虑到此地的政治和军事地位非常重要,就派遣各部官员轮流担任当地的税收官员。在归化城,最初派役稽查,在乾隆三十一年关税由理藩院司员征收,乾隆三十八年后则由山西巡抚监管,成为长期由地方官兼管的榷关。归化城在设关之初,曾设立蒙古笔帖式二员,并安设书役,抽收四项牲畜税钱。归化关对管关官员的上任日期则有明确定制,应在官员任期未到之时进行遴选更换,在后任官员到达时前任官员方可卸任。可见,对于北路三关,清政府总体上还是比较重视的,通过对官吏的设置与更替,可以有效地控制这一地区的税收,保证贩运到恰克图商品税收的安全。

而粤海关监督是皇室派的官员,官阶仅次于总督,通常为满洲人。在康熙年间,粤海关监督中满人的人数要多于汉人,从雍正二年开始,粤海关监督主要由广东巡抚担任,出现了兼差。到了乾隆年间,粤海关监督依次为:广东巡抚、两广总督、广州将军、内务府郎中、上驷院卿等,这种变化过程代表了统治阶级利益的瓜分。从管理上看,粤海关直属户部,不受地方行政管辖,监督直接向皇帝和户部报告每年的贸易和关税收支情况;在考核上,直接由皇帝和户部进行考核,并不参加地方官的"大计"和京官的"京察"。

通过两地税关设置的对比,可以发现清政府对广州贸易的管理更加严格,其税关的相关设置及规定更加具体详细。对于恰克图贸易而言,关税在张家口等处征收,其官员设置不如粤海关的严格缜密;粤海关不仅有地方官员管辖,还有中央官员及海关监督的管辖。这也反映了恰克图贸易比广州贸易更加自由。

第二节 两地管理政策的比较

一、恰克图贸易的管理政策:相对稳定

《恰克图条约》签订以后,恰克图作为中俄边境贸易额最大并且最为活跃的市场,得到了迅速发展,成为类似宋代榷场的封闭市场。[①] 虽然在各时期由于政策的影响存在着反复,但是在清朝末年以前它始终是中俄贸易的重要边境市场。清政府在恰克图的外贸管理政策主要体现在对于商人的管理以及对于贸易地点的管理两个方面。

(一)对商人的管理

清政府对于商人的管理主要包括对俄国商人的管理和对于中国商人的管

① 参见王建朗、黄克武:《两岸新编中国近代史》(晚清卷),社会科学文献出版社 2016 年版,第 14 页。

理两个方面。

在对待俄国商人方面,康熙五十三年(1714),清政府规定,俄国商人必须申请到色楞格和伊尔库茨克地方政府所发的执照才可以进入中国进行贸易,如果仅仅有尼布楚地方政府颁发的执照,就不准进入中国进行贸易;雍正二年(1725),理藩院给黑龙江将军的咨文中再一次强调了持有执照的重要性:"边境地区若有使臣往返,除其所带零星商品贸易外,凡从事贸易者,则按原先所定之例,须有俄罗斯色楞格、伊尔库茨克城长官所发执照,方准于边境地方贸易,事毕遣回。"①从中可以看出清政府对于来华贸易的俄国商人有严格的限制。

在对中国商人方面,清政府在不同时期采取了不同的制度:

清朝初年,清政府在此地实行许可证制度。这一时期,随着两国边境居民之间的交流日益频繁,就需要通过制定相应的制度规范人们的行为,于是,中俄在《尼布楚条约》第五条中明确指出:"嗣后两国人民和持有准许往来路票者,应准其在两国境内往来贸易。"②这说明此时路票已经成为双方共同认可的贸易凭据,即中俄贸易正式开始时就实施了许可证制度。

中俄贸易集中到恰克图之后,相关事务交由理藩院管理。理藩院在总结实行路票制度经验的基础上,在《理藩院则例》中规定了部票制度的具体实施策略,并于1720年正式开始实施。其具体内容如下:

> 商人等出外贸易,由察哈尔都统、绥远城将军、多伦诺尔同知衙门领取布票。该衙门给发布票时,将该商姓名及货物数目、所住地方、起程日期另缮清单,粘贴票尾,钤印发给,一面知照所往地方大臣、官员衙门,不准听其指称未及领取部票,由别衙门引用路引为凭。违者,查出照无部票例治罪。其商人部票,著该地方大臣、官员查验存案,务于一年内勒限催

① 中国第一历史档案馆:《清代中俄关系档案史料选编》(第一编下册),中华书局1981年版,第485页。

② 米镇波:《清代中俄恰克图边境贸易》,南开大学出版社2003年版,第10页。

回，免其在外逗留生事。如商人已到所往地方，欲将货物转往他方贸易者，即呈报该处衙门，给予印票，亦知照所往地方大臣、官员衙门。①

由此可见，清政府对于从内地到北方边境贸易的商人的管理方式。首先，为了方便商人的出行，他们在察哈尔都统或多伦诺尔同知衙门等地领取照票，规定最多10人和20辆车领取一张照票，在经过主管官员查核准确无误后，钤盖印记，并在到达乌里雅苏台、库伦和恰克图时要进行相应的稽查。每张照票只准贸易一次，过期作废。政府对于取得照票的商人资本金额有着相应的限制，每张照票准予携带12000斤货物。② 有一些小本铺户由于资本过少无法取得照票，都附搭在大铺票内，即为朋票，报知张家口都统衙门，领到理藩院照票后把货物运往恰克图，然后再各自填写送货单进行报验。

乾隆二十四年规定："库伦、恰克图贸易事务日繁，驻扎司官应给官防各一伙。凡商至库伦、恰克图者，皆给以理藩院票。由直隶出口者，在察哈尔都统或多伦诺尔同知衙门领票。……其各商领票后至库伦者，由库伦办事大臣理藩院司官稽查。……凡票商，今以现银现货交易，定限一年催回，不准藉索欠为名，潜留各部落，娶妻立产；不准取蒙古名字。无票者，即属私商，查出照例治罪，逐回，货物一半入官。恰克图商集，以理藩院司官一人主之，设书吏毕协齐（即笔帖式）。该班蒙古章京昆都瑪那奇等，每岁支给口粮赏需银二百十二两有奇。又该司员给商俄罗斯瑪玉尔普尔鲁克喀密萨尔等绸缎价值，皆于口北道衙门支领报销。商集分设八行，选商良善殷实者为行首，与众商会同估定货价。该司官按各商到集日期先后，今以此交易。蒙古扎萨克及哲布尊丹巴呼图克图等差人来市者，价值百两以下，听其交易；百两以上，由扎萨克及商卓特巴以印文咨恰克图司官，交各行首交易，覆交遣回。其有不肖商人希图射利顶冒者，察出将该商与喇嘛蒙古等一并治罪，货物入官，扎萨克商卓特巴参

① 黑龙、包和平主编：《钦定理藩院则例》，辽宁民族出版社2019年版，第411页。

② 参见赖慧敏：《清政府对恰克图商人的管理（1755—1799）》，《内蒙古师范大学学报》（哲学社会科学版）2012年第1期。

处。此库伦恰克图两处司员职首之大略也。”①

乾隆四十五年(1780),清政府出台了出卡换照制度,要求内地商民到达卡伦时,把所带照票交由地方政府进行查验,如果照票记载内容与其实带数量相符,则另外颁发执照。当商人到达恰克图时,再行查验,如果没有卡伦所颁发的执照,就不允许进入恰克图市场进行贸易,这一制度虽然较为烦琐,但在很大程度上限制了内地到恰克图贸易的人员和货物,有利于清政府维护边境地区的安定。为了贯彻落实这一制度,嘉庆四年(1799)规定,私自在恰克图贸易的商人,“枷号两个月,期满笞四十,逐回原省,货物一半入官”②,从行政和经济上对他们加以处罚。另外,为防止前往蒙古地区贸易的内地商人长久留在蒙古地区,对清政府的民族管理和边疆管理产生不利影响,理藩院要求到边境地区贸易的商人以现银现货交易,一年之内必须返回,不准以任何理由为借口不返回,并且不准他们取蒙古名,以促使这些商人尽快返回内地。从上述管理方式变迁中可以看出,清政府对于商人的管理,逐渐从只有限制性规定到有了惩罚性的措施,说明政府对于中俄贸易的管理日益完善。

清政府还制定法规对于在恰克图贸易的中国商人进行管理,如十六条条令规定:“不仅要相当全面地保持运抵恰克图商品的总体均衡,而且偶尔还要减少中国商品在恰克图市场的份额,以使我们的商品永远在彼方受到青睐,也使我们的贸易本身成为彼方所不可或缺的”,“当俄商看到自己的商品价格占优势时,便按照我们的要求订购比往常更多的这类商品运来,或他们自己决定更多地运来,这时,我们应立即停止交换他们的商品,并应告诉他们,商情单上已注明,这类商品供应已大于我方需求,或告知其他国家的商人已将这类商品运抵恰克图,这样经过一段时间,这类商品就会被俄商冷落,随之降价,会有利于整个国家利益”,“凡违背共同的约定,擅自加大所运商品比例者,先将商品

① 姚贤镐:《中国近代对外贸易史资料》(第一册),科学出版社2016年版,第101—102页。

② 何秋涛:《朔方备乘》卷三十七,日本早稻田大学藏书,第40—41页。

扣留，严防以各种借口允其进恰克图交易，以免损害公共秩序，并密切注意前述商品比例变化的动向”①。可见，清政府对于在恰克图地区贸易商人的各类行为有比较详细的规定，要求他们要善于把握市场变化情况，集体与俄商进行交易，不得背信弃义，以维护整个商人集体的利益。

（二）贸易地点的变化

清政府对中俄贸易地点的选择经历了一个变化的过程。在《尼布楚条约》签订后，俄国商队被允许直接到北京进行贸易，这样，大量的俄国私人商队携带财产和商品不计人数地进入中国内地，给清政府的社会管理带来了巨大的压力。为了解决这一问题，理藩院在康熙五十六年（1717）行文俄枢密院，说明由于俄商持续不断地到京城出售毛皮，导致北京市场内毛皮过多，大量积压，于是就要求到京贸易的俄国私人商队，从尼布楚出发到齐齐哈尔进行贸易，这样这些私人商队就减轻了远途奔波之苦，减缓了北京存在的压力，齐齐哈尔的人民也可以购买到质量不错的毛皮，从而达到双赢的效果。然而，由于齐齐哈尔的购买力要比北京小得多，所以并没有能够吸引大量商队前往，反而在北京贸易繁盛的影响下逐渐衰落。这样，到北京贸易的俄国商队数量并没有下降，为了保证能够顺利到达北京，这些商队便在到北京的过境城市库伦进行歇息休整，这就导致了库伦的经济得到了迅猛的发展。于是，康熙五十九年（1720）正式确立库伦为新的互市地点，鼓励中国商人与俄国商队在此地展开交易。随后，为了稳定边疆局势，同时有效地解决双方之间的争端，中俄两国在雍正五年（1727）签订了《恰克图条约》，并于次年正式生效。中俄双方在恰克图派驻官员，管理双方的贸易。从此以后，恰克图便成为中俄贸易的地点。贸易地点的变化充分体现了清政府对外政策的不断调整，而这些调整都是以维护北部广大区域的稳定为前提条件的。

---

① 米镇波：《清代中俄恰克图边境贸易》，南开大学出版社 2003 年版，第 88—90 页。

(三)对通商与否的管理

为了保证北部边境的安宁,防止俄国的侵略,清政府在这一时期根据北部边境的实际情况进行了几次闭关。其中,比较重要的是乾隆年间的三次闭关,在此,深入分析这三次闭关政策的演变过程,可以更好地认识清朝政府对于对俄贸易的政策及其原因。

咸丰七年(1857),军机处查奏乾隆五十七年以前中俄通商成案,有如下记载:"乾隆二十七年,初次停止买卖时,由俄罗斯增税而闭。乾隆三十三年,俄罗斯廓米萨尔呈请十三款,奏准开市。乾隆四十三年,因俄罗斯玛玉尔妄自尊大,有伤和气,复行停止通商。乾隆四十四年,更换新任玛玉尔甚属恭顺,呈请通商,复准开市。乾隆四十九年,因乌拉勒斋持械进卡抢夺,俄罗斯延不交犯,于五十年停止通商。乾隆五十六年十月,俄罗斯呈请通商,文词恭顺,准其通商。乾隆五十七年四月,蕴斋多尔济等奏,俄罗斯议定,于四月十五日前后开市。"①这就是清代史籍中记载的恰克图的三次闭关。

第一次闭关发生在乾隆二十七年(1762),其原因是俄罗斯违背两国的协议,擅自在恰克图地区设立关卡,对进出口商品征收关税。对于这一行为,清政府认为自己处于优势地位,考虑到两国边境贸易对于两国人民的重要性,所以,清政府只是宣布暂停贸易,并没有将边境地区的商人撤入关内,希望借此使得俄国政府能够遵守双方签订的边境贸易条约,以保持两国边境的稳定。但是,清政府的这一目的并没有达到。在乾隆二十九年(1764),俄国一些盗贼窜入中国境内劫掠,俄方为了增收中国商品的进口税,借词抵赖不予查处,乾隆帝认为由于俄罗斯不遵守双方达成的协议,向两国边境从事进出口贸易的商人征收关税,使得商人的负担明显加重,不利于两国贸易的正常进行,于是彻底停止了贸易。清政府认为这种停止贸易的措施有利于迫使俄国重新回

---

① 故宫博物院明清档案部:《清代中俄关系档案史料选编》(第三编上册),中华书局1979年版,第360—361页。

到以前的贸易协定上:对于俄罗斯而言,中国所生产的布匹和茶叶是俄国人民生活中的必备之物,况且俄国政府通过这些贸易获得了丰厚的利润,所以俄国一定会请求与中国展开贸易,这样政府就应该等待他们悔过之后,再准许中俄之间展开正常的贸易活动。果然如清政府所料,由于这一政策严重影响了俄国政府的收入,给俄国人民的基本生活带来了不便,所以,俄国政府希望中国政府尽快解除闭关政策,恢复两国的边境贸易。两国经过谈判之后,在乾隆三十年(1768)理藩院同意恢复两国的边境贸易,并同俄方签署了《修改恰克图界约第十条》,其最大变动在于废除原来条约的第二条,要求两国对于以后可能发生的这类事情,"边界之头人等要迅速且确实搜查之。若反之,而彼等图自己之利害怠其义务时,两国国家当各就本国之法律处罚彼等"。①

第二次闭关是在乾隆四十三年(1778)发生的,在双方的协调努力下,乾隆帝于次年准其通商,至乾隆四十五年(1780)正式恢复通商。对于这次闭关的原因,有两种解释。一是"费约多尔(俄方资料称格里高里·沙林)事件",即一起俄方越界走私案。按照条约的规定,中俄之间的贸易应该在条约指定的路线行走,一方面可以有效地对贸易进行管理,另一方面有利于保证商人的安全,但是俄国商人费约多尔在夜晚趁着夜色越过两国边界私自贩卖马匹,被中方一侧恰克图的巡哨发现,并通知俄方要求会审,但是俄方百般推诿,拒不会审,致使贸易中断。二是中俄对于渥巴锡封汗的争论②:1771 年土尔扈特部首领渥巴锡返回伊犁之后,清政府把天山地区划为其部落的游牧地,并封渥巴锡为汗,俄国以清政府收纳叛逃俄国人员为由向中国提出抗议。清政府指出,土尔扈特部是中华民族的一支,他们只是返回故土,并不是俄国人,由此,在 1778 年,库伦办事大臣以俄方违约为由,停止了恰克图贸易。

第三次闭关发生在乾隆四十九年(1785),以参与此次事件的官员松绮的《绥服纪略》记载最为详细。乾隆四十九年俄属布里雅特人私自入境抢劫中

① 王铁崖:《中外旧约章汇编》(第 1 册),三联书店 1957 年版,第 27 页。
② 参见樊树志:《从恰克图贸易到广州"通商"》,《社会科学战线》1982 年第 2 期。

国商人,公然对两国之间的贸易活动进行破坏,为了保护中国商人的合法权益,库伦办事大臣要求俄方按1768年中俄《恰克图补充条款》办理。虽然俄国方面逮捕了罪犯,并且经过审理确有其事,但是俄国为了自身的利益私自放了罪犯。① 接着清政府又通过外交渠道要求俄国严惩罪犯,但是依然没有成功。在此情况下,清政府决定关闭恰克图地区的贸易。在连续几年的外交谈判之后,俄国方面处死了罪犯,这样在乾隆五十六年(1791)冬恢复了贸易活动。为了避免类似行为的再次发生,在乾隆五十七年正月二十八日(1792年2月10日)中俄签订《恰克图市约》,指出:"若复失和,罔再希冀开市。"②这些闭关政策沉重打击了俄方的违约行为,为恰克图争得了相对和平的贸易环境,有利于边境正常贸易活动的顺利开展。

恰克图贸易中断大多是由于俄国方面破坏条约的规定引起的,他们的这种活动往往是为了增加政府的财政收入。但是从中国方面来讲,由于北部地区是少数民族聚集地区,清政府的主要目标是保证这一地区的安定和领土的完整,所以常常用闭关手段来遏制俄国的不合理行为,其政治目的远大于经济目的。从商业方面来讲,清政府的这种闭关措施影响了双方商人的利益,并且对俄国的影响较大,因此每次俄国都主动提出开关的请求,所以说,这种闭关政策是当时清政府外交政策的重要组成部分。

二、广州贸易的管理政策:不断调整

广州是中国南方的一个重要外贸口岸,在此,把广州外贸分为海禁时期、四口通商和一口通商时期、自由贸易时期,分别分析清政府在广州的对外贸易政策。

(一)海禁时期对华商及外商的管理

这一时期,为了有效保证国家安全,清政府出台了相关的贸易政策,简要

① 参见黄鉴晖:《明清山西商人研究》,山西经济出版社2002年版,第131页。

② 王铁崖:《中外旧约章汇编》(第1册),三联书店1957年版,第29页。

可以归纳为：华商严禁出海，外商有选择性地允许贸易。

第一，华商严禁出海。

顺治初年，为了尽快收复台湾，以有精力解决北方的民族矛盾和与俄国的关系问题，朝廷要求沿海地区各地需要处处严防，不许片帆入海，并在顺治十三年规定，对于私自下海的船只，只要与台湾郑氏集团进行贸易，便会被处死，另外，不准任何外来船只进入沿海港口。后来，为了进一步困住台湾，实行了“迁界令”，即要求东南沿海靠近台湾区域的人民必须迁入内地，以断绝台湾地区的粮草等补给的来源，这样，出海贸易的人急剧减少。与此同时，又明定法律，要求“凡官员兵民私自出海贸易，及迁移海岛，盖房居住，耕种土地者，皆拿问治罪。该管州县知情同谋故纵者，革职治罪；如不知情，革职永不叙用。”①这一政策的实施使得广州等东南沿海地区开展对外贸易的商人很少，外贸活动没有得到发展。

第二，有选择性地允许外商来华贸易。

这一时期，在中国开展贸易的商人主要来自葡萄牙、荷兰和英国。通过观察他们在中国沿海地区的活动，清政府认为他们的到来会给自己的统治带来威胁，于是，清廷采取了严密的防范政策。

对于葡萄牙商人，顺治十八年行迁海令时，广东当地的官员提出：由于葡萄牙人与内地人的语言不同，交往困难，不便迁入内地，于是葡萄牙人需要留在澳门。也有人认为，葡萄牙人通过行贿等手段，并依靠德国耶稣会士汤若望的努力，才保住了澳门这块居留地。② 以后，为了保证边境闭关政策的顺利实施，清政府仅仅为在澳门地区的葡萄牙商人提供有限的粮食，每隔一定的时间段才允许他们到广州开展贸易活动。例如，康熙三年（1664），清政府把原来允许葡萄牙商人经常出入广州的关闸改为每月开启6次，随着东南沿海局势

① 参见《大清会典则例》（卷二十四），吏部，清文渊阁《四库全书》本。

② 参见刘鉴唐、张力：《中英关系系年要录》（第一卷），四川省社会科学院出版社1989年版，第140页。

的紧张,清政府将关闸改为每月开启两次,并严禁葡萄牙商人出海贸易,要求他们只能停留在澳门地区。但是这一政策也很大程度上影响了清廷购买海外珍宝的渠道。为了扩大购买渠道,同时也顺应葡萄牙人的要求,在康熙十八年(1679)开放了澳门与内地的陆路贸易。在收复台湾后,清政府在澳门口岸设立了粤海关征税总口,负责对这一地区的贸易活动进行监督管理,并征收相应的关税。

对于荷兰商人,由于他们在顺治十二年开始向清政府进贡,所以清政府允许荷兰商人来华贸易,但是这种贸易只是在商馆内进行的有限度的贸易,荷兰商人并不能进入中国内地展开贸易,且贸易事项由两广总督及广东巡抚代办并奏闻朝廷。清政府收复台湾期间,荷兰派 12 艘军舰协助清军的行动,他们希望"一则欲取台湾,二则以图通商"①,另外他们也愿意遵守亚洲藩属国对清政府的礼仪。于是,在康熙二年(1663)曾准许荷兰贸易一次,但到了康熙五年(1666)又谕令永行停止贸易。康熙七年(1668)又规定非贡期概不准贸易之令,贡期之内当属不禁。清政府收复台湾后,考虑到荷兰助讨郑氏有功,开始允许荷兰人在中国的通商口岸开展贸易活动。据美国人马士记载,这一时期他们仍然通过贿赂中国当地官员,在中国福建沿海地区开展一系列的走私活动。可见,口岸开放后的荷兰商人并没有认真遵守中国法令,因而,清政府在严申限制外商政策外,对荷兰商人并没有多少通融之处。

对于英国商人(主要是东印度公司商人)而言,其在广州通商的时间较晚。1600 年英国成立了东印度公司,取得了东方贸易的垄断权,并在 17 世纪初叶与日本开展贸易往来的过程中,和中国开展了大量的贸易活动。在 1637 年英国试图与中国展开直接贸易活动,被葡萄牙人所阻止,没有取得成功。清朝建立后,英国人又试图在广州展开通商,但是在葡萄牙人向清政府交纳贸易

① 厦门大学台湾研究所、中国第一历史档案馆:《康熙统一台湾档案史料选辑》,福建人民出版社 1983 年版,第 31 页。

垄断费用的情况下，也没有取得成功。[1] 到1685年后，清政府开放4个通商口岸，除了葡萄牙外，其他各国都被允许在广州等通商口岸开展贸易活动，自此，英国在广州的贸易活动逐步开展起来，并在发展过程中，变为广州地区一支重要的外商。

（二）四口通商及一口通商时期对华商及外商的管理

康熙二十三年（1684），东南沿海地区恢复平静，为了充实广东、浙江等地的兵饷，保证生活困难的民众生活安定，清廷决定开海禁，但是要求“硝磺军器等物，仍不准出洋”[2]。对于出海贸易的船只，要先呈明地方官，在政府登名造册后，发给执照，并在船身烙上序号，然后准予出海贸易，并严令出海贸易者不得把船卖与外国人。这时，除了四口之外，清政府还允许直隶、山东、浙江等省的人民搭乘500石以下的船只在海上捕鱼，但是，如果船只达到500石以上，就会被发配到边关充军。康熙四十二年（1703），又对商人的用船大小及上船人数做了明确的规定，要求国内的商民不得随意下海展开贸易活动。

这一时期，英国商船为了更好地发展与中国的贸易活动，于是在1716年，3艘英国商船到达广州时，其大班与粤海关监督签署了6项协议，这些协议包括英商可以自由向公众贴告示，可以自由雇佣人员为其服务，英国船只可以自由储存军需品，等等。不可否认，这些协议的有效落实有助于保持粤海关地区的自由贸易，保证英商在华的利益诉求，但是由于清政府对于英商认识的不充分，对自身的实力有相对过高的估计，所以允许英商在这一地区储存军需品。这些协议虽然由于英国当时实力远远落后于中国而暂时没有较大的影响，但是也为以后的发展埋下了一定隐患。

这些协议签署后，长期垄断广州贸易的凌官与安官便失去了独霸对外贸

---

① 参见［美］马士：《中华帝国对外关系史》（第一卷），商务印书馆1963年版，第58页。

② 姚贤镐：《中国近代对外贸易史资料》（第一册），科学出版社2016年版，第4页。

易的资格，从而刺激了外国商船进入广州独立选择行商与之交易。从此，广州口岸的贸易就兴盛起来，这一年，便有 20 艘外船停泊在广州黄埔、澳门，其中有 6 艘是法国船。4 年后，即 1720 年的 8 月，凌官突然去世，未等英国商人提出，广州十三行的商人决定联合起来，建立公行制度，以防止外国商人浑水摸鱼，进而保护中国商人的利益。

康熙五十九年十一月二十六日（1720 年 12 月 25 日），由最著名的各位行商缔结了十三条公行行规。其中包括应该集体与外商议价、货物应当保证质量、不允许走私贸易、手工业品要由平民自行买卖不得垄断、行商对于外商交易货物的分配方案、公行中行商的股份占比等。

从字面上可以看出，在这之前，由于价格失控，行商每每任意定价，彼此间相互排挤，争夺贸易权利，甚至进出口货物时将货物以假乱真，外货出入口时既不填册也不交现款，外国商人甚至外省商人到广东，竞相以贵买贱卖来争揽生意，不利于行商的持久发展；而行商设立公行后，分头三等，制定好行规之后，便有了一个公平严密的组织，彼此间则不可鹬蚌相争，令渔翁得利，亦不会让行商欺行霸市令外人独受其害。

到了乾隆年间，发生了“洪仁辉事件”，在此之后，清政府规定对欧洲各国的贸易只能在广州地区进行，从此就开始“一口通商”。在此期间，广州成为当时中国南方地区最为重要的对外贸易口岸。为了更好地管理广州地区的对外贸易，并保证其经济的良好运行，清政府在这一地区实行了公行制度，就是由十三行商人形成一个公行组织，全面负责对于外商的管理。这一制度主要体现在广州的行商制度上。

行商制度是包含承商制度、总商制度、保商制度和揽商制度等在内的成体系的一种制度。这一制度是清朝在这一时期对外贸易制度的重要组成部分，清政府对商人和贸易地点的管理也集中体现在这一制度上。

第一，承商制度。

承商制度就是在广州贸易扩大的情况下，政府通过鼓励有实力的商人自愿成为行商,充实行商队伍的一种制度。这些商人需要向政府甘结领贴①,政府批准后便可成为十三行的一员。由于清政府需要在发展对外贸易时巩固社会经济秩序,维护国家边疆安定,稳定国库收入,所以在选择行商时,政府就要首先看重他们的“身家殷实”,并且“嗣后十三行洋商遇有歇业,或缘事黜退者,方准随时找补,此外不得无故添设一商……其承商之时,责令通关总散各商公同慎选殷实公正之人,联名保结,专案咨部着充”②。这一规定可以保证行商队伍的稳定,方便国家对外贸事业的管理。这样,仅有的几家行商便垄断了广州的对外贸易,他们通过与东印度公司交易茶叶和毛料等商品,获得大量的利润,如怡和洋行在 1801—1834 年之间便获得了 1872 万两市平白银的利润,这就使得在前期有不少商人希望进入行商的队伍。

承商制度的另一个重要组成部分是关于退商的规定。清政府认为行商所拥有的资本数额较大,在广州的商人中实力雄厚,所以在他们年龄过大或者遇到突发意外不能履行行商职能的时候,就需要向政府输纳报效一定的费用,并要求其亲信子侄继续从事这一业务。并且,在行商把其业务交给自己的子侄后,也需要负担作为行商的一切责任,这样行商便无法退休。例如 1826 年,考虑到年事已高,著名行商伍秉鉴以 90 万元的代价把其所经营的洋行转交给其儿子伍绍昌,清政府还要求伍秉鉴用剩下来的 50 万元继续运营怡和行。这一制度使得行商们在前期的经营过程中无论积累了多少财富,总会被清政府以各种理由进行勒索,这样,在十三行发展的后期很少有商人自愿成为行商。

到了 19 世纪,大行商陆续倒闭,资本较富裕的商人又不愿意成为行商,剩下的行商已经无法管理日益增多的外商船只,为了应对这种局面,清政府退而求其次,要求资金规模稍少的一些商人充当行商,具体措施是将商人领取执照的规费由 20 万两降至 1 万—4 万两。这样,新的行商多来自小商人。由此可

---

① 即向清政府递交关于自己商业实力的证明材料,然后由政府向他们发放行帖,作为垄断对外贸易的证明材料。

② (清)梁廷枏:《粤海关志》,广东人民出版社 2014 年版,第 506—507 页。

见,无论行商规模的大小,清政府都牢牢把控着他们与外商之间的交易行为。

清政府通过这一制度,一方面最大限度地网罗了广州地区大商人手中的资本,并且通过罗织罪名索要赎金以及赤裸裸地直接索取等方式把行商的资本纳入到政府的手中,为政府服务;另一方面它也使得一些商人不敢从事巨大的交易,担心成为行商而遭受勒索。商人所具有的自由贸易的性质也逐渐消失了,行商们也就成为保证政府财政收入的一个重要来源。

第二,揽商制度。

揽商制度就是指外国商人只能和清政府指定的公行之间展开交易,不能与内地商民开展借贷等商业活动,并且不能雇用中国人为其服务。从中可以清晰地看出,清政府不允许外商与中国内地商人直接交易,只能由中介广东行商"承揽"外商的商品在内地销售,并"承揽"中国内地向外商出口的商品。具体来说,从出口方面看,公行承揽茶叶、生丝、布匹绸缎、糖、大黄、白铅等大宗货物的贸易,只有皮靴、牙雕等价值不高的小商品才可以在由保商作保的情况下,由外商与散商直接交易;从进口方面看同样也有相似的规定。

这样,行商就基本垄断了广州主要的对外贸易,而对于小商人(即散商,当时广州本地大约有 100 余家)而言,他们只能在有行商作保的情况下从事小额的对外贸易活动,以维持生计。行商有垄断对外贸易的特权,为了获取更大的利润,他们往往不愿意为这些小商人作保,这样,散商们便可能遭受到严重损失。行商正是利用这种垄断权,在广州的对外贸易过程中有效降低了与同业者进行竞争的风险,并降低了潜在进入者进入造成威胁的可能性,由此攫取了巨额的利润。

第三,保商制度。

在该制度实行之前,清政府就要求海关进出口货税均由行商代征,"外洋夷船到广,俱先投省行认保"①。后来为了保证外商与行商交易过程的合法

① 吕铁贞:《晚期涉外经济法律制度研究》,知识产权出版社 2008 年版,第 21 页。

性，防止在交易过程中对外商造成损失，危害清政府的形象，并有效解决关税拖欠的问题，清政府于乾隆十年（1745）在各行商内选择身家殷实的商人作为保人保证外商在中国境内的合法交易，这就是“保商制度”。具体来说，保商既要为外国商人做保，代理外国商人办理出入关手续、报税、缴税、买卖货物、安排住宿、提供生活所需的一切事宜，并替不能与之直接往来的官员传递消息，又要在行商的财务等方面出现问题时，其他行商为其作保，即所谓的行商互保。清政府规定所有到广州进行贸易的外国商人都要有保商为其作保，如果这些外国商人在广州出现偷税漏税等违法情况，就需要保商对这类事件负责。“不独该夷商照新例惩办，并保办之洋商，亦于斥革治罪。”①总商等也需要对此事负责，轻者罚款，重者则发配新疆伊犁充军。② 从广州进口的外国商船均需要行商作保，具体到每一条商船而言，或者是按照顺序，轮流为外商船只作保，“认派兼用”③，或者是外国商人自己选择行商作为其保商。由于保商需要对外商的一切行为负责，这就在无形中减少了外商在对华贸易中自己所承担的风险，增加了保商自身所承担的责任。

具体办法是：外商到达广州后，需要选择一家行商作为其保商，保商根据外商的需求和政府的要求代理外商在中国内地的一切事宜，并对外商的行为负责。为了最大限度地保证国内白银的安全，防止白银流失，政府规定在此地的交易是物物交换，不用现银，这与同一时期恰克图的贸易方式类似。

对于这一制度，外商虽然不太喜欢，但是满意行商提供所有服务，一些外商甚至认为广东贸易简直是天堂。④ 而清政府认为中国是“天朝上国”，因此政府代表不能直接与外商进行接触，这类事务应当交与民间进行管理。所以，保商制度是清政府对外贸易政策的一个重要体现。

---

① 《三朝筹办夷务始末（道光朝）》（一），中华书局 2014 年版，第 264 页。

② 参见吕铁贞：《晚期涉外经济法律制度研究》，知识产权出版社 2008 年版，第 21 页。

③ 姚贤镐：《中国近代对外贸易史资料》（第一册），科学出版社 2016 年版，第 230 页。

④ 参见王建朗、黄克武：《两岸新编中国近代史》（晚清卷），社会科学文献出版社 2016 年版，第 15 页。

第四，总商制度。

总商制度是清政府任命资本最为雄厚的行商作为总商，以对行商的外贸活动进行管理和协调的一种制度。

清政府规定，只要在垄断性的商业活动中，都必须设置总商，广州的对外贸易即为总商领导下的贸易形式，因此粤海关公行组织也是如此。“于各洋商中身家殷实、居心诚笃者，选派一二人，令其总办洋行事务，率领众商公平整顿。其所选总商，先行报部存案。遇有选充新商时，即责令通关总散各商，公同联名保结，专案咨部”①。总商的任务是在中外贸易过程中，对商人售卖货物的价格进行管理，要求它们按照时价出售，“一律公平办理，不得任意高下，私向争揽”②，否则，总商就必须介入进行处理。为了保证这一制度的正常运行，总商就必须是居心公正而又身家殷实的商人。一般来说，总商实行终身制，这一方式可以使得总商更好地把握市场行情，了解中外商人，对商务纠纷的处理更加熟练，以保证中外商业交易的合理运行。总商制度可以减少行商内部的竞争，从而降低内部的交易成本，并且他们的直线式管理模式可以稳定交易秩序，保证各个行商团结一致对待外商，获得合理的利润，这样，行商间的激烈竞争事件也就很少发生了。从而，中西之间的垄断性贸易形态可以持续进行，行商的势力就进一步壮大，进而有利于清政府对于广州对外贸易的管理。

总之，在对行商的管理中清政府制定了一系列的制度对之加以限制和利用，这些制度互相补充与制约，共同构成了具有完整体系的行商制度，最终达到了“以官制商、以商制夷”的目的。

（三）鸦片战争后一系列口岸开放对十三行管理的冲击

鸦片战争后，中英签订的《南京条约》废除了行商制度，这样，进出广州的

① 姚贤镐：《中国近代对外贸易史资料》（第一册），科学出版社 2016 年版，第 186 页。

② （清）梁廷枏：《粤海关志》，广东人民出版社 2014 年版，第 503 页。

外国船只也不再由行商负责。随着中外各项条约的签订，粤海关开始实行新的对外贸易规则，即领事担保制度。其中，英国政府派往广州的领事负责管理当地外商的商业活动，监督他们按照当地的规定交纳关税，以防弊漏。具体要求是：英国商船到达广州口岸停泊之后，船主必须在一天之内到达英国在广州的领事管理处，将该船的有关证件（如船牌、舱口单等）交给管理处，管理处将有关资料交与广州海关，并告知海关船只大小、所载货物种类及数量等有关情况，在海关查验确认无误后才可以卸货销售，并交纳相应的关税，如果在查验之前私自卸货，则罚银 500 元，并将私自卸下来的货物查没入官。英国商船"按照则例，将船钞、税银全数输纳完，由海关给发完税红单，该商呈送英国管事官验明，方准发还船牌，令行出口"。可见，这时在广州地区的外国船只的负责人由行商转变为外国的领事官。条约中要求对于走私行为外国领事官要第一时间通报给中国地方官员，然后由地方官缉拿。这样，外国船只走私漏税的风险便大为增加，加之这时粤海关采取各种措施维持贸易的正常进行，严防走私行为的发生，粤海关的税收收入在这一时期明显下滑。针对这一情况，1846 年，粤海关监督要求下属各关口加强海面巡逻，防止走私行为的发生，但是效果不明显。

虽然中外签订了一系列的条约，开放 5 处通商口岸开展外贸活动，但是清政府依然想把对外贸易限制在广州地区，并不希望其他地区开展外贸活动，所以要求"对于生丝一项，特降谕旨，略谓凡内地各商贩运生丝前赴福州、厦门、宁波、上海 4 口与西洋各国交易者，约需查明由产区赴粤沿途经过关卡应纳税银，即在卸货关口补交，再准贸易等语。此外对于出口华茶，亦当企图援案办理"①。实行这一政策，可以使运往 4 处的成本提高 35%—40%，从而福州、厦门、宁波、上海 4 处的贸易额便会明显下降，但是由于当时内乱较为频繁，在这之中通商口岸的开放逐渐增多，其他各处通商口岸的地理条件和经济条件相

① 姚贤镐：《中国近代对外贸易史资料》（第一册），科学出版社 2016 年版，第 535 页。

对优于广州，就使得这一政策并未实行。因而，广州在鸦片战争以后的贸易额没有发生太大变化，而外商与其他口岸的贸易量大幅度增长，逐渐超过了广州口岸。

三、恰克图和广州对外贸易管理政策比较分析

（一）相似之处

清政府对于两地的管理最主要的相似点是注重对外的防范和维护国家边境的稳定，简单说就是政治稳定为主，发展对外经济贸易关系为辅。恰克图和广州的商人群体比较稳定，并且清政府在两个地方都赋予了商人很大的自主权，这样，这些商人就自然而然地需要维护边境地区的安定，以保证自身的利益。于是，商人们就成为维护国家安定、防止边境地区发生动乱的工具，商人的发展也在客观上促进了两地经济的发展。具体来说体现在以下两个方面。

第一，从目的上来说，都是为了防范外夷，维护自己天朝上国的地位。

首先，无论是照票制度还是行商制度，它们的出台都体现了清政府在防范外夷的同时，防止外商的利益受到损失、树立自身天朝上国形象的目的。对于恰克图的贸易，清政府通过照票制度控制了内地商民到中俄边境贸易的人数，限制了内地居民同俄罗斯商人的接触；对于到内地的俄罗斯商人而言，在他们进入中国贸易时，要求人“不得过二百名，间三年一次举行，伊等既系商人，其供给食物、盘费之处，照旧例停止。买者卖者均不征税”①。在离京时，清政府会派官员护送他们到两国边境，并且要求“凡在俄馆购买货物者，一律现金交易，任何人不得赊欠”②，这虽然是最大限度地保护外商的经济利益，但是根本上还是为了保证良好的国际关系，以维护边疆地区的稳定。照票制度一方面

① 黑龙、包和平主编:《钦定理藩院则例》，辽宁民族出版社 2019 年版，第 602 页。

② ［俄］尼古拉·班蒂什·卡缅斯基:《俄中两国外交文献汇编》，商务印书馆 1982 年版，第 262 页。

限制了内地的商民与蒙古内部各旗之间的往来；另一方面限制了俄国人与蒙民的接触，防止俄国人对中国领土的觊觎。在广州，外商“在省住冬，永行禁止”，他们把带来的货物交给行商，由行商在内地出售，外商在货物销售以后，便“随同原船回国，否则亦须前往澳门居住”①。在销售中，政府不允许行商欠外商款项，而对于外商欠行商的款项并没有制定有效的保护措施，这表明政府在给外商施予恩惠的同时，并没有给予本国的行商以同等的待遇，这也说明了清政府希望通过保护外商在广州沿海的利益，以更好地体现出自己的大国形象。

其次，南北的贸易地点都在不断变化，这些是清政府加强对外防范的表现。两地贸易地点的改变主要是由于清政府为了维持自己的统治地位，方便控驭外商。在北方恰克图贸易期间，曾有三次闭关，都是由于俄罗斯未遵守约定侵犯中国领土。而在南方，贸易口岸由于“洪仁辉事件”从四处集中到广州一处，也是清政府为维护自己的皇权统治做出的决策。

这些事件都清楚地表明清政府对外贸易的出发点还是为了维护自身的统治地位，保证自己的天朝上国形象，以维护传统社会的稳定。

第二，从客观作用上讲，都促进了两地商人的兴起和商业的发展。

清政府在两地的管理都有利于两地的稳定，使得两地的商人可以放心地开展贸易活动，这样，贸易量也大为提高，有利于两地商业的发展与繁荣。在恰克图贸易中，清政府通过发放照票，使得到恰克图贸易的晋商获得了在此地进行贸易的市场主体地位，并且这种地位也得到了法律的有效保护，从此，大量的晋商就在恰克图开展贸易活动，几乎垄断了恰克图的边境贸易，积累了大量财富，并把商号开到了莫斯科等地，促进了北方边境城市和其他城市经济的迅速发展，例如，1761 年恰克图的交易额为 2022067 卢布，到了 1800 年其交易额便达到了 8383846 卢布，年均增长 3. 8%。而在广州贸易中，主要由粤闽商

① 梁嘉彬：《广东十三行考》，广东人民出版社 1999 年版，第 101 页。

人组成的十三行行商垄断了对外贸易，这使得他们积累了大量财富，经商能力和经济实力也得到了很大的提高，虽然在后来由于政府的盘剥以及政府无法对其进行有效保护而大量破产，但是一部分行商在后期也得以转型，在鸦片战争以后成了买办资本家，为广州商业的发展做出了突出贡献。例如，在1760—1764年广州出口到东印度公司的商品价值每年平均为876846两，到了1830—1834年便增加到每年平均6984724两，年均增长3.1%。可以发现，无论在恰克图还是在广州十三行，其贸易商品的价值较高，增速也较快。

（二）差异之处

在17世纪中期到19世纪中期，由于清政府对两地管理制度、管理模式等方面有较大的差异，使得两地商人对外经商的方式有很大的差异，对后来两地贸易的发展产生了不同的影响。具体可以分为以下几个方面：

第一，从对外贸易的管理方式和管理力度看，恰克图比广州自由。

从管理方式来看，在恰克图贸易中管理相对自由，中俄商人自由交易，没有中间费用；而在广州十三行的贸易中，外商必须寻找保商，才能够交易货物，并且在交易过程中需要向行商交纳手续费。从管理力度来看，恰克图的管理比广州十三行的管理较为宽松。

恰克图贸易对中俄贸易的管理主要是通过发放照票进行管理。中国商人——主要是晋商——拿到照票就可以到恰克图进行贸易，照票上标明了商人姓名、货物及所住之地、起程之期等信息，以便来往核查。对于俄罗斯商人而言，只要有了相应的照票，就可以在恰克图市场上进行自由贸易而不受其他的约束，在交易过程中商人之间发生的争端一般是自行解决，因此恰克图可以看成是中国的对外贸易的一个“自贸区”。

在广州，对行商是给予特权的，而对外国商人而言，他们的商品都必须经由行商销往内地，并且其采办货物也须由行商代为采办。在实际操作中，尽管行商都可以承揽外国商船的货物，但是要求必须指定由一名行商来承保一条特定的外国船只，以做到责任明确：保商既要负责外商向粤海关交纳税款，又需要负责这条船上所有人员的行为。在保商的选择上，有的是行商轮流为外商的船只作保，有时是外国商人自行选择行商作保。这样，小商小贩便很难与外商进行交易，即便进行交易，也必须征得行商的同意，无法根据自己的判断确定交易商品的种类和数量，结果是行商几乎完全垄断了广州的市场，我们可以把这个市场看成是一个“垄断市场”。

可见，这种管理上的不同表现在：首先，在恰克图，中俄双方可以自由在俄方的恰克图和中方的买卖城交换商品；在广州，外商要受到很大的约束，并且广州地区的中小商人也只能与外商进行有限的交易，这有利于行商在此的垄断，但是不利于自由贸易的发展。其次，在恰克图交易持有的路票还有对于人数及货物有相关规定：“每照票1张内，不得过10人，车不得过20辆。……每票准其贸易1次，即令回归。”而且小商人可以附搭开展贸易；与之相比，广州对于外商没有这方面的限制。再次，在恰克图，贸易中经常采用以货易货的交易，很大程度上避免了纠纷的出现；在广州，交货时间和现金支付时间存在一定的差异，这就导致行商在贸易中可能无法收到货款，“英商金顿仍在十三行夷楼居住，该夷往来香港无定，其欠华商货价百万之多，虽经各华商迭次逼讨，至今全未清偿……大字号公司向囤积茶叶、湖丝、绸缎等货，皆变霉烂居多，以致倒败。”①外商无法偿还欠款，给行商带来了巨大损失，而清政府对此也没有采取积极措施，维护行商的合法权益。

因此无论中国商人还是外国商人，在恰克图贸易都比广州更为自由。这种管理制度的差异与清政府对南北外部势力的政策密切相关：在北方，由于中俄的实力相对平衡，所以对于贸易的管理相对比较宽松；但是在南方，当时清政府处于绝对优势地位，政府便可以运用自身的影响力完全把控市场，对于贸易进行严密控制，因而相对严格。

① 广州市档案馆藏清代衙门档案，档号：FO931/482。

第二,从贸易地点和居住要求看,恰克图比广州更为宽松。

在中俄贸易中,贸易地点逐渐从尼布楚改到北京、齐齐哈尔、库伦,最后定在了恰克图,这一改动的主要缘由在于最大限度地保证北部边境地区的安宁与稳定。而在南方对外贸易中,从四口通商改到了一口通商,只是限制外商进入中国的区域,不是对贸易地点的修改。这样,两地都把贸易集中到了边境一处区域,禁止外国商人进入中国腹地,反映出清政府对外商的防范意识。具体看,在恰克图贸易中,有一块专门的区域可提供给两国商人进行贸易。“恰克图之小河沟地方,有俄罗斯卡伦房间。鄂尔辉团山上有中国卡伦鄂博。于此卡伦房间、鄂博之中间分中设立鄂博,为南北通商之地。”① 而在广州却与此不同,到广州交易的外商也不准在广州居住,他们只能尽快把货物销售,随后立即搭乘船只回国,一旦货物没有销售,也不准逗留在广州,必须把货物交由行商变卖,之后外商去澳门居住,待货物变卖后,行商把相应银两交与外商,外商离开澳门回国。从中可以看出两地的明显差异,恰克图给予商人一定的交易场地,允许两国商人在此地自由买卖,而广州却是由行商作为中介负责中外商人的货物买卖。之所以如此,还是政治因素发挥较大作用的结果。

在居住上,在恰克图对于进行交易的两国商人允许“在尼布楚、色楞格二处,择平妥地面盖造房屋”,以供他们居住,双方可以在此地进行长久的交易,如果出现贸易争端双方可以平等地自由协商解决。但是在广州,清政府以土地较少为由,禁止外商在广州租购土地建筑房屋,要求他们居住在严格限制中国人居住的澳门,并且在发生贸易争端时不得向外国人提供日常生活必需品,迫使他们迅速解决贸易争端,以便可以在贸易后迅速离开广州。例如,根据哥本哈根国家档案馆藏“1741 年 2 月 5 日,丹麦亚洲公司日志档案”的记载,在 1741 年 2 月 5 日,两广总督、南海县令和粤海关监督命令通事通知所有仍在

① 黑龙、包和平主编:《钦定理藩院则例》,辽宁民族出版社 2019 年版,第 601 页。

广州的外国人，如果没有该国船在中国，他们必须离开，从此，所有外国人在贸易季节之后都必须离开广州。1755 年，两广总督李侍尧重申贸易季节过后外国人必须离开广州，1759 年年初，乾隆帝再次重申外国商人必须严格遵守贸易季节过后离开广州的规定，但仍有一些外国商人企图拖延。直到 1765 年贸易季节之后，迁往澳门才常态化。

为了对在澳门生活的夷商（主要是葡萄牙商人）进行管理，清政府制定了一系列的规章制度。1744 年，首任澳门海防军民同知印光任制定和颁发了《管理澳夷章程》，其中规定："澳门民夷杂处，致有奸民潜入其教，并违犯禁令之人，窜匿潜藏，宜设法查禁，听海防衙门示晓谕。凡贸易民人，悉在澳夷墙外空地搭篷市卖，毋许私入澳内，并不许携带妻室入澳。责令县丞编立保甲，细加查察。其从前潜入夷教人，并窜匿在澳者，勒限一年，准其首报回籍。"①这一章程对于在澳夷商的生活范围有了较为明确的规定。乾隆十四年（1749），《澳夷善后事宜条议》颁布实施，明确规定澳门是中国的领土，租住的葡萄牙人不得擅用土地，澳门的葡萄牙人不得擅自离开澳门，不可以到澳门北部的望厦等地展开经商活动；对澳门的葡萄牙人违犯中国法令的，要按照中国法律制裁，这些规定有效地加强了对澳门和居葡澳人的管理。② 两年后，对外国商人的家眷也有了明确的要求，即妇女必须停留在澳门之后，才允许商船进入广州，"倘委员徇隐不报，任其携带番妇来省行商，故违接待，取悦夷人，除将委员严参、行商重处外，定将夷人船货一并驱回本国"③。可见，广州对于外商的家眷要求还是相当严格的，而在恰克图贸易的商人并没有类似的严格规定，他们的贸易环境反而相对自由。

总体来看，恰克图的外商比广州贸易中的外商有更多的贸易自由，恰克图

---

① 厉声等：《中国历代边事边政通论》，黑龙江教育出版社 2015 年版，第 1411 页。

② 参见厉声等：《中国历代边事边政通论》，黑龙江教育出版社 2015 年版，第 1414 页。

③ 广东省人民政府参事室等：《广东海上丝绸之路史料汇编》（清代卷），广东经济出版社 2017 年版，第 52 页。

商人可以在固定的贸易圈交易，但广州却没有这样的条件。

第三，从对商人的限制程度看，对广州商人的限制比较严格。

对于国内商人而言，在恰克图市场上，政府对于商人的管理相对比较宽松，只要持有路票的商人就可以去交易，商人们主要通过自我约束来维系中俄双方的贸易往来。而在广州对外贸易中，规定行商必须有较为雄厚的资产，并且对于行商的数量有明确的限制，除非"遇十三行内有歇业者，准其联保承充外，不得无故添设一商"，到了18世纪，由于行商的可支配利润几乎都变为负数，行商大量破产，好多商人畏惧成为行商，政府就强迫财力较弱的商人成为行商，对广州的外贸活动进行管理。从一般商人来看，要求他们必须取得至少一位行商作保，否则就会关闭店铺。显然，在广州对于本国商人的管理要远远比恰克图严格。

关于外商，在恰克图地区没有特别要求，但是在广州，外商要与中国的商人进行交易就必须告知行商，由行商代替他们在内地开展相关商品贸易活动，而自己却被禁止直接接触中国市场。外商不得随意走动，不能擅自进入中国内地，要求"嗣后尔国贸易船只应遵照定例前来粤东，不准缴至他省，即再来进贡，尔应至澳门报明广东巡抚转奏"。① 并且要求他们只准与行外的店铺交易在乾隆四十五年(1780)诏令核准的8种商品，除此之外，不能与内地商民进行任何形式的交易。

显然，恰克图市场上对于商人的管理显示出一定的平等性，而在广州市场上对于商人的管理具有一定的垄断性，而这种不同也导致在鸦片战争后行商大量破产，南方的对外贸易逐渐变成具有相对自由性质的贸易。

第四，从交易商品的规定看，广州对于商品售卖主体有明确规定，恰克图并没有此类规定。

为了规范双方的交易行为，更好地维护国家的安全，清政府对于恰克图和

① 中国第一历史档案馆：《明清宫藏中西商贸档案》，中国档案出版社2010年版，第2959页。

广州进出口商品的种类都有一定的规定。鸦片战争以前，在恰克图，允许中国商人——主要是晋商——进口俄国的毛皮、金属、皮革、牲口、布料，以及各类杂货；向俄国出口生丝及绸缎、棉布、茶、大黄、烟草、金银，以及各种陶瓷器、家具、扇、玩偶、假花、小巧玩物、糖、米、酒等。在广州，出口商品因从事的商人不同而有所不同，对于公行商人而言，他们主要进行大宗商品的出口，例如茶叶、布匹和生丝等；对于小散商而言，他们可以出口一些零散物品，如皮靴、牙雕等。进口商品也有类似的规定，即行商负责大宗商品的进口，而散商可以从事一些价值低廉商品的进口。两者比较，恰克图的商人不管大小商贩可以出口更多种类的货物，而在广州，茶叶、生丝、大黄之类的大宗货物只能行商经营，只有部分商品允许散商经营。

通过比较清政府在恰克图和广州两个不同地区的外贸管理体制，可以发现它们之间存在着诸多的相同点：清政府在两地都设置行政机关管理当地对外贸易，其实质则是通过保护边境的稳定，以维护自己天朝上国地位，但是在客观上促进了两地商业经济的发展，推动了晋商和粤商的发展壮大，为中国当时商业经济的发展和繁荣做出了一定的贡献。但是，两地贸易的差异更为明显：恰克图的贸易环境比广州更加自由，两国商人可以在此地进行比较自由的交易。更为重要的是，恰克图贸易提高了中俄边境地区人民的生活水平，加速了俄国的资本周转，增加了俄国中央政府的财政收入，这样，俄国为了加速自己的资本主义工业化进程，就不会轻易违背与清政府的条约规定，避免由于闭关所导致的重大经济损失，从而清朝的北部边疆就会得到稳定。与之相比，广州地处东南沿海，与西方社会的接触较为频繁，为了防止包括西方国家在内的其他国家的侵扰，就只开放一个通商口岸——广州——进行对外贸易，即便广州对外贸易发展到一定规模后，清政府仍旧认为自己是“中央之国”，并不开放其他的口岸进行对外贸易，更不允许外商经由广州进入中国内地与本土商人进行贸易，只是让外商经由行商与内地商民交易，这是一种“以商制夷”的手段，与恰克图的“以商治边”的方式虽然实施的路径存在着明显的差异，但是它们的目的却是殊途同归,都是通过贸易稳定边疆局势,保证中国传统经济不受到对外贸易的冲击,维护国家的安定团结,因而,也就无法真正地促进当时中国对外贸易的发展。

第四章　恰克图和广州商人发展变迁的比较

在恰克图贸易中,晋商始终占据着主导地位,广州贸易时期可以分为十三行贸易时期和自由贸易时期。在十三行贸易时期,行商由小到大不断发展,但到 19 世纪中期逐渐衰败,与此同时,新兴自由商人逐渐兴起。本书在此主要分析十三行时期广州商人的兴衰,并以此与恰克图晋商的兴衰展开深入比较,以更好地了解两地的贸易活动。

在恰克图地区,贸易商人包括山西商人、陕西商人、河北商人和青海商人等。其中,占绝大多数的是山西商人,例如在乾隆中期,山西商人在买卖城的常住人口有 400 多人,商户达到 140 多家,其中资本较厚者 60 余家,称为票商;另有散商 80 余家依附于票商。在这些商铺中,最著名的是榆次常家,其家族从乾隆年间的常万达就开始在边境地区从事对俄贸易,一直经营到恰克图贸易结束时期,经营了 150 多年。再如,从 1770 年《领票贸易人往库伦恰克图花名册》记载的恰克图商人资料中可以清晰地看出,当时在恰克图贸易的商人以山西商人为主,另外还有一定数量的河北商人(参见表 4-1)。

表 4-1　乾隆三十五年领票贸易人往库伦恰克图花名册

籍贯	人数	籍贯	人数
山西大同府	2	山西阳高县	1
山西五台县	1	山西平遥县	1

续表

籍贯	人数	籍贯	人数
山西太谷县	2	山西潞安府	1
山西文水县	4	山东来州府	1
山西交城县	1	直隶大兴县	3
山西孝义县	10	直隶牛兰山	1
山西汾阳县	147	直隶宣化府	1
山西忻州	3	直隶张家口	1
山西祁县	9	直隶万全县	4

资料来源：赖惠敏：《清政府对恰克图商人的管理（1755—1799）》，《内蒙古师范大学学报》（哲学社会科学版）2012年第1期。

此外，在恰克图贸易的还有一定的布哈拉回商，如《山西外贸志》记载："争讼事件的败诉，使买卖城里进入了唯一的一家外省籍商人。这家回商仅经营大黄，与俄国官记协约交易，但因受山西北部商贩以走私方式向俄输出大黄的影响，致使这家回商的大黄交易额微不足道。"①这说明布哈拉回商也在恰克图地区开展外贸活动，并且其开展的外贸活动集中在大黄这一种商品上，几乎垄断了大黄的贸易活动。后来，山西商人看到大黄在恰克图的交易中有利可图，晋商就与其在向俄国出售大黄的贸易上展开了激烈的竞争，从而导致回商的市场占有率日益下降，晋商逐渐垄断了这项贸易。

在广州，贸易商人有广东商人、福建商人、安徽商人、浙江商人等，但以广东商人和福建商人为主。如梁嘉彬在《广东十三行考》中对15家行商籍贯进行分析后，得出这里的福建籍商人最多，有7家，分别是同文行潘启、义丰行蔡昭复、怡和行伍秉鉴、丽泉行潘长耀、义成行叶上林、东裕行谢嘉梧和资元行黎光华。其次为广东籍，有6家，分别是西成行黎光远、会隆行郑崇谦、天宝行梁经国、孚泰行易元昌、隆记行张殿诠和广利行卢文蔚。可见，福建商人与广东

① 渠少森、庞义才：《山西外贸志》（上册，初稿），山西省地方志编纂委员会办公室1984年版，第42页。

商人在十三行商人中占大多数。

第一节　两地商人发展的比较

一、恰克图晋商的发展过程

山西商人是恰克图地区占比最大的中国商人。对此,格兰顿将军曾指出:山西商人是世界上的一支重要商旅,使得数百年掌握世界经济贸易实权的犹太人,不得不让出其部分利益交给晋商。由此可见晋商在世界上的闻名程度。何秋涛也认为:“所有恰克图贸易商民,皆晋省人。……商民俗尚俭朴,故多获利。”山西巡抚刘于义亦称:“山右积习,重利之念,甚于重名,子弟之俊秀者,多入贸易一途,其次宁为胥吏,至中材以下方使之读书应试。”雍正帝也指出:“山右大约商贾居首,其次者犹肯力农,再次者谋入营伍,最下者方令读书应试,朕所悉知。”①可见,山西商人在当时远近闻名,之所以如此,有其深刻的原因。

首先,晋商的诚信和开拓创新精神是其能长期从事边贸活动的内在原因。

晋商在开展对外贸易过程中坚持诚信经营、守正创新,这些是其发展的内在动力。在贸易中,为了更好地促进商业往来,晋商除了与俄商展开贸易外,还通过与俄商发展双方的友谊来促进贸易的发展。晋商用诚信这把金色的“钥匙”,开启了中俄贸易的通途。这样,两国商人之间在进行贸易活动时,达成了极高的共识,即双方商人应当谦恭有礼地展开贸易谈判,严禁双方私下展开交易,但是商人们要尽量了解对方国家的情况,以便更加有针对性地展开贸易活动。在这种互相交流的过程中,对于交易要求、买卖事宜均随其所愿。另外,由于从内地贩运商品到恰克图路途遥远,路上花费时间一般长达半年以上,所以

---

① 刘建生等:《晋商研究》,山西人民出版社 2005 年版,第 102 页。

晋商创造性地使用了赊购或预付账款的手段从武夷山等地购买茶叶等商品，保证了恰克图市场上货源的充足，从而晋商可以持续在此地开展外贸活动。可以说，晋商自身所拥有的这些精神为其持续开展对外贸易打下了坚实的基础。

其次，山西特殊的地理位置为晋商从事边贸活动提供了活动场所。

山西地处黄土高原，位于万里长城的内侧，背靠蒙古大草原，北上经归化城、库伦可达恰克图，南下经南阳、湖南安化等地可直达武夷山。在明代，为了抵御蒙元残余势力南下入侵，设置了九边，山西北部便有大同镇和山西镇，明政府在这些地方驻扎了大量军队。为了保证这些军队的生活，就需要大量的粮食等物资。而山西北部等地区气候寒冷，粮食生产只能够一年一熟，无法满足大量军队生活的需要。于是，明政府实行了“开中法”，鼓励广大民众从南方地区运送粮食到达大同镇等地。这样，在配发盐引的刺激下，山西商人借地利之便，捷足先登、贩粮北上，边境贸易迅速发展起来。有的商人为了降低成本，便在边境招民垦荒种地，进行商屯，逐渐垄断了北方的军需贸易，既增进了对蒙古地区的了解，也把自己的活动范围逐渐扩展到蒙古地区。弘治五年(1492)，朝廷改纳粮草马匹为直接向盐运司纳银领印后，他们把目光推向南方，逐渐扩大了盐业的经营区域。万历四十五年(1617)，改引为纲后，他们又获得了世袭经营食盐贸易特权，在此期间经过长期不懈的经营，积累了大量财富，为他们从事边贸活动提供了丰厚的物质基础。清朝建立后，晋商依靠其在盐业贸易过程中打下的基础，把南方的商品运往自己的大本营平遥、祁县、太谷等地，然后经东口张家口运到多伦、齐齐哈尔、库伦、恰克图，进而销往俄罗斯市场。可以说，山西位于边贸区的特殊地理位置与国家有利的政策，为晋商在蒙古地区的逐步发展，进而能够开展对俄贸易提供了良好的条件。

再次，清朝前期的国家统一、社会稳定为晋商从事国际贸易提供了良好的环境。

清朝前期，国家统一，社会相对比较安定，同时，中央政府为了使政令畅通，促进物资和信息的流通，以更好地御控各个地方，加强了以北京为中心的驿站网络建设。这种建设在全国各地铺展开来，为晋商开展大规模的长途贩运提供了较为安定的社会条件，晋商也可以通过这些线路把所需要的商品相对快捷地运往北方。而在蒙古地区的主要线路开通以后，晋商在此基础上开辟了通往恰克图的商路，并建立了永久性的贸易网络，为他们在恰克图持续开展贸易活动提供了良好的环境。

二、广州商人的发展过程

在广州进行贸易的商人包括粤商、闽商等商人，如“由闽入粤河南龙溪乡鼻祖”潘振承便是在1735年左右进入广东。[①] 他们在外贸的过程中，为了更好地与外商进行贸易往来，不断学习外语等相关知识，以在外贸的过程中能够更加自然地处理外贸事务。例如潘家的代表潘振承在经商的过程中学会了西班牙语、葡萄牙语、英语等外国语言，成为了他们从事外贸活动的一大优势。具体来看，他们发展起来的原因可以归纳为以下几点：

首先，商人的开拓创新精神促进了他们的发展。

广州地区的商人靠开拓进取精神在早期获得了发展，后来一批有实力的商人逐渐做大做强，逐渐发展成为大的家族。如范岱克教授认为，18世纪40年代潘振承主要致力于在马尼拉与西班牙人的贸易以及往东南亚的帆船贸易，这种贸易具有很大的风险，一旦遇到海上的大风，就可能导致船毁人亡，如潘崇礼就是因为在出海贸易时“归帆遇风，全船不幸，公遂遇险”[②]。他的后人又在其开拓的贸易网络上继续前进，正是像潘家一样的十三行商人的努力促进了十三行商业的发展。他们的开拓精神还表现在他们具有敏锐的商业眼光，敢于尝试新事物，并利用新的经济方式发展自己。例如同文行通过建立自己的船队，把茶叶的产运销都掌握在自己手中，减少了中间环节，最大限度地

---

① 参见潘剑芬：《广州十三行行商潘振承家族研究》，社会科学文献出版社2017年版，第15页。

② 潘剑芬：《广州十三行行商潘振承家族研究》，社会科学文献出版社2017年版，第28页。

提高了自己的利润水平;同时,他们在组建自己船队开展贸易时,为了弥补自有资金的不足,向外国商人发行债券进行融资以保证自己的船队顺利航行①,因而也成为当时最早的一批向外国人融资进行帆船贸易的投资者;另外,他们在对外贸易中大胆使用伦敦汇票,使得资金的运行更加安全,提高了经营的效率,这些行动为以后的发展奠定了一定的基础。

其次,商人们诚信经营、互利互助品格为其发展提供了保障。

十三行行商在进行对外贸易时,一般都以其诚信来取得外商的信任。在贸易中,行商会根据双方的货物数量、市场存货量、商品品质等具体情况来确定进口和出口商品的价格,保证这一价格双方都能够接受,这样他们与外商之间的贸易能够持续进行。另外,他们还积极帮助受困的外商,如 1772 年一艘载有货物的荷兰商船在中国南海搁浅时,在行商潘启官的协调之下,清政府准许当地居民予以协助,在大家的共同努力下,荷兰人抢救出来一批货物,使得损失降低到最小的程度。由此可以看出,在面对外商时,一些行商会在清政府与外商之间进行调停,这样他们会赢得外商的信任和推崇。外商在得到这些优待后,也经常把质量比较高的货物优先卖给这些行商作为回报。② 这种互利互助的良性商业模式使得这些行商能够在对外贸易中获得巨大的成功。

最后,对外销产品质量的追求,提高了其与外商交易的信任度。

在广州开展全球贸易的过程中,商品的质量直接关系着行商利润的高低和他们是否能够在广州进行长期的贸易,因而,行商们往往对采购的产品质量有一定的要求。例如在广州十三行进行贸易的潘家,为了保证生丝等货源的品质,潘振承经常派专人到产品的原产地进行市场调研。在法国拉罗谢尔城奥比尼——贝尔浓博物馆收藏的嘉庆年间中国的一张外销画上,便有两个印

① 参见潘剑芬:《广州十三行行商潘振承家族研究》,社会科学文献出版社 2017 年版,第 73 页。

② 参见潘剑芬:《广州十三行行商潘振承家族研究》,社会科学文献出版社 2017 年版,第 76 页。

有“同孚名茶”的茶叶箱，成为了其茶叶质量较高的一种标志。可见，当时潘家对于外销茶叶的质量有过硬的保证，这种保证使得他们能够和外商维持良好的友谊，并可以长期维持比较稳定的交易，保证商行在广州的顺利发展，从而提升他们的竞争力。

三、恰克图和广州商人发展变迁的比较分析

纵观恰克图和广州从事外贸活动商人的发展轨迹，可以发现在他们的发展过程中有许多相似之处，也有很多不同之处。

（一）相似之处

首先，恰克图贸易的商人和广州贸易的商人绝大多数是本区域内的商人。

在恰克图，商人主体是晋商，另外包括少数的河北商人、陕西商人以及青海商人等，这些商人基本上都是北方人；而在广州，作为主体的十三行商人主要由粤商、闽商组成，另外还包括少数其他南方省份的商人。从各地人民的生活习惯看，无论是恰克图的人民还是广州的人民，都把传统中与其他民众开展贸易当作一种自然习惯，而当时当地的生活环境没有发生太大的变化，人民基本能够满足生活，没有形成扩大对外贸易的内生动力，所以当地难以形成商人群体。而靠近恰克图地区的山西和靠近广州地区的广东内地和福建等地，在当时抑或由于自然灾害的影响，又抑或由于人多地少等客观因素的限制，都存在着人们的生活水平难以保障的现象，如明清时期，山西人口稠密，无法解决众多人口的吃饭问题，在“开中法”政策的引领下，大量的山西人走上了经商的道路；而在福建广东地区，17—18 世纪面临着严重的粮荒，国内贸易活动无法满足他们自身对于生活的需求，不得不从南洋的诸多国家和地区运入粮食保证当地人民的生存需要。① 为了满足自身的基本生活需求，山西和福建等

① 参见刘梅英：《从福建大米进口贸易的消长看地缘经济优势》，《特区经济》2006 年第 10 期。

地的居民便开始走上经商的道路，努力提高自身经商的水平，而山西没有自己的对外通商口岸，福建在“一口通商”之后，附近虽然有乍浦等地可以开展与日本和朝鲜的贸易，但是由于规模小，并且从南洋转运粮食也有诸多的不便，于是，这些靠近内地的商人就逐渐走向边境，开展贸易活动。

其次，恰克图贸易和广州十三行时期贸易的商人都与政府的关系较为密切。

从明朝末年开始，晋商就在北部边境地区和蒙古草原开展各种贸易活动，在清朝统治者入关时，晋商为他们提供了许多帮助；他们入关后，清政府对山西商人进行奖励，封了“八大皇商”，并给从事边贸活动的晋商发放“照票”等以方便他们的贸易活动，可见，清政府非常支持晋商在北部边境的贸易活动，为其贸易提供了优厚的便利条件。广州十三行时期的贸易是由广州十三行行商经手的，十三行行商既负责民间的贸易活动，又在一定程度上代表政府对贸易进行管理。恰克图晋商和广州十三行行商都与政府关系较为密切，这是他们能够长久把持两地贸易的一个重要原因，到了鸦片战争以后清政府掌控国家局势的能力日渐衰微，广州又处在国际经济交流的一个重要位置，清政府对于十三行的把控能力迅速下降，导致十三行在鸦片战争开始后短短十几年内便消失；恰克图贸易位于北部边境地区，贸易种类较少，规模也比南方地区小得多，所以在外国尤其是俄国的入侵过程中还可以生存并在很长一段时期内得到发展，但是当俄国的工业革命轰轰烈烈开展并趋于结束时，俄国对于中国北部广大边境地区进行了大规模的入侵，这时晋商自身便无力抵抗，并且清政府无暇顾及晋商的利益，导致他们在这一时期日益衰落下去。由此可见，恰克图晋商和广州十三行行商的兴衰都与清政府对国家局势的掌控能力密切相关。

最后，恰克图和广州的商人在发展过程中都形成了许多有名的商号，他们为当时中国的对外贸易发展做出了突出贡献。

在恰克图贸易的发展过程中，晋商逐渐形成了如大盛魁、祥发永、公和盛、天合兴、大泉玉等著名的商号，这些商号的运营促进了恰克图贸易的发展，也为中俄之间经济和文化的交流做出了突出贡献。而十三行的发展过程中也出现了潘振承、伍秉鉴、叶上林、卢观恒等著名的商人，为中国当时的对外贸易及外贸人才的培养付出了大量心血，对中国外贸事业的发展做出了大量贡献。

（二）差异之处

首先，恰克图贸易中商人之间的交易主要是自发进行，而广州十三行时期的交易前期是由十三行行商代外商进行，后期是由商人自发与外商进行交易。

在恰克图贸易中，商人之间的交易是中俄双方的商人自主进行的，他们通过相互之间的交流建立了深厚的友谊，进行自发的交易。而在广州，十三行时期，清政府为了防范外夷，让十三行商人负责外商同中国内地商人的交易活动，外商在中国的各类商品买卖活动都由行商负责；在十三行破产之后，广州商人与外商之间的代理关系就变成内地商人与外商之间进行自由谈判关系，大大增强了外商的主动性，这时，一些十三行行商和内地商人化身为买办，为外商服务，增强自己经商的能力。

其次，恰克图商人和广州十三行行商的代理机制不同，对他们的发展产生了不同的影响。

在恰克图贸易中，交易活动是由全体商人对其各类商品进行集体定价，然后与外商交易，这种集体定价模式中的商人团体之间的代理类似于商人与商人之间的相互代理关系。他们在交易谈判中，根据商品的种类、级别以及市场价格等情况，共同推选出代理人与俄商进行谈判，以达成一个相对合理的价格进行贸易。一旦有商人不服从这个规则，他们便依靠商人团体来惩罚这种行为，以保证整个交易过程的顺利进行。这种交易行为依靠非正式的契约和集体主义的约束，与中国传统的思想观念密切相关，使得晋商能够在恰克图地区追求长期利益。

在广州贸易中，委托人是外商，而代理人是广州十三行商人，十三行商人代理外国商人与本国商人交易。在这种委托代理机制下，行商希望购买能够顺利销售的产品，以此获得丰厚的利润，但是为了使中外贸易能够正常进行，行商在购买外商商品时，不得不进口使自己亏损的毛料（一般亏损率在2.4%—7.3%），以保证自己能够长久地代理外商贸易活动，这些措施在一定程度上降低了行商的利润。

再次，在恰克图贸易中，商人出售的商品是自己从内地贩运而来，而广州十三行时期行商贩运的商品主要是由内地商人送货上门的茶叶、瓷器等。在鸦片战争后，恰克图晋商基本没有面对内地其他商人竞争的压力，而广州商人面对着众多内地商人的压力。

恰克图贸易中的主要经营者晋商一般是从内地贩运商品，以茶叶为例，他们一般是从武夷山等地购买到茶叶之后，经过福建、湖南、河南、山西、内蒙古等地，到达恰克图后对茶叶按照质量进行一定的分类，进行销售；有时也提前向茶商定货，支付订金，在一年之后到茶叶生产地领取茶叶，运往恰克图地区。而对于广州行商来说，他们一般是根据外商的需要，提前向茶商定货，次年由茶商将茶叶运到广州卖与行商，只有像伍怡和这样富有的行商，才会派出代理人到产茶区采购茶叶。

在鸦片战争以后，恰克图贸易依然被晋商把持着，晋商还是采取原来的从内地购买商品、亲自贩运的商业模式。而广州商人面临着内地众多商人的竞争，不断采取新的销售模式，以使自己能够生存下去，相比之下，广州商人面对的压力比恰克图晋商大。

第二节　两地商人后期变迁的比较

在19世纪中叶后，恰克图的晋商经过努力奋斗之后在跌宕起伏中发展，并在清朝晚期逐渐衰亡，走到了历史的尽头；而十三行的行商在19世纪中期一部分走向衰亡，另一部分逐渐转变为买办，继而在对外贸易发展过程中实现了转型,他们的这种发展与衰败都属于经济现象,对经济的发展变迁有重要的作用,故有必要从经济学的视角进行分析,探讨他们衰落的深层次原因。

一、晋商衰败的原因

恰克图晋商逐渐衰败的原因有:

第一,晋商在恰克图面对的不平等贸易环境。

在鸦片战争之前,中俄恰克图贸易一直是中俄两国之间基于互惠互利之上的平等贸易,然而这种平等互利的国际市场格局在鸦片战争之后随着清政府的丧权辱国而逐渐被打破,尤其是第二次鸦片战争失败后,沙俄侵华的野心急剧膨胀,强迫中国签订了《北京条约》《天津条约》《伊犁条约》等一系列不平等条约,极大地扩充了俄国商人进行对华贸易的地域范围,他们凭借条约中的“值百抽五”“子口半税”、内陆贸易权等特权与晋商直接展开竞争,而晋商在运输商品的过程中“逢关抽税、遇卡完厘”,其负担便大幅度地增加,从而贩运到恰克图地区的产品成本高昂,晋商就失去了与俄商直接从中国内地贩运的产品相比存在的竞争优势。

第二,清政府对于恰克图晋商利益的漠视。

清末,由于俄国政局的变动,俄国政府出台了很多对于在俄国经营商业的外国商人的限制性规定,在恰克图和俄国内地城市经营的晋商由于受到这一规定的影响,其资产很多都被俄国政府无偿收归国有。而当时处于内忧外患过程中的清政府,根本无暇顾及商人们的利益,再加上国内普遍存在的“重农抑商”思想的影响,他们对于晋商在此地经营资产被没收的事实不闻不问,使得这一地区的晋商大量减少,在很短的时间内走向了衰亡。

第三,俄罗斯政策对晋商在此地贸易的打压。

晋商在清末为了稳住俄罗斯的茶叶市场,向俄罗斯的中小茶商赊销,在赊销后,这些中小茶商倚仗俄罗斯政府的纵容,再加之自身的经营不善,始终未清偿所欠晋商的款项。另外,俄国货币价值的大幅度变动使得晋商在贸易过程中遭受了极大的损失,例如,在俄国十月革命后,原帝俄时期的"羌帖"(俄钞)每张由值钱1两降至5分,暴跌95%,致使许多商号损失惨重,仅太谷曹家便因此亏损了37万两白银,致使其贸易难以为继。

第四,晋商顽固坚持传统经营模式。

在清末近代化的浪潮下,许多传统商帮开始从传统向近代化经营模式过渡,以获取最大的经济利益,而晋商依然固守在传统商业思维的窠臼中,对于新出现的先进经商理念并没有吸收——未及时地将票号业转型为近代的银行业,也未向从事边贸的商人提供有效的金融服务,而只是固守传统的票号经营模式,致使从事边境贸易的商人们难以与得到外资银行金融支持的贸易商进行有效的竞争,最终走向衰亡的命运。

二、广州十三行行商衰败的原因

广州十三行行商逐渐走向衰败的原因是:

第一,政府勒索。

一般来说,清政府对于行商的勒索有以下四种方式:①在有人申请成立新的洋行或者旧洋行更换行东时,政府在核准营业执照时向当事人索要大笔的金钱;②将行商罗织到莫须有的涉外案件中,要求行商花钱贿赂以求赦免;③以公益事业为由,要求行商捐款;④直接对于行商进行赤裸裸的勒索。为了保证自己的收入,乾隆年间规定,行商必须按照其与东印度公司交易的多寡,按照比例交给粤海关监督一定数额的现金。行商与东印度公司的每一份交易所上交的数额从1806年的3000余元增加到1812年的8000余元。另外,行商必须按照每年销售货物的数目向官府交纳一定数量的贡银,从乾隆五十一年起,由全体行商每年缴纳55000两,到了嘉庆年间,"商等情愿于癸亥甲子两年每年报效备贡银95000两,连前共成15万两之数"①。此外,他们还必须向政

① 故宫博物院:《清代外交史料》,成文出版社1968年版,第6—7页。

府进行大量的“捐输”。政府的种种勒索在一定程度上减少了行商的流动资金,给其发展带来了障碍。

第二,商业行欠。

商业行欠又称夷欠,是行商对外商的欠款。主要包括两类情形:第一,行商代外商在广州销售货物时不能把货物完全销售而导致的商欠。外商一般都把商品交由行商代售,并且必须根据当时季风的情况适时离开广州,而行商代外商销售的货物往往不能销售完。这时,一部分外商会要求,返航之前行商必须以现金和他们结清债务;另一部分外商就等到下一次商队到达广州时,一面扫清旧欠,一面又交新货,这就降低了行商的资金周转速度,提高了运营成本。第二,行商为了扩大经营范围,向外商借贷资本而造成行欠。为了保证行商的良好运行,在乾隆二十四年(1759),两广总督李侍尧上奏提出:“嗣后民人既不许与夷商领本经营,往来借贷。”①严禁行商借用外国商人资本进行经营,这样在以后的20多年中,从无行商拖欠外商之事。到了嘉庆年间,随着行商经营范围的扩大以及资金周转困难程度日益加剧,他们所借外债逐渐增多。对于这类欠款,清政府要求他们按期偿还,如若破产,则由其他的行商替他们偿还,这给整个行商队伍带来了巨大的负担。

第三,商业呆账。

商业呆账是外商欠广州行商的债务。在外商欠行商资金的时候,清政府往往纵容外商一走了之,对行商的合法权益不进行有效保护。这是由于广州十三行行商是一个亦官亦商的组织,在广州垄断对外贸易的同时,它还始终处于清政府的严密控制之下。这主要表现为在“重农抑商”政策的指导下,清政府赋予了行商对外经济交往和管理对外事务的权利,但是对于行商的发展始终进行抑制,甚至对于行商的资产都不进行保护。这样,行商在面对反复无常的外贸市场时,既要履行交纳关税的义务,又要在资金严重匮乏的情况下蒙受

① 中国第一历史档案馆:《明清宫藏中西商贸档案》,中国档案出版社2010年版,第1455页。

洋货滞销的损失而不得不借高利贷以维持生计。

可以看出,目前对于恰克图晋商和广州行商失败的原因分析多是从历史角度展开的,从经济学角度对两者进行比较分析的成果甚少。作为理性经济人,他们在发展过程中会寻找自己收益最大化的平衡点,但是在清末,由于各种相对不利制度的影响,他们便逐渐衰落下去。以下便在经济学理论视角下比较分析他们衰落的原因。

三、晋商与十三行行商衰落的比较分析

制度经济学认为,制度是在自我演化和自我复制的过程中,逐渐形成的约束人群共同体的一套规则,如果没有诱致性因素或者强制性因素的推动,它很难做出自我调整,这种路径便成为制度对环境引起的刺激发生反应时的一种习惯方式,从而表现出一种自我强化的特征。一旦有了一定的外在冲击,制度会在何种程度上产生变迁也取决于政府的政策、决策者的思想、商人团体和企业本身具有的文化,以及企业员工和经理层的学习机制等的影响。不同的商人团体在不同的社会背景下所选择的路径不同,这就导致了他们的发展路径有明显的差异。

从制度经济学的视角对比分析恰克图晋商和广州行商失败的原因的异同点,可以发现两者在后期不同的发展路径是由国内外的各种力量交互作用而造成的,造成这种不同发展路径的原因也存在着异同点。

(一)恰克图晋商和广州十三行行商失败的相同点

第一,商人利益集团的弱小使其无力要求政府维护其合法权益,而逐渐衰弱的清政府制定的一系列抑商政策又加速了晋商和行商的衰落。

恰克图晋商和广州十三行行商都自发组成了具有一定影响力的商人团体。在恰克图,晋商以一个群体的形式出现,对内制定统一价格,对外统一谈判和销售,形成了一个整体的供应商集团。在广州,其外贸基本上是由广州十

三行垄断经营，他们不仅承担了对外商的货物代销，而且还负责广州地区外贸的税务征缴，为清政府在这一地区的外贸管理做出了很大贡献。但是，无论是恰克图晋商还是十三行行商形成的商人组织，都只是在当地通过商人们的自觉行动来保证商业的良好运行，一旦遇到无法通过自身力量处理的重大变故，商人集团就会因无法通过政府等外界更有力的力量来维护他们的合法权益，而逐步被削弱。

这一现象的产生与中国传统社会重农抑商的总基调密切相关。到明清时期，虽然商业活动异常繁荣，但是整个社会中传统经济形态仍然占据主流地位，商人在社会中的地位还相对较低，他们的意图与目标无法在整个社会中占据主导地位。商人们为了得到更好的发展，以地域为纽带组合成为不同的商帮，在各地设立会馆，互通信息，及时处理各类纠纷，最大限度地为成员谋取利益。而晋商和十三行商人集团在清朝后期并没能够发挥足够的影响力，为自己独特的服务对象——外贸商人集团服务，这就使得这些商人在发展过程中失去了外力的支持与保护，在面临各类威胁时极易走向衰落。其原因主要有：一是基于国家的战略目标而言，整个社会仍然以发展农业为导向，只有农业的发展才能保证国家稳定、政府税收以及社会安定，而商业只是无地和少地百姓为了维持生计而不得不做出的选择，并且其发展过程受到清政府严格限制。鸦片战争后，清政府在列强胁迫下不断开放通商口岸，允许外商进入中国沿海地区，并深入内地，享受低税率的优惠，这些优惠政策晋商、粤商等国内商帮却无法享受，致使他们采购及运输产品的费用与外商相比存在明显的劣势，这种制度安排上的缺失进一步缩小了本国商人所具有的竞争优势，从而导致了他们的衰落。因而，国家缺少保护本国商人的外贸政策，并在外贸过程中对于本国商人不进行有效的保护是导致商人逐渐衰落的诱因之一。二是基于商人团体自身能力与思想观念而言，无论是恰克图晋商还是广东十三行行商，他们都是在传统的礼义道德下成长起来的，重视商业的思想与当时社会的主流思想相背离，所以这些人组织起来的商会只能在商人团体内部活动，在有限的范围内保证集体的利益最大化,但是,一旦商人面临外部冲击时,他们便无力以商会的力量维护商人的合法权益。这样,在面临各类不公正待遇时,虽然商人团体对政府提出了相关呼吁,但是政府却对此并不加以重视,商人们只能默默忍受这种侵害,无法保证自己的利益不受损失,从而渐渐衰落下去。例如,在恰克图贸易中,晋商向俄商赊销茶叶,俄商以各种理由拒不还款,晋商希望清政府出面帮助他们讨回货款,但是却遭到了清政府的拒绝,晋商只能在贸易中尽量避免赊销行为的发生;在广州贸易中,清政府要求行商对来华贸易外国商人的所有活动负责,但是并没有提出相应的政策措施保护行商的合法权益,这些商人因此承担了大量的风险,客观上增加了他们的运营成本,降低了产品竞争力。

第二,从国家理论来看,国家对于商人的予取予求直接导致了两地商人的衰落。

契约论认为,国家虽然是公民达成契约的结果,但具有暴力潜能,一旦这些暴力潜能无法在公民之间进行合理分配,遭受不公正待遇的被统治者无法对统治者产生制约,因而他们的行为无法应对"暴力机器"的掠夺,进而可能导致作为财产保护者的国家成为"剩余索取者"。在清末,由于清政府与外商签订众多的不平等条约,再加上"重农抑商"传统思想的影响,国家对于本国商人不但保护力度不够,而且看重了他们所拥有的大量资金可以为国家所用,解决当时的国家财政困难,所以国家对于包括晋商和行商在内的商人保护力度大大下降,并不断地通过各种税收政策攫取他们的财富,以使其财富归公,当他们遇到危险的时候,政府却无法提供有效的保护。

这种予取予求表现在两个方面:

一方面,税负繁重,管理勒索。

在商业发展中,过重的税负会压垮商人进行商业贩运的积极性。在恰克图,晋商在很长一段时期把持了该地的贸易活动,他们对贩运货物的路线比较熟悉,并与南方的茶农达成了赊买的长期购买协议,保证了商品数量和贩运价格的稳定，为他们带来了巨额财富；广州十三行的行商作为“亦官亦商”的群体，在一定程度上承担着管理外贸事业的职能，并利用这种特权垄断对外贸易进而获取巨额利润。因此，在清末税负大量增加的影响下，这种路径依赖使得无论是晋商还是行商，都依然坚持原有的采购销售模式，导致采购、运输与销售产品的利润大幅度降低，难以应对激烈的竞争。

在恰克图，19 世纪初，由于俄国对茶叶的需求旺盛，晋商向俄国输送了大量茶叶，在此时，晋商所交纳的常关税比较稳定，没有大幅度的增加。到了 19 世纪中叶以后，在一系列不平等条约的保护下，俄国在经济上处于优势地位，而清政府则困于财政危机漩涡。为了缓解这一危机，咸丰年间，清政府开始在国内关卡向过往的商人征收厘金，很大程度上加重了他们的税收负担。这一时期，晋商将采茶重点从福建武夷山转到湖北羊楼洞、湖南安化等地，使得至恰克图的运输路程缩短了 300 余公里，茶叶的运输成本明显下降。但清政府的厘金政策使得商品从汉口贩运至张家口要经过 63 个厘金税卡①，其中各税卡的税率集中在 1%—10%之间，以 1%—5%居多②，按照每个关卡 3%的厘金税率计算，经过 63 个税卡成本为 85. 33%，即 100 元的产品中，仅厘金税就需要交纳 85. 33 元，这样，在过高的税收成本影响下，晋商贩运到恰克图的茶叶成本大大提高。相比之下，俄商直接从湖北湖南采购茶叶，在“值百抽五”的基础上，税率又降低了 1/3，这样其承担的税负远远低于晋商。俄商后来又取得了在天津关的免征茶叶半税特权，直接走水运把茶叶运往天津，再从天津把茶叶运往俄国。这样，俄商直接从中国内地采购的茶叶运到俄国市场上，其成本远小于晋商，一步步挤垮了晋商在恰克图的茶叶贸易。

在广州，政府为了弥补财政困难，要求十三行商人除了正常交纳税收外，还必须经常向政府捐纳，这些捐纳主要包括三类：一是贡品，粤海关每年向中央政府进贡大量贡品，而这些贡品常常需要行商运用自己的资金采购；二是海

---

① 参见张正明：《明清晋商及民风》，人民出版社 2003 年版，第 61 页。

② 参见罗玉东：《中国厘金史》，商务印书馆 2010 年版，第 67 页。

防费用，在鸦片战争前夕，行商捐款60000两，兴建广东虎门炮台，另外还每年捐纳3000两，作为炮台常年经费；三是地方军费，清朝中期，全国各地的叛乱纷起，清政府为了平定这些叛乱，就要求行商捐纳一定的兵饷来协助清政府稳定这些地区的局势，如在乾隆三十八年到道光十五年（1773—1835），政府就以各地军需剿匪、防卫海盗、赈灾护河、兴建炮台等名义要求行商捐输5085000两白银。① 这些繁重的杂税大大消耗了行商的财富，使得行商在进行对外贸易时资金严重缺乏，无法展开大规模的贸易活动，成为其衰落的一个诱因。

另一方面，衰弱的政府无力保护商人的外贸权益。

对于恰克图的晋商来说，他们的资产在面临俄国政府查收时，清政府和北洋政府恐惧帝国主义的再次入侵，对俄国只是曲意逢迎、唯命是从，而对于本国商人的商号资产却没有运用正当方式进行合理保护，只是眼睁睁地看着他们的合法资产被外国政府强制没收。如1917年十月革命爆发后，晋商在俄国的资产全部被没收；1921年外蒙古宣布独立以后，晋商在此地的许多老字号，如“公和全”“庆和达”“大美玉”“大泉玉”“独慎玉”等，也被外蒙古政府没收。在这些事件中，商人的力量无法阻止俄国政府的行为，北洋政府也没有对这些合法资产进行有效保护，进而使得晋商从事恰克图地区对外贸易的资产逐渐消耗殆尽，恰克图的对外贸易也相应衰落。

对于十三行行商来说，鸦片战争前后，随着政府资金的缺额日益增加，清政府对于行商的榨取力度逐渐提高，导致行商流动性资金严重不足，但是清政府为了维持自己的天朝上国地位，严禁行商借用外商的白银，但对于行商关心的流动资金短缺问题并没有提出一个有效的解决方案；相反，清政府为了弥补财政上的困难，各政府官员为了满足自身的个人利益，不断向行商榨取资金，导致行商的流动性资金严重不足，平均每年他们除了交纳关税和捐输外，还需

① 参见陈国栋：《清代前期的粤海关与十三行》，广东人民出版社2014年版，第244页。

向官吏交纳30万两白银①，使其运营更加困难，他们不得不铤而走险，向外商借款以维持业务的正常开展。对于这些借款，清政府要求行商在偿还债务时实行无限连带责任，而不是有限责任。所以在一家行商破产时，其欠夷商的资金由其他行商共同承担赔付，致使能力较差的行商逐渐破产，周而复始，更多的行商在此连锁效应下走向破产的境地。对于这一情况，清政府也心知肚明，但是由于当行商破产后会有新的行商出现，每出现一个新的行商政府又可以从中收取40000两银子作为管理费，这样，政府为了使得自己的收益最大化，就没有动机去保护旧有的行商顺利开展业务，只是对于向夷商借款的行商进行惩罚。清政府的这种行为导致后期广州的商人都不愿意成为行商，并且一部分行商致富后急于离开行商队伍，这使得广州十三行也逐渐衰落下去。

（二）恰克图晋商和广州十三行行商衰落的不同点

第一，从交易费用来看，广州十三行商人和恰克图晋商的衰落是由于不同的交易费用上升引起的。恰克图贸易活动中管理的交易费用较低，因而在18世纪中后期还可以正常经营，但随着限额的交易费用提升而衰落；而广州十三行贸易活动中管理的交易费用较高，导致在进入18世纪后与外商买卖的交易费用也不断提高，从而在较早的时候衰败下去。

交易费用是为执行交易行为而投入的劳动、土地、资本和企业家才能的耗费。晋商所付出的交易费用是从南方运输产品到恰克图从而完成交易产生的费用，行商的交易费用是从广东买入外商的货物直到销售期间所发生的各项费用，因此，可以从交易费用的视角重新审视两者失败的原因。交易费用可以分为三种基本类型：第一是买卖的交易费用，即平等人之间进行商品交换所产生的交易费用；第二是管理的交易费用，即上下级之间进行交换所产生的交易

① 参见陈国栋：《清代前期的粤海关与十三行》，广东人民出版社2014年版，第247页。

费用；第三是限额的交易费用，即政府与个人之间由于征税等活动而产生的交易费用。这些交易费用的产生与受到限制的理性思考、机会主义以及资产的专用型等诸多因素密切相关。①

在恰克图，晋商的衰落主要受第三类交易费用上升影响。该地的贸易活动由商人们自主管理、自主经营，其程序是：首先，由商界选出的最有信誉的4名监督人对所有商品分等、定价；其次，由全体商人大会对讨论结果进行表决，通过决议后便以一个整体与俄国商人进行交易。这种交易模式使得一切都在阳光下运作，并且没有经由第三方机构人员，因而管理费用较低。到了18世纪中期，俄国消费的茶叶数量增多，晋商贩茶到恰克图进行销售还能够获得可观的收益。在第二次鸦片战争后，清政府对于外商在中国购买商品这一行为减征了税额，但是对于本国商人运销的产品仍然征收较高的内地税，导致晋商从南方向恰克图贩茶成本大幅度提高，迫使晋商把购买茶叶的地点集中在湖南安化、湖北羊楼洞等处，而这对交易费用的降低没有起到明显的作用，致使恰克图地区晋商所售茶叶成本依旧较高。因此，限额的交易费用增多使得晋商在与俄商的贩茶竞争中不占优势，进而导致其活动逐渐萎缩，很快便衰落下去。

在广州十三行，行商的衰落主要受第一类和第二类交易费用共同上升影响。由于广州十三行行商是亦官亦商的商人，在十三行经营过程中它需要承担起政府的职责，政府无论是向十三行行商征收税费还是勒索财物，都可以看作上级对于下级的合理要求和勒索。所以广州十三行商人的衰落可以看作主要是受第一类和第二类交易费用共同上升的影响。

其中，第一类交易费用主要包括两种情形：第一种情形是，行商代外商在广州销售货物时不能把货物完全销售而导致的商欠。由于广州城不允许外国人进入与当地的中国居民直接进行交易，所以外商一般都把商品交由行商代

① 参见卢现祥：《新制度经济学》，武汉大学出版社2011年版，第42页。

售，在收到款项之后根据当时季风的情况适时离开广州，但是行商代外商销售的货物往往不能销完，这时一部分外商会要求返航之前行商必须以现金和他们结清债务，一部分外商就等到下一次商队到达广州时，在结清旧欠的同时又交付新货。在前一种情况下，行商会积压大量货物，影响了资金周转速度；在后一种情况下，行商会拥有一部分周转资金，从而减轻部分压力。第二种情形是，行商借用外商资金所产生的利息费用。由于当时的中外之间利差较大，而且外资在广州所获得的利润基本上是没有风险的，这种较高的无风险利率导致了大量的外国资本流入广州地区，在租税、各级官吏的盘剥以及行商购买用于出口的商品等影响下，白银在很短的时间内便从广州大量流入内地，导致广州市场上白银不足，行商便无法从本地进行贷款。另外，行商经常破产，破产后家产往往会被变卖，行商个人会被发配到边疆充军，其欠外商的债务由正在经营过程中的所有行商共同承担，导致行商群体的破产风险提高，信用体系很难建立起来，因而外商就迫使行商支付较高的利率借用白银，这些资金的年利率一般是 18%，特殊情况下可以达到 40%。在前期，这些利息可以通过销售茶叶等获得的较高利润（平均利润率可达 16%）来补偿；到了后期，随着政府勒索的加重以及不合理连带担保责任的大量履行，行商在买卖商品的整个环节支出的成本便不断提升。因此，这种交易费用的提升使得行商损失严重。

第二类交易费用是行商向政府交纳的各类捐税。首先，从交纳的名目上看，清政府最初要求行商代理外商交纳进出口的关税，但是后来为了减少征税成本，清政府便把进出口货税、船税、贡银等一系列事项都交由行商办理，另外向行商收取各类捐纳，这就使得行商的流动性资本大为减少。其次，从税费交纳时间上看，清政府规定行商向政府交纳其代征的外商的关税时，需要在进口货物销售结束后、出口货物由广州出口前缴纳，这种代理外商纳税的方式使得资金相对短缺的行商无法享受出口税款在货物出口前后存在的时间差带来的收益，从而使得资金短缺的风险更为严重，加速了其衰落的步伐。

可见，晋商所面临的主要交易费用主要是一种政策的体现，是财富的限额配给，取决于清政府的规定，正是由于这类交易费用的不断提高，导致晋商运往恰克图产品成本大幅度提升，丧失了与俄国产品相比存在的竞争优势，逐步走向衰落。而十三行行商所面临的主要交易费用存在于平等主体之间的交易和上下级之间的管理中，在鸦片战争后，行商在代理外商买卖货物的过程中各类支出大幅度增加，而他们对清政府交纳的大量捐输也加剧了他们资金的紧张，这种严重的资金短缺给行商的生存带来了极大的困难。

第二，从当时中国遭受的外来掠夺型制度看，这一制度是恰克图市场晋商衰败的一个重要原因，却导致了广东十三行商人的转型。

外来掠夺型制度的主要问题是促使人们进行生产再分配，使得人们把其主要精力放在非生产性活动上。有清一代，晋商的长途贩运活动不仅使得晋商的收入提升，也繁荣了沿线城市和恰克图的市场，促使其经济得到了繁荣。鸦片战争后，随着不平等的《天津条约》和《北京条约》签订，俄商在中国内地购买商品不仅免税，而且清政府给俄商在中国内地建立茶叶加工基地大开绿灯，这种基地一般以大机器生产为主，以蒸汽机代替手压机，其所制成的茶叶成本低、质量高、产量大，俄商便可以直接从茶叶原产地生产运输大量茶叶，再加上清政府的“子口半税”政策的优惠，茶叶就能够以很低的成本从湖南湖北等产地直接运输到俄罗斯。对于在恰克图销售茶叶的晋商来说，他们从南方地区购买的茶叶还是手工生产的茶叶，生产成本就比俄商购买的茶叶高。所以，俄国商人在产品生命周期的最初生产环节就挤垮了向恰克图转售茶叶的晋商，在流通环节晋商还需交纳大量赋税，其劣势便不断扩大。到清朝末年，这一情况更为明显，俄商直接贩运的中国茶增加到六七十万石，而晋商的年输茶量下降到数万石，他们在这一过程中便逐渐衰败下去。

在广州十三行，列强通过逼迫清政府签订《南京条约》《五口通商章程》等，打开了中国的大门，广州也不再是欧洲各国在中国贸易的唯一口岸，粤海关监督也无法对外国来华贸易商人进行限制，各大东印度公司也停止了在广州的业务，各国在广州对中国进行贸易的商品相应地分流到了中国的各个通商口岸,南方的贸易格局便发生了巨大的变化。再加上由于 18 世纪前半叶广州行商遭受到的种种剥削,其经济实力在明显下降,进而广州十三行的行商也就失去了对外贸易的垄断权,其地位也一落千丈。在这一制度的影响下,很多广州商人开始接受"开眼看世界"的思想,认真学习西方先进的经商理念,通过为外商服务等方式积极学习新技术,开设新式工厂,发展机器制造和粮食加工等工业。这些经济活动促进了广州近代商人群体的形成与发展,为以后的中国革命事业做出了一定的贡献。

第三,买办制度的实行使得行商的垄断权丧失,而行商制度不适应这种制度变革,从而较早衰落下去,恰克图地区晋商的自由贸易制度受到的制度冲击较小,从而衰落的时间较晚。

鸦片战争以后,随着《南京条约》等一系列不平等条约的签订,外商在广州的交易活动更为自由,这时的制度安排已经变为允许外商和中国的各类商人自由展开交易活动,他们为了使商品更加容易地进入中国市场,获取更可观的收益,开始以买办为中介与内地商民进行贸易往来,不再接受十三行行商的管理,这种制度冲击使得行商制度再也无法垄断广州的外贸活动。为了保证自己的生意,使得自己在与外商交往的过程中不至于落的太远,一部分有远见的行商便开始转型,他们利用当买办的机会,对西方机器生产、经营管理方式等有一定的了解后,就开始附股外商企业,在工作的同时学习外商的生产管理经验,此后,运用自己的才干或独资或合资开办近代工商业企业;另一部分行商移民外国经商谋生,在取得一定效益后帮助国内企业发展,形成一种正向的溢出效应,以另外一种方式得到重生。那些仍然固守传统贸易方式的十三行行商在中国近代化开始之初便走向了衰亡。

恰克图地区的晋商在 19 世纪 50 年代还处于较为兴盛的时期,但是他们的商业贩运依然属于传统型的经营模式,导致其在 19 世纪晚期也相应受到了冲击,具体表现在:首先,在俄商深入中国内地采购时,晋商依然没有改变原有的生产与贩运模式,没有使用大机器生产以对抗俄国对其的冲击,例如,在羊楼洞、安化每年茶市开市后，晋商运用传统工艺对茶叶进行严格的烘焙，使得他们生产的茶叶价格往往较高。而俄商进入这一地区后，开办机制砖茶厂，运用蒸汽机压制砖茶，使得生产的茶叶成本低、效率高、产量大、质量稳定。在这种情况下，晋商便失去了大量市场份额。其次，造船和航海技术的进步和西伯利亚铁路的开通，促成俄国商人在中国内地直接运用轮船和铁路等现代化的交通工具贩运茶叶等商品，而晋商仍运用较为落后的交通工具向恰克图贩运商品，致使运输时间过长，成本较高，进一步降低了自己的竞争优势。再次，大清银行成立后，运用新的管理模式整合了全国的资金流通，虽然晋商在恰克图地区的经营需要大量的资金，但是并没有运用这一新的资金运营模式，引发资金链断裂。在这些冲击的相互作用下，晋商在恰克图地区的贸易活动日益萎缩，并在铁路运输大规模开展后走到了历史的尽头。

从制度因素中寻找恰克图晋商和广州十三行行商在后期衰落的原因，可以发现清末国家相关制度的缺失导致恰克图晋商和广州十三行行商生存艰难，两大重要的商人集团无力对政府的行为产生影响，清政府的相对优势地位并没有给予商人们有效的保护，反而对他们进行掠夺与压榨，使商人遭受了巨大损失，进而导致恰克图贸易和十三行贸易的衰败。从清政府这一方来看，为了满足自己的经济利益和政治诉求，在晋商的国内运输必经路线中征收大量的赋税，对行商则要求他们交纳名目繁多的赋税与捐输，同时，地方官吏还趁机勒索他们的财富，要求他们为地方公益事业服务，但是在他们面对外商不合理的竞争与外国政府的压迫时，清政府却无法对他们进行有效的保护；恰克图的晋商和广州十三行行商所面对的贸易形势不同，对商品在国内运输的需求也存在着明显的差异，所以恰克图晋商面对的交易费用主要是限额的交易费用，而十三行行商主要是买卖和管理的交易费用，不同的交易费用是他们衰落时间有所差异的一个重要原因。从国内商人团体上看，他们“话语权”的微弱导致商人组织只能处理商人内部的各类纠纷，没有带领自己的商人集团进行相应的组织变迁，无法对外争取集体的利益，因而就不能在清末的制度变迁中占据主动地位，继而逐步走向衰亡。从外部环境上看，俄国商人和欧洲商人在这一时期的博弈中占尽优势，在他们打开中国市场的过程中，政府以国家的力量作为后盾对其进行保护，恰克图贸易给俄国带来了巨大的经济利益，随着俄国工业的发展，到19世纪50年代以后俄国便有实力打开中国市场，此时，虽然晋商通过自身的努力尽力维护其贸易利益，但是由于俄商借助政府的力量极力开拓中国市场并保护俄国的国内市场，无形之中增大了晋商自身面临的压力，加速了晋商的衰败；而欧洲国家首先在位于中国东南沿海的广州发动战争，打开中国的大门，通过军事强制力和各类不平等条约促使近代商业大量涌入中国市场，进而行商业务迅速减少，直至消亡。另外，在面对外部的冲击时，传统十三行的行商制度无法与新兴的买办制度融合，从而很早便衰落下去，一部分学习新知识的商人逐渐向近代化过渡，而恰克图晋商受自由贸易制度受的冲击较小，在专制主义大一统的约束下无法实现诱致性变迁，只是在清末受到新兴生产与运输方式的冲击而走向了衰亡。

第五章　恰克图和广州商品结构与税收收入的比较

恰克图和广州作为清代中国对外贸易的重要口岸，为当时中外经济交往做出了重要贡献，两地不同的贸易商品种类与贸易规模在一定程度上显示出了两地的经济地位及对国家经济社会发展发挥的作用。所以，通过比较两地的商品结构与税收状况，可以更直观地认识恰克图贸易和广州贸易在国家发展中的地位。

第一节　两地商品结构的比较

由于恰克图贸易和广州贸易在有清一代都持续了相当长的时间，并且在不同历史阶段的经济发展水平和世界局势存在着很大的差异，两处的贸易都存在着显著的变化。所以，在此把两地的商品结构和税收水平进行分阶段的比较。通过这样，能够比较清楚地看出两地商品结构存在的差异及对经济和社会所产生的影响。

1753 年，俄国违反中俄双方达成的在边境贸易中不征税的协定，在恰克图设立海关，对于进出俄国边境的商品征收进出口税，这一行为遭到清政府的抗议，由此导致一系列闭关事件的发生。这一行为也从侧面说明 18 世纪 50 年代以后，俄国政府意识到了在恰克图地区与中国的贸易对于俄国的重要性。

同样在这一时期的1757年，清政府在广州实行“一口通商”政策，广州十三行在对外贸易中的垄断地位得以确立。所以，在此以18世纪50年代末作为第一个时间段和第二个时间段的节点。①

从19世纪50年代开始，俄国大量蚕食中国领土，并逼迫中国签订一系列不平等条约，中国因此开放了大量通商口岸。随着俄国机械化生产的推进，中国出口到俄国的商品结构发生重大变化，贸易口岸也不再限于恰克图地区。在广州，自从1834年开始，港脚商人大量盛行，他们不顾“天朝政府拼命抵制”②，把大量的鸦片售卖到广州，此时，行商也逐渐衰落下去，直到19世纪50年代消亡后，买办等新兴商人逐渐兴起。可以看出，19世纪50年代以后的恰克图贸易由于各个口岸的开放而逐渐衰落下去，广州贸易在十三行瓦解后朝着自由竞争的方向发展，从而推动了广州经济社会近代化的进程。所以在此把19世纪50年代作为第二个阶段和第三个阶段的节点。

一、恰克图贸易的商品结构

（一）早期的商品结构

从17世纪初开始，中俄两国在边境地区就开始了经常性的直接贸易往来。其中，中国向俄国出口的商品中占绝对优势的主要是丝绸、布匹、茶叶和烟草等，俄国向中国出口的商品主要是中国无法自给自足的毛皮和呢料等。从商品种类中可以看出，这一时期两国的贸易主要是为了满足双方人民的生活需要，由于这些商品属于生活必需品，因此双方的交易是不可避免的，再加上双方贸易的商品有很强的互补性，从而频率较高、规模较大，仅1639—1674年就有38支布哈拉商队到达托博尔斯克开展贸易活动。

① 虽然在第一章把恰克图贸易的发展时期定为1728年到1850年，但是在这里为了对恰克图贸易和广州贸易的商品结构进行深入比较，考虑到俄国政府在18世纪50年代在恰克图的税收情况，所以在贸易商品比较中把18世纪50年代作为一个重要节点。

② 《马克思恩格斯选集》第1卷，人民出版社2012年版，第806页。

从中国出口的商品种类来看,第一是丝织品和棉织品。由于俄国气候寒冷,对于御寒衣物的需求量较大,在贸易开放初期,通过偶发性的民间交易,俄国看到了中国棉织品与丝织品生产相对比较发达,这些商品能够满足他们的基本生活需要,所以就成为了恰克图地区贸易的主要商品。从整个国家对俄罗斯的出口来看,在恰克图开市之初,即 1728 年,“中国输出丝绸达 46000 余两,输出之棉布约 44000 余两,而茶叶在雍正初年,输出 25103 箱,约值银 10041 两余”①。可见,在交易初期,丝棉织品占据着主导地位。单从恰克图地区的贸易来看,由于恰克图附近的重要城镇西伯利亚地区环境较恶劣,生产技术较为落后,为了满足人民的基本生活需要,只能从生产水平较高的中国进口相应的产品以抵御严寒。由于丝织品(主要是丝绸)价值较高,普通民众的购买力相对较小,所以丝织品主要供俄国中上层阶级消费使用,普通民众就在西伯利亚附近的恰克图市场购买大量廉价、结实的棉布料,这些布料最初的消费对象为西伯利亚的异族人②,后逐渐扩展到整个西伯利亚地区。随着他们对中国棉织品的需求量日益增大,恰克图的贸易也日益繁荣。

第二是大黄。由于鱼是俄罗斯人民喜爱的食物,尤其是西伯利亚一带的居民多食用腥膻生鱼,而大黄可以解除腥膻的气味,这样山西的山大黄,尤其是五台山一带生长的“台黄”便成为了当地居民喜爱的产品。因此,俄国对大黄的需求量较大,并且其价格弹性极低。俄国看到政府购销大黄有利可图,于是从 1704 年开始直接购买来自恰克图的大黄,并附上“皇冠大黄”的商标,这一举措满足了俄国国内的需要,虽然从统计数据上看,俄国从恰克图进口的大黄从 18 世纪 30 年代的 1700 普特下降到了 1778 年的 680 普特,但是这并不意味着俄国进口量的减少,而是因为俄国把很大一部分进口的大黄归结入药

① 刘选民:《中俄早期贸易考》,《燕京学报》1939 年第 25 期。

② 参见[俄]特鲁谢维奇:《十九世纪前的俄中外交及贸易关系》,徐东辉、谭萍译,岳麓书社 2010 年版,第 152 页。

物进口中了，而在作为药物之外进口的大黄有一部分是通过转口贸易销往欧洲的其他地区。据计算，当时，1普特大黄在中国售价为12卢布至16卢布①，在恰克图经过转手便可以卖得25卢布，运往圣彼得堡可以售得30卢布②，而运往欧洲其他国家后其价值便高达65卢布。在1765年，俄国转运到别国的大黄高达1350普特。③这样，俄国便通过大黄的转口贸易大获其利，大黄的贸易活动也日渐繁荣。

第三为其他商品。主要有砂糖、冰糖、果实、药材、染料等，这些商品的出口量相当少。

从中国进口的商品来看，主要集中在毛皮和呢绒上。由于中国当时小商品经济还较为发达，对于日常产品的消费可以自给自足，内外蒙古和东北地区由于气候寒冷，对于毛皮的需求量较大，国内的生产无法满足当地的需求，而俄罗斯地处北部严寒地区，动物种类较为丰富，所产毛皮也较多，包括紫貂皮、红狐皮、花狐皮、海狸皮、白鼬皮、貂皮、狼皮等在内的大量毛皮都被用于出口到中国。另外，用俄国毛皮生产的呢绒也是中国从恰克图进口的一种主要商品。当时中俄双方政府为了防止白银的外流，都规定不允许运用货币进行正常的商品交易活动，只能够通过以货易货进行交易，也就是中国用茶叶、丝织品和瓷器等交换俄国的毛皮和呢绒，但是暂时还没有形成一种可以作为一般等价物的商品。这一方面显示出当时中俄双方商品交换还相对原始；另一方面也表明当时中俄之间的商品交换活动还是一种比较原始的、偶发性的活动，并没有形成较为有规模的集市交易行为。

---

① 参见［俄］米·约·斯拉德科夫斯基：《俄国各民族与中国的贸易经济关系史（1917年以前）》，宿丰林译，社会科学文献出版社2008年版，第145页。

② 参见［德］G.F.米勒、彼得·西蒙·帕拉斯：《西伯利亚的征服和早期俄中交往、战争和商业史》，李雨时译，商务印书馆1979年版，第42页。

③ 参见［德］G.F.米勒、彼得·西蒙·帕拉斯：《西伯利亚的征服和早期俄中交往、战争和商业史》，李雨时译，商务印书馆1979年版，第42—43页。

（二）中期的商品结构

在1727年中俄把贸易集中到恰克图以后，北京的贸易依然存续，其主要贸易对象是俄国的国家商队，但是到了18世纪60年代，俄国考虑到国家商队到达北京开展贸易活动已经无利可图，并且交易成本也较高，于是便不再组织这类贸易活动，另外在条约中商定的另一贸易地点库克多博·祖鲁海图，距离两国最近的贸易中心西伯利亚和张家口都很远，没有商人愿意在此地开展长期的贸易活动，两地的贸易活动也没有起色。在这些因素的共同作用下，恰克图就逐渐成为了中俄之间开展贸易活动的唯一地区，其贸易活动日益频繁，商品交易数量和价值也大幅度增加。虽然中俄双方规定恰克图的贸易是免税交易，但是俄国为了推动国内的社会经济建设，依然对恰克图的贸易征税，并且税收收入占俄国的财政收入比重到1775年便达到了38.5%，成为俄国财政收入的一个重要组成部分，这也间接表明了恰克图贸易在俄国经济中占据的地位日益提高，充分说明了恰克图贸易的繁荣程度（参见图5-1）。

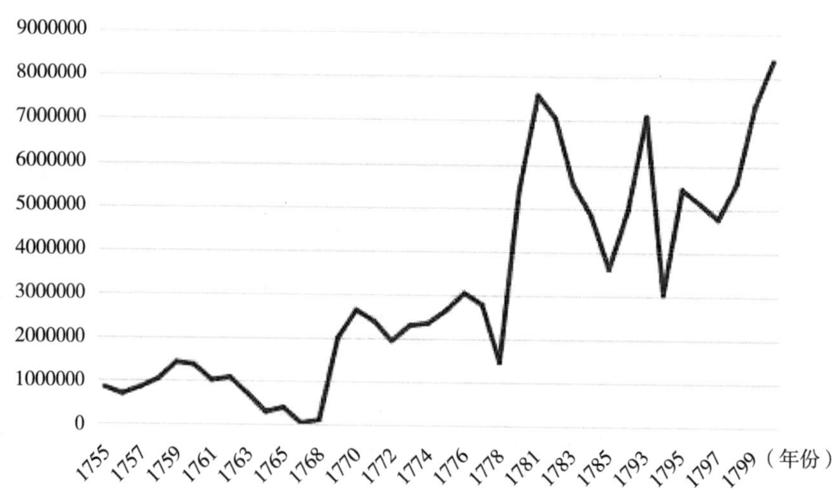

图5-1　1755—1800年恰克图贸易额的海关统计（单位：卢布）

资料来源：[俄]特鲁谢维奇：《十九世纪前的俄中外交及贸易关系》，徐东辉、谭萍译，岳麓书社2010年版，第143—144页。

从图 5-1 来看,1755—1759 年,随着贸易地点的集中,恰克图地区的贸易额也得到了大幅度的增长,增长比例接近 100%,可见,两国边境地区对于商品交换需求之旺盛。但是到了 18 世纪 60 年代以后,由于中俄双方的边界争端,清政府采取闭关等手段予以应对,这就导致了双方在恰克图地区的贸易额大幅度下滑,而在争端解决、闭关结束之后,为了弥补闭关期间的损失,双方之间的贸易额会得到持续性的上升。例如,在贸易集中到恰克图的最初几年,即 1755—1761 年,恰克图地区每年的贸易额总计在 69.2 万—141.7 万卢布之间;在 1761—1768 年第一次闭关时,双方的贸易额持续降低,甚至接近于 0;但到恢复正常贸易后,双方贸易额便迅速达到了 146.1 万卢布以上。同样,在第二次闭关后的 1780—1785 年,每年的总贸易额已经达到 361.1 万—757.0 万卢布;最后,在第三次闭关后的 1792—1800 年,贸易额达到每年在 475.7 万—838.3 万卢布之间。可见,这一时期恰克图地区的贸易活动并不仅仅局限于双方边境地区人民的日常交换活动,而且也逐渐延伸到了两国的内地。

为了最大限度地保证国内的金银供应、尽量减少金银的外流,从 1780 年起,俄国商务院开始要求在贸易中必须采取易货贸易的方式,因此恰克图地区的出口与进口的贸易额大致是相等的,这是因为除易货贸易外,还有购买贸易,所以中国出口的可能也较多。由于中俄边境线较长,从而走私贸易也较为频繁。据特鲁谢维奇记载,这一贸易相当于整个贸易总额的 1/5。① 据此推算,可以认为,到 18 世纪末,其每年的总交易额大约在 120 万—700 万卢布之间。

到了 19 世纪以后,俄国的工业革命逐渐加快,对原材料及各类商品的需求也大幅度地增加,而中国当时出口的商品主要以劳动密集型产品和初级产品为主,能够满足俄国工业革命以及人民日常生活消费的需求,恰克图贸易的俄国商品价值迅速增加。我们可以从中国进口商品的价值窥测出这一时期中国出口商品的价值。具体来看,1801—1810 年,中国从恰克图地区进口的俄

---

① 参见[俄]特鲁谢维奇:《十九世纪前的俄中外交及贸易关系》,徐东辉、谭萍译,岳麓书社 2010 年版,第 147 页。

国产品平均每年为4922598卢布，1811—1820年有所增长，但增长缓慢，达到年均4929543卢布，但是到了19世纪20年代，中国进口的商品价值达到了年均6649751卢布，这是因为这一时期茶叶逐渐成为俄国人民的生活必需品。据苏联史学家斯拉德科夫斯基的统计，1829年的中俄双方互相出口的总价值，达到了1768年的30多倍。① 从1830年到1839年间，俄国对中国贸易的周转额由1280万卢布增加到1730万卢布。② 可见，到19世纪上半叶，恰克图贸易中中国进口的商品数量大大增加。这一贸易规模为俄国积累了大量财富，促进了俄国远东地区经济的迅速发展，丰富了俄国人民的生活，也保持了中俄边境地区的短暂和平。

在这一时期，中国商人在买卖城开设有100多个商店，出口商品主要有绸缎、棉布、茶叶、大黄、烟草、生丝、冰糖、陶瓷器等，其中绸缎和棉布最为重要。中国具体出口的商品种类如下：

第一种大宗商品是丝织品和棉布。

由于俄国地处严寒地区，对于丝织品和棉布的需求量非常大，而中国内地，尤其是江南地区是一个重要的丝棉生产基地，生产的棉布多种多样，“棉布有长三十三尺、宽一尺五寸者，为大布，细薄如绌，三十尺以下皆曰椿布，西贾所收也，至呼为边布，长二十尺以内宽一尺者为佳”③。这些各式各样的棉布正好满足了俄国人民的需要，成为了这一时期恰克图市场上的重要商品，并在很长一段时期内充当了一般等价物的职能。

在丝织品和棉布中，棉布始终占据着主要的地位，并且其重要性随着时间的推移也逐渐加强。从表5-1中可以看出，从1758年到1780年，在恰克图地区中国出口的生丝和棉布数量都有一定幅度的增长，由于棉布的保暖作用大

① 参见[苏]斯拉德科夫斯基：《中国对外经济关系简史》，郗藩封等译，财政经济出版社1956年版，第201页。

② 参见樊树志：《从恰克图贸易到广州“通商”》，《社会科学战线》1982年第2期。

③ 方行、经君健、魏金玉：《中国经济通史》（清代卷），经济日报出版社2000年版，第572页。

于丝织品，并且种类较为丰富，致使其在俄国市场上广受欢迎，这使得棉布出口的年均增长幅度（3.95%）远远大于丝织品（1.06%）；在这一时期，随着西欧第一次工业革命的深入推进，生丝和棉布的生产效率得到提高，但是由于其立足于满足本国人民的日常生活，出口量还较为有限；到19世纪80年代后，随着西欧国家第一次工业革命和第二次工业革命的持续开展，生产的丝织品和棉布量大幅度增加，它们除了满足本国人民的需要，还大量出口到包括俄罗斯在内的其他地区，由于中国内地与俄国经济中心地区距离较远，这样，西欧向俄国出口的丝织品和棉布大量增加，如在俄国从西欧进口丝绸上看，1758—1760年为25679卢布，1778—1780年为455267卢布，1790—1792年为985695卢布，1802—1804年为1191240卢布；相对应的，在恰克图地区中国出口的产品相对减少。虽然如此，到18世纪末，在恰克图出口的商品中，丝织品和棉布依然占据着主导的地位。据拉吉谢夫记载，在1792年，“从中国输出的棉布，几乎占整个贸易的三分之二……在棉布之中，南京布占交易的八分之七，大布占八分之一”①。可见棉布在18世纪末中俄贸易中占据着重要的地位。

表5-1　1758年—1792年中国、西欧出口到俄国的丝、棉织品价值

单位：卢布

年份	丝织品		棉布	
	中国出口	西欧出口	中国出口	西欧出口
1758—1760	172933	25679	509259	512283
1778—1780	211174	455267	1063942	935900
1790—1792	101617	985695	1601263	3007635

资料来源：［俄］斯拉德科夫斯基：《俄国各民族与中国贸易经济关系史（1917年前）》，宿丰林译，社会科学文献出版社2008年版，第192页。

进入19世纪以后，随着西欧工业革命的持续进行，俄国的工业革命也逐

① 孟宪章：《中苏贸易史资料》，对外经济贸易大学出版社1991年版，第139—140页。

渐开展起来,各类纺纱机的运用大大节约了生产成本、提高了劳动效率,其产品价格便低于从中国进口的同类产品,这样,中国产品的相对价格提高,拥有的比较优势日趋降低,中国在恰克图地区出口的丝织品和棉布便大幅度减少,这一趋势一直延续到了恰克图贸易结束之时。

第二种大宗商品是茶叶。

在恰克图贸易逐渐走向繁荣的 18 世纪,虽然中国通过“万里茶路”在恰克图向俄国出口茶叶,但是当时茶叶所占比重较小,不具有主导地位。如 1768—1785 年,俄国每年在恰克图进口的中国茶叶约为 3 万普特,远远小于棉布在恰克图贸易中所占的份额。到了 19 世纪以后,随着丝织品和棉织品出口量的下降,在恰克图贸易的山西商人敏锐地察觉到茶叶本身所具有的抗氧化性和生理活性,是消食去腻、降火明目的良方,可以作为一种重要的出口商品,并且茶叶的成本利润率高达 286. 77%①,所以茶叶的出口便成为了一个有利的商机。因此,山西商人大量向恰克图地区运送茶叶,恰克图地区的茶叶贸易量便大幅度增加,并且从 19 世纪 40 年代起,茶叶就已成为中俄恰克图贸易中最重要的商品,而在 18 世纪中占比最大的棉布和绸缎已居次要地位。

这一时期恰克图茶叶贸易的繁盛状况可以从国内外的有关报告中清晰地看出。海关税务司马福臣向总理衙门提交的报告中指出:“中国界内之买卖城溯自道光二十四年至咸丰二年,该处正当贸易最盛之时。其时办茶大字号约有四十家,均系张家口上埠者,该商等皆已获重利”②。据统计,道光十七到十九年(1837—1839),经恰克图每年输俄国茶叶量平均为 8701880 俄磅,约值 800 万卢布。“1843 年,运到恰克图交易的茶叶 120000 箱,合计价值可达 1240 万卢布。”③到咸丰二年以后,随着太平天国运动的发展,俄商担心茶路

① 参见刘建生:《商业与金融:近世以来的区域经济发展》,山西经济出版社 2009 年版,第 417 页。

② 米镇波:《清代中俄恰克图边境贸易》,南开大学出版社 2003 年版,第 40 页。

③ 渠少森、庞义才:《山西外贸志》(上册,初稿),山西省地方志编纂委员会办公室 1984 年版,第 58—59 页。

中断，所以出高价购买茶叶，恰克图的华商就将茶价保持在较高水平，以获取一定的利润。到了咸丰四年至七年，第二次鸦片战争导致西口的茶路阻断，"俄商思中国南口之茶必艰于贩运，仍愿以重价购茶"，这导致了恰克图茶叶销售的大量增加，在很大程度上带动了整个中国茶叶的出口："中国各埠运销外洋之茶，道光二十四年共为 70476500 磅，迨咸丰八年即增至 103564400 磅，其间尤以咸丰六年之 130677000 磅为最高峰。故就全体言之，国外华茶之销路，实有蒸蒸日上之趋势焉。"①

与之几乎同时发生的是棉织品向俄国的出口量迅速减少。中国出口到俄国的茶叶逐渐替代了棉织品的主要原因是西欧工业革命的开展。随着西欧社会逐渐向近代化方向发展，第一次工业革命也逐步推进，在这次工业革命中，最为重要的就是棉纺织工业的发展，各类纺纱机的发明大大节约了劳动成本、提高了生产效率，俄国国内的棉纺织业也逐渐从小变大，而当时中国的棉织品还依然是采用传统手工业生产，其优势地位也日益削弱，这样中国出口到俄国的棉织品就大幅度减少，而作为无法被替代的茶叶则对俄出口大幅度增加。

从表 5-2 可知，从 18 世纪开始，茶叶在恰克图的出口份额大幅度上升，到了 1812 年后，便占到了一半以上。与此相对应，棉布的出口份额约占 1/4，随着西欧工业革命的开展和俄国近代制造业的出现，俄国对于中国丝织品和棉织品的需求量迅速减少，到了 19 世纪 30 年代，其在恰克图进口的这两种商品的总体份额不足 5%，这是由于在这一时期随着俄国改革的深入推进，俄国国内的棉纺织业从小到大，得到迅速发展，所以恰克图地区出口棉布的绝对量和相对比重逐步下降。而茶叶是中国独有的商品，并且得到了俄国人的青睐，所以到 19 世纪初，茶叶在恰克图出口商品中的份额便逐渐接近一半，到 1845 年其所占比例便超过 90%。19 世纪 50 年代以后，这一差距还在进一步扩大，棉织品和丝织品所占比重继续下降，而茶叶贸易在总贸易额中所占的比例稳定

① 米镇波：《清代中俄恰克图边境贸易》，南开大学出版社 2003 年版，第 41 页。

在95%左右，如在1854年便为95.2%。①

表5-2　19世纪前半期茶叶、棉布、丝织品在恰克图输出份额所占中国货出口总额的百分比

年份	茶叶（%）	棉布（%）	丝织品（%）
1812—1817	60.0	26.0	2.1
1818—1824	75.0	14.0	2.5
1825—1831	86.0	4.7	2.3
1832—1838	89.0	1.0	2.2
1839—1845	91.0	0.4	1.8

资料来源：孟宪章：《中苏贸易史资料》，对外经济贸易大学出版社1991年版，第169页。

第三种商品是大黄。

在恰克图贸易的中期，一方面，由于大黄在俄罗斯"为上药，病者非此不治"②，是俄国消费的一种重要商品；另一方面，中国向欧洲各国出口的大黄很大一部分是在俄国转运的，由广州口岸运送的大黄由于环境潮湿质量明显下降，所以在欧洲市场上人们更愿意花高价购买俄国的大黄，这样俄国政府就可以通过大黄转运大获其利，所以大黄也是俄国政府所急需的一种贸易商品。

为了解决双方时有时无的贸易争端，清政府便把限制大黄的出口作为御控俄国的一个重要手段。在18世纪80年代，恰克图的大黄贸易经常被清政府关闭，但是由于大黄贸易使得中国商人和俄国商人获利都较为丰厚，另外大黄也是俄国商人所急需的商品，所以在闭关期间恰克图也存在着大量的大黄走私贸易活动。乾隆帝在恰克图贸易恢复后曾指出："现在恰克图，已准其照常贸易，所有刑部监禁私贩大黄案内，绞犯民人李生贵回子迈玛第敏、俱着加恩释放。"③这只是由于大黄的走私贸易而被捕的人员，没有被捕的走私贸易

① 参见孟宪章：《中苏贸易史料》，对外经济贸易大学出版社1991年版，第173页。

② （清）赵翼：《簷曝杂记》，中华书局1982年版，第20页。

③ 《清实录·高宗纯皇帝实录》，中华书局1985年版，第858页。

商人应该还比较多，从中可以看出，在闭关期间，恰克图大黄的走私贸易较为频繁。

到了乾隆五十七年，清政府不再限制大黄的出口，但是大黄的贸易量并没有大幅度地增加，这主要是由于清政府依旧实行以商制夷的政策，试图以控制大黄的出口来保证中俄两国边境地区的安宁。

例如，恰克图商民穆万春于道光二年（1822）闰三月初七日将所贩大黄与俄罗斯商人交换（参见表5-3）。“元年所办来大黄一千普，共使本纹银壹万贰仟捌佰两外，来往税务、脚价、人工盘费，共使本纹银五千九百八十七两八千。以上二宗共使本纹银壹万捌千七百捌拾柒两。”①可见，19世纪以后，俄国对于大黄的需求还较为旺盛。

表5-3　1822年恰克图商民穆万春用大黄所换皮张表

货物名称	数量	价格
银针皮	十八张	每张纹银五十两　共合银九百两
香牛皮	一千张	每张纹银一两八钱　共合银一千八百两
灰鼠皮	十八万张	每张纹银　共合一万零八百两
红狐皮	一千张	每张纹银　共合银三千两
黄狐皮	一千张	每张纹银　共合银一千八百两
沙狐皮	四百张	每张纹银　共合银一百六十两
白狐皮	八百五十张	每张纹银　共合银五百九十五两
以上七宗共合纹银一万九千零五十五两整		

资料来源：王士铭：《19世纪穆氏家族与俄罗斯商人在恰克图交易大黄情况》，《内蒙古师范大学学报》（哲学社会科学版）2013年第4期。

19世纪中叶，随着俄国工业革命的发展以及新知识的广泛传播，其对于大黄的旺盛需求便不再完全通过中俄边境的贸易来解决，恰克图的大黄贸易量便迅速下降并衰落殆尽。

---

① 蒙古国家档案局、内蒙古自治区档案局编：《旅蒙商档案集萃》，内蒙古大学出版社2009年版，第102—103页。

第四种商品是金银。

俄国人多次到中国请求与中国通商，最初的目的在于吸收中国的金银，来充实俄国的国库，然而清政府严禁金银出口，只允许开展以货易货形式的交易。到了康熙三十二年（1693），俄国政府又规定商人须以金币缴纳关税，但并没有达到目的。到了康熙三十六年（1697），俄国政府采取专利政策，特派专员率商队到中国购买。到了乾隆四十三年（1778），俄人所购的金块值 2940 余两，银有 24257 两。在咸丰八年（1858）年前，俄国没有输出金银，到开禁之始，便输出了金银 227840 英镑。① 虽然开禁以后俄国输出了大量金银，但在开禁以前从中国输入的金银对俄国工业化的发展还是有较大帮助的。

第五，其他。

这些产品包括瓷器、烟草、糖、扇、各种家具等。

中国从恰克图进口的俄国商品主要是毛皮、布料、皮革、金属、牲口以及剪刀、锁等（参见表 5-4）。

表 5-4　19 世纪上半期中国经恰克图的进口商品种类及数额

单位：千卢布

年代	1825	1847	1848	1849	1850
经恰克图的俄国出口额	5501	6800	5350	5165	6924
毛织品和棉织品	1756	4167	3330	3515	4515
毛皮	2945	1840	1342	1047	1640
皮革	891	455	345	379	706
粮食（面粉，谷物）	78	45	51	29	48
牲畜	52	15	12	14	15

资料来源：[俄]米·约·斯拉德科夫斯基：《俄国各民族同中国贸易经济关系史（1917 年前）》，宿丰林译，社会科学文献出版社 2008 年版，第 229 页。

第一种商品是毛皮。

在贸易初期，毛皮只是中俄之间的零星贸易，18 世纪 70 年代，毛皮开始

① 参见刘选民：《中俄早期贸易考》，《燕京学报》1939 年第 25 期。

在俄国对华商品中占据主要位置，成为俄国出口量最大的商品，即何秋涛所说的“彼以皮来，我以茶往”①。其贸易份额在1757—1784年达到最高，即占俄国出口到中国产品总价值的85%。之后，由于其他产品出口的增加，毛皮所占份额逐渐下降，但是仍占主导地位，如在1792—1800年，毛皮出口额降到70%。②

18世纪以前，西伯利亚所产的毛皮很大一部分都是运往欧俄地区的，但由于运费、成本、消费群体层次及需求数量等原因，导致无论高档裘皮还是下等毛皮均销售不畅。于是，西伯利亚商人便把毛皮转而输往恰克图市场以换取十分畅销的茶叶。随着恰克图贸易的快速发展，中国很快成为俄国毛皮最大的销售市场。俄国商人从这种毛皮与茶叶的交易中可获取一倍乃至数倍的利润。

由于俄国与中国贸易的利润很大，并且俄国所产毛皮的种类较为丰富，所以俄国向中国出口了各式各样的毛皮，而中国也需要大量的毛皮来御寒，所以毛皮交易在恰克图很兴盛，中国进口的毛皮包括紫貂皮、海狸皮、狐皮、兔皮、狼皮、狼獾皮等数十种。③ 在所有俄国出口毛皮中最为重要的是海狸皮，这种毛皮在1768—1785年之间在恰克图的贸易就达338000卢布，占恰克图总贸易额的16.7%。

之后，中国对毛皮的进口量迅速下降，1792—1800年，毛皮比重降到70%，1825年约占全部出口数的半数，1854年只剩下5%。④ 这样，曾被当作整个18世纪俄国对华贸易法宝的毛皮，在19世纪中叶结束了它的历史使命。

第二种商品是毛织品和棉织品。

在这一时期，中国南方的丝织品和棉布大量出口到俄国等地区，但是对于

---

① 王锡棋辑：《小方壶斋舆地丛钞》（第三辑），杭州古籍书店1985年版，第196页。

② 参见［俄］米·约·斯拉德科夫斯基：《俄国各民族同中国贸易经济关系史（1917年前）》，宿丰林译，社会科学文献出版社2008年版，第188页。

③ 在北京官方贸易中，贸易量最大的是红狐和白狐皮、紫貂皮，其贸易额在1735年就分别占官方总贸易额的38%和25.6%。

④ 参见［苏］卡巴诺夫：《黑龙江问题》，姜延祚译，黑龙江人民出版社1983年版，第69页。

北方普通大众而言，由于气候寒冷，所以对毛织品的需求量相对棉织品来说较大。虽然在贸易早期由于地理位置较近，中国从俄国进口了一些毛织品和棉织品，但是价值并不是很大。随着俄国工业革命的开展，大机器生产能力逐渐提高，生产成本迅速下降，带来了毛织品和棉织品价格的降低，这些商品便受到了中国北方民众的欢迎，其出口到中国的数量也明显增加，在 1825 年，中国进口俄国的棉、毛织品为 1756 千卢布，占中国进口产品总量的 32%；但是到了 1850 年，增长到 4515 千卢布，进口额上升了 157.12%，相应的比重由 32%上升到 65%。相应地，这一比重也就增长到了 60%以上。曾经最重要的进口商品毛皮的进口价值由 2945000 卢布降为 1640000 卢布。棉毛织品逐渐占据了恰克图进口商品的首位。

表 5-5　1800—1813 年经恰克图运往中国的欧洲俄国货物统计

年份	俄国货（卢布）	外国货（卢布）①	总额（卢布）
1800	1967295	2224628	4191923
1801	1855160	2224628	4079788
1802	2015584	2474988	4490572
1803	1704407	2114267	3818674
1804	1955365	2792872	4753238
1805	2376958	3365369	5742328
1806	1489813	2486757	3076570
1807	2513228	2924560	5437788
1808	2725690	2326639	5052329
1809	2789024	3296324	6085348
1810	4023991	2556317	6580308
1811	3382415	1430083	4812499
1812	2397623	538489	2936013
1812	4238495	1226178	5464674

资料来源：孟宪章：《中苏贸易史资料》，对外经济贸易大学出版社 1991 年版，第 164—165 页。

① 外国货为非俄罗斯的欧洲货物。——引者注

另外,恰克图贸易的商品中还有大量的欧洲货物,从表5-5中可以看出,这一时期,恰克图市场中有大量的毛织品是从荷兰运来的,羽纱主要是从荷兰运来的,还有很多英国的纺织品,例如萨克森布、麻布、邦巴辛毛葛、印花布、班丹纳花绸、平纹细布、白棉布、平绒、粗天鹅绒等。说明当时的恰克图市场不仅仅是双边的交易场所,还是聚集众多国家商品的世界性贸易场所。

第三,其他产品。

在这些货物中,比较重要的是皮革,还有铁器、亚麻制品、金银线、云母等,但所占比例很小。

从交易媒介看,这一时期,货币逐渐成为了主要交易工具,其原因主要有两个:

第一,俄商贸易条件的恶化促使货币成为交易媒介。

在恰克图的出口产品中,这一时期最主要的是茶叶。俄国商人对中国茶叶的需求量很大,但是在中国当时的经济中,不存在对俄国某种商品的特定需求。对于晋商来说,他们的行会有助于商人们抱团协作,在国际贸易中为中国商人争取有利的条件,而俄商在贸易中占据不利的地位。这就要求只有开放白银市场,才能促进贸易的发展。

第二,晋商对于白银的需求。

恰克图贸易的中国商人绝大部分是晋商,他们在恰克图贸易中,获得了大量的毛皮,但是毛皮往往需要运到京城,才能以理想的价格出售。尤其是一些贵重的毛皮,多是卖给京城的达官贵人,长途运输,还要再经过一次贸易,才能换到现银,在这一运输过程中需要支付较多的运费。而且随着中国进口的逐渐增加,商品囤积滞销的现象越来越频繁,所以晋商也希望恰克图的贸易能以货币支付,如果不能支付货币,也可以接受金银制品,尤其是国内市场广泛接受的银制品。

这样,以物易物的基础便发生了动摇,恰克图行政当局不得不改变政策,开始允许黄金和白银的出口,以保证恰克图茶叶贸易的持续进行。1855年8

月1日,俄国政府也发布了命令,允许俄商在购买中国商品时用金银支付货款,但是在交易中也必须保证一定数量的物物交换,这在一定程度上为当时的中俄贸易提供了便利,有利于贸易的顺利开展。据统计,1854—1861年,恰克图贸易年均约483万卢布,每年支付出去的金银制品和金银币约226万卢布,也就是将近一半的贸易是由金银和金银制品支付的,可见,俄国对于茶叶的需求量日益增大。

1858年,俄国政府允许以白银交易后,贸易方式便有了质的变化。这年,俄国恰克图税关统计,出口白银值227840英镑,商品值858554英镑,合计出口值1086394英镑,所以,银两交易已占到贸易额的20.97%。①

在两国禁止买卖的商品中,中国禁止硝磺、牛角、钢铁及各项军器出口,而俄国则禁火器、大炮、火药、炮弹、金银、马匹、鹿皮、麋鹿、海獭毛、松香、线、金属花边的出口,禁止盐、白兰地酒、毒药、铜币的进口。②

(三)后期的商品结构

在19世纪60年代以后,随着中国北部边境各个口岸的相继开放,中国与俄国进行通商的口岸逐渐从单一的恰克图扩展到北部边境的各个口岸,同时,由于新疆伊犁等地离俄国经济繁荣地区更为接近,恰克图的贸易中心地位便迅速下降。另外,同治元年(1862),中俄签订《陆路通商章程》,其中第四款规定:"俄商路经张家口,按运津货物总数,酌留十分之二于口销售,限三日内禀明监督官,于原照内注明,验准单,方准销售,该口不得设立行栈。"③此后,俄国、英国、德国等国的商人纷纷在张家口设立货栈、洋行,对于俄国商人来说,他们在中国内地开展商业贩运活动,将中国内地的茶叶等商品通过海运运往海参崴等地,再将俄国货物直接运往中国内地,赚取巨额的利润,这样,中国商

① 参见黄鉴晖:《明清山西商人研究》,山西经济出版社2002年版,第129页。

② 参见刘选民:《中俄早期贸易考》,《燕京学报》1939年第25期。

③ 高春平:《晋商学》,山西经济出版社2009年版,第268页。

人在恰克图开展的贸易便逐渐衰落下去。但是,这一时期,恰克图的贸易仍然持续进行着,并为中俄双方的货物流通带来了一些便利。

这一时期,中国在恰克图出口的主要商品是茶叶(参见表5-6),并且随着时间的推移其所占的份额也逐渐增加,而其他产品如棉织品、丝织品、鞣制皮革、毛皮、牛、羊、谷物和米等所占份额很小,这是因为各类不平等条约签订后,俄商在中国内地享受了大量特殊待遇后,将恰克图地区采购和售卖的一些商品搬迁到中国内地进行。由于在恰克图地区贸易的晋商是茶叶的最大批发商,所以其贸易依旧在恰克图地区进行,再加上茶叶具有一定的成瘾性,所以在恰克图出口的茶叶还稳定在一个较高的水平。俄国在恰克图对中国商人出口的货物主要是毛皮和毛呢,但是随着西欧各国在中国东南沿海打开了市场并逐渐向中国内地扩展,中国内地的机器大工业生产也得到了初步发展,中国对俄国毛皮和毛呢的需求量便逐渐下降,所以俄商只能对毛呢进行压价出售,确保能够卖入中国境内。由于中国出口的商品主要是茶叶,并且价格较高,所以俄国的出口额无法抵偿中国茶叶的出口额。这一时期,中方输出额每年一般可达800万卢布左右,而俄方仅达到600—700万卢布,由此晋商赚取了大量财富。随着时间的推移,这一趋势更为明显,到了19世纪晚期,中国从恰克图进口的商品总量大幅度下降,如1893年的进口额相对于1850年便下降了86.48%。但是此时恰克图的贸易对于中国和俄国还相对重要:单单从贸易比重上来讲,该地贸易在19世纪50年代占中国出口总额的近1/5,占俄国出口总额的一半左右。

这种贸易使得俄国的大量财富流入中国境内,对于俄国的资本主义工业化进程极为不利,为了解决这一问题,确保把俄国的财富留在俄国境内,中俄茶叶大战拉开了序幕。为了更好地打开中国市场,使得财富从中国流入俄国,俄国先后逼迫清政府签订了《天津条约》《北京条约》等一系列条约,迫使中国开放了大量通商口岸。为了使得俄商能在与晋商的竞争中取得优势的地位,进而垄断中俄之间的贸易,沙俄强迫清政府给俄商大幅度降低在中国境内的通过税,这样,俄商从中国采购成本降低,逐渐挤占了晋商在恰克图的市场份额。由此可见,在这一时期,恰克图市场的一个明显特征是:虽然贸易规模在19世纪五六十年代不断扩大,但是贸易主体已经由中国的晋商逐渐变为俄国商人,所以其较大的贸易规模并没有给中国政府及商人带来较多的利益。

表5-6　19世纪50年代到90年代恰克图茶叶年均贸易额

(单位:卢布)

年份	年均贸易额	年份	年均贸易额
1851—1855	9272000	1871—1875	3984000
1856—1860	8306000	1876—1880	2487000
1861—1865	5585000	1881—1885	2126000
1866—1870	4635000	1886—1890	2186000

资料来源:刘选民:《中俄早期贸易考》,《燕京学报》1939年第25期。

到了19世纪末20世纪初,随着俄国工业化的发展,俄国在中俄边境相继修建了中东铁路和西伯利亚铁路,俄商便利用先进的铁路运输方式同中国开展进出口贸易,大大降低了运输成本、提高了运输效率,而反观恰克图地区并没有开展铁路运输活动,依然采用比较传统的人力运输模式,无法与近代化的铁路运输活动展开竞争,这样,恰克图的贸易活动便迅速衰落下去,到了1921年,北京中央政府军队撤出恰克图之后,恰克图地区的外贸活动便彻底消失。

二、广州贸易的商品结构

(一)前期的商品结构

清政府自康熙二十三年(1684)起便以广州作为南方最为主要的对外贸易城市,在良好的基础上,广州外贸便逐渐初具规模并日益兴盛起来。西方及印度洋地区、东南亚地区的一些国家(包括英国、荷兰、法国、葡萄牙、吕宋、暹罗等)的商船不远万里到达广州,运来西方及其他亚洲国家的各类纺织品、工艺品、香料以及葡萄酒、海参、燕窝等物品，又在广州大量购买茶叶、瓷器、生丝、绸缎、漆器、皮毛、药材、砂糖、铁锅以及文房四宝等具有中国特色的产品。据统计，此时广州出口世界各地的商品共计有 236 种，分为手工业品、农副产品、水产品、动植物、肉制品、干鲜果品、中草药品、文化用品 8 大类，其中手工业品共有 127 种，占总数一半以上，生丝、丝绸品、瓷器、中草药为最大宗。

这一时期，中国与西欧等地的贸易稳步增长，并且以与英国和荷兰的贸易为主。由于中国当时的自给自足经济较为普遍，所以在广州进口的商品主要是供贵族享用的玻璃镜、自鸣钟以及香料，来自南亚地区的棉花、药材以及鱼翅等生活用品。此外，白银也是一种主要的进口商品。由于西欧商人从中国贩运商品到欧洲出售可以获得丰厚的利润，所以他们大量从中国广州购买商品，而当时中国广大民众以自给自足的小农经济为主，并不需要进口大量的生活必需品，从而在贸易额上，广州地区处于绝对的出超地位。为了持续的开展贸易，西欧各国的商队都会带大量的白银到广州购买商品，如果广州的货物不能满足他们的需要，那么他们就会让行商到江浙等地购买他们所需要的货物。可见，此时广州从西欧各国商人处进口的白银较多。例如 1708—1712 年，广州地区每年从英国商人处进口 100000 余英镑的商品，其中白银就有 50000 英镑以上。

对于中国出口的商品而言，主要是茶叶、生丝、绸缎、瓷器等。从 1717 年开始，茶叶代替丝绸成为了广州对外出口的主要商品，并在之后的几年时间里得到迅速发展。1722 年，英国东印度公司在广州进口的茶叶便高达 211850 两，占其当年从广州进口货物总价值的 56%，进口量和所占比例在以后的几年中持续增长，到了 1760 年其进口茶叶达到了 707000 两，占比超过了 90%，达到了 92%。从英国的财政收入中也可以发现茶叶对于英国的重要性：18 世纪末英国征收的茶叶进口税（从中国广州进口）便占国库总收入的 1/10。荷兰从中国进口茶叶的情况也大致相同，1729 年荷兰从广州进口茶叶 69865 两，占其进口总额的 85.1%，1760 年进口茶叶便达到 465397 两，占其进口总额的 89.6%。可见,从这一时期开始,茶叶便成为了中国广州出口的一种主要商品。

(二)中期的商品结构

一口通商正式实行以后,西欧、东南亚到中国贸易的船只统一集中到了广州,这就使得广州的外国船只数量大幅度增长,在 18 世纪七八十年代,到达广州口岸的船只基本在三四十艘,所征税银基本集中在 50 万到 80 万两之间。但是到了 19 世纪以后,随着西方资本主义工业的迅速发展,他们对于资本的要求以及市场的需求迅速增加,这一时期,到达广州的洋船每年可达 200 多艘,每年能够征税税银 1800 多万两,这一数目可以达到广州地区财政收入的一半以上,占到清政府每年征收税额的 40%。可见,此时广州的对外贸易已经在清政府的经贸活动中占据非常突出的地位。

这一时期,广州贸易量迅速增加的原因主要有:第一,一口通商之后,西欧各国对中国出口的商品都必须在广州十三行行商的协助下才能进入中国内地,这些商人需要的货物也只有通过十三行行商的采买才能得到,所以,广州地区就集中了各国的商人,其贸易量迅速增加;第二,这一时期,清朝宫廷对于西洋货物有很强的好奇心,为了满足宫廷的需求,皇室成员就委托十三行行商在广州地区采购大量的西洋物品,并通过上贡等方式交由宫廷、供皇室使用;第三,就文化而言,广州十三行行商推崇的还是儒家文化,他们重视商品质量、诚实守信的品质得到了西欧各国商人的认同,所以广州的贸易能够持续进行并不断扩大。

从商品种类上看,广州出口的货物种类较多,但是出口以茶叶贸易为主。广州出口的产品虽然不乏地方性的特产,但更多、更大量的是普通农产品,种类达 80 余种,以茶、生丝、绸缎、土布、糖等为主。其中,茶叶所占比重最大,例如 1817—1844 年间,在广州出口的货物中,茶叶出口额大约为 500 余万两,所占比重大约为 50%。其他商品出口量与茶叶相比数量较少,价值量也相对小。例如,在广州出口的湖丝和绸缎每年大约是二三十万斤,价值为70—100万两之间,最少的也有30多万两。

在广州的进口产品中,最重要的是棉花,尤其是英属印度产的棉花,另外还有英国的毛织品和其他工业产品,这是因为印度当时属于英国的殖民地,生产棉花的成本较低,而且棉花运到广州的运费也较为低廉。另外,广州还进口一些奢侈品,由于当时中国广州地区经济较为发达,自给自足的经济形态还比较明显,人们需要的商品基本在本地都可以买到,而对于较为贵重的奢侈品,农民也无力购买,只能是皇室购买。所以,此时西欧各国向中国出口了一些洋钟、黄金等,但是销量并不大,为了弥补这一差额,西欧各国只能以大量白银作为补偿,由此,西欧各国在南美洲等地开采出的白银纷纷流入中国。据估计,1784—1844年间,约有15亿到18亿美元的银币通过美国商人与中国广州行商之间的贸易流入中国。因此,可以说广州成为了这一时期整个世界贸易的一个重要中心。

在西欧资本主义发展初期,需要大量的金银作为发展后盾,但是在与当时经济最发达的国家——中国的贸易中却发现:自己没有赚取大量金银,金银反而源源不断地流入了中国。这是因为:一方面,当时中国社会自给自足的传统经济占主体地位,并且各种生产及服务业较为发达,人们生活相对贫困,没有多余的钱财购买非生活必需品,导致外商在广州的出口商品的种类受到严重限制;另一方面,英国等国家对于中国的产品需求量极大,尤其是这一时期茶叶逐渐成为这些国家人民生活的必需品,为了保证贸易的顺利开展,英国等国家把大量白银输入中国,但是从南美洲等地区输入的白银数量有限,使得他们库存的白银越来越少。18世纪60年代后,这一趋势变得日益明显,中国对西欧各国贸易的顺差日益扩大。例如在1775—1776年,中国向英国出口的产品价值是从英国进口产品价值的2.56倍,10年后便达到了4.28倍。所以与中国展开贸易活动并没有积累到大量财富,反而使得大量财富流入中国,这与他们的目的背道而驰。为了更好地积累财富,西欧国家在广州地区开始了鸦片走私贩运活动，虽然广州地方政府知道这一活动的危害性，但是对于这一行为的监管并不到位，导致走私活动愈发猖獗。

贸易早期，西欧国家开始少量向中国输入鸦片，在引进鸦片地区的人们对鸦片上瘾之后，西欧国家便大肆以各种手段把鸦片输入中国沿海和内地，广州等地的居民也不得不购买鸦片以获得身体和心理的安慰。例如 1800—1810 年间，英国和美国每年往中国输入鸦片 4016 箱；到了 1824 年，这一数量超过了 10000 箱；到了 1832 年，便超过 20000 箱，仅仅 6 年后，又超过了 40000 箱，可见，为了平衡其对华贸易，英美两国大量向中国输入鸦片，不仅损害了广州等地人民的健康，而且大大恶化了中国的外贸环境。

这种恶化突出表现在两个方面：其一，非法鸦片走私贸易与正常大宗贸易都是不断增长的。从表 5-7 中可以发现，在 1830—1833 年间，中国的对外贸易还有盈余，但是这只是表面现象，具体考虑到这一时期的白银流向，可以发现在这几年间中国的白银大量外流，这一现象与中外之间的正常贸易数据是完全相背离的。其合理的解释是：由于英美等国家大量通过走私行为向广州地区输送鸦片，而鸦片消费又属于成瘾性消费，所以广州普通百姓以各种手段大量购买鸦片以满足自己的需求，这一需求也具有长期性，这就导致了中国的白银大量外流。其二，中国正常的商品出口在这一时期处于相对停滞的状态。这一时期世界各地的经济逐渐联系到了一起，西方国家在中国以外的地区极力寻找能够替代中国的原料生产基地和产品来源。这样，中国虽然开始融入世界体系，但是在广州等城市出口到世界各地的产品却并没有增加，正常贸易的交易额处于相对停滞状态。行商通过代购、代销取得的利润锐减，其生存环境日益恶化，不得不通过允许甚至支持鸦片进口来维持生存，但是这种行为客观上进一步恶化了广州地区的外贸环境。这一恶化可以从 19 世纪广州贸易的进出口差额中看出来。表 5-7 中可以看出，在 19 世纪前期，广州的出口产品中茶叶占较大的比重，从总量上看，历年进口总值均大于出口总值，白银大量外流，广州市场上的银荒日益严重。

表 5-7　1817—1833 年广州进出口贸易总值

（单位:元）

年代	出口总值	出口茶叶所占比重	进口总值	进出口总值	进出口差值
1817	19486461	54.95%	23488440	42994901	4001979
1818	25217584	23.57%	26200230	51417814	982946
1819	23351127	47.48%	20177844	43528971	3173283
1820	19099691	45.85%	25773070	44872761	6673379
1821	22299496	52.85%	27089018	49388514	4789522
1822	20470321	58.33%	25270473	45740794	4800152
1823	21016373	58.57%	25523946	44540319	2507573
1824	22286414	60.50%	25079526	47365940	2793112
1825	26570791	51.08%	28974260	55545051	2403469
1826	22046121	56.98%	25424699	47470820	3378578
1827	24279412	51.07%	29023709	53303121	4744297
1828	23186200	48.81%	24687091	47873291	1500891
1829	25043555	44.12%	27219284	52262839	2175729
1830	24197671	43.60%	27070015	51267686	2872344
1831	22820175	53.41%	25084749	47904924	2264574
1832	26413939	57.70%	28046736	54460675	1632797
1833	20177252	43.18%	27567248	47744500	7389996
总计	388362583	平均 49.73%	438700338	827062921	50337755

资料来源:姚贤镐:《中国近代对外贸易史资料》,科学出版社 2016 年版,第 254—257 页。

(三)后期的商品结构

这一时期,随着各个通商口岸的开放,广州在对外贸易中所处的地位逐渐降低,但是从绝对量上看,其贸易额总体上仍保持平稳。

在“五口通商”开始的几年中,广州的贸易额出现了下降的趋势,例如对英国的贸易总额在 19 世纪 40 年代与 30 年代相比,便下降了大约 50%,这是因为上海港的种种优势使得中国南方的贸易中心由广州转移到了上海。

表 5-8　广州历年贸易额

（单位:两）

年份	进口	出口	总计
1864	8192795	13639177	21851972
1865	10556602	18054557	28611159
1866	14171191	18832622	33003723
1867	14090581	18403154	32493735
1868	12991266	18491156	31482422
1869	11487679	20010626	31498305
1870	12953394	19857543	31910937
1871	15661889	23612439	39274328
1872	16802553	23691712	42494265
1873	9843819	16156437	26000256
1874	6979333	16287633	23266966
1875	9823282	15263197	25086479
1876	10209595	15855284	26064879
1877	9011503	15183233	24194736
1878	10121740	15020992	25384732
1879	9163131	17031110	26194241
1880	11750113	16391363	28141476
1881	14893003	17256901	32149904
1882	13374534	16035943	29410477
1883	11624332	17118874	28743206
1884	12188941	13853243	26042184
1885	16213467	13027199	29240666
1886	18342222	19792105	38134327
1887	18563347	19385230	37948577
1888	21566797	16958597	38525394
1889	21104104	18784217	39888321
1890	21259147	17466755	38725902

续表

年份	进口	出口	总计
1891	28712910	18153032	46865942
1892	28273829	18885766	47159595
1893	24776577	18283272	43059849

资料来源:《中国旧海关史料》第1—21卷,京华出版社2001年版。
注:银两和英镑换算百分比来自彭信威:《中国货币史》,上海人民出版社1958年版,第612页。

第二次鸦片战争后,广州的外贸结构日益复杂化,进出口商品种类日益丰富,从整体上看,广州的进出口贸易在这一时期没有降低,反而有一定幅度的增加。从1864年到1893年广州每年的贸易额(参见表5-8)中可以看出,广州的进出口量在这一时期虽然有所起伏,但是总体上还是在增加的,并且在1887年以前,除个别年份外,出口总是大于进口的,即处于出超状态。这是因为当时西欧各国正在进行第二次工业革命,需要大量原材料,而广州地区经过长时期的对外开放,其经济结构也相对比较完善,外商所需原材料很大一部分都可以在广州地区采购到,再加上广州紧邻当时被英国割占的香港岛,其产品出口到香港地区也极为方便;在商品种类上,鸦片开始以"洋药"的名义公开进口,大量的生活用品以及近代化的机器大量涌入广州,其出口的主要是西欧等国家急需的重要农副产品和矿产资源,所以其贸易较为频繁,贸易量相对较大。这表明广州的进出口商品结构在这一时期适应资本主义国家发展的需要,该地区已经被卷入世界资本主义市场中了。

到了甲午战争后,广州贸易持续出超,且出超额不断扩大。例如在1895年,广州的外贸出超额为1182870两,1902年为19231464两,到了1907年则变为20980888两。[①] 这是因为在这一时期广州地区的机器缫丝业等民族资本主义工业兴起,使得广州成为向西方出口商品的一个重要口岸。

---

① 参见中国第二历史档案馆、中国海关总署办公厅:《中国旧海关史料(1859—1948)》(第53册),京华出版社2001年版,第113页。

三、恰克图和广州贸易商品结构的比较分析

（一）相同之处

在贸易初期，中国出口的产品，无论是对于俄罗斯还是西欧而言，很多都是具有绝对优势的产品。由于当时中国出口的产品都是具有相对稀缺性，并且中国劳动力相对比较丰裕廉价，生产效率高，所以其产出相对较高。可见无论是对于俄国输出的棉布和丝绸，还是对于西欧各国的丝织品、瓷器和中草药，出口量都比较大，这为中俄、中欧的经济交往做出了巨大贡献。

到了贸易中期，茶叶逐渐成为中国最重要的出口产品。

18 世纪初，随着俄国对茶叶需求量的增加，中俄贸易的商品主体逐渐被茶叶所取代。广州十三行的茶叶出口额也在这一时期占到出口总额的半数以上，这是由于欧洲各国以及俄国在这一时期工业革命、第二次工业革命相继兴起，他们在全世界范围内扩大殖民地的同时，对于生活质量相对提出了要求，而茶叶在某种程度上属于成瘾性消费，再加上欧洲和俄罗斯的地理环境影响，茶叶传到这些地区后，便很快在各国的中上层人士中广为流传，迅速进入了这些地区普通民众的生活，因此，他们购买茶叶的数额在这一时期得到了快速增加，而在这一时期，茶叶的主要出口地仍然在中国，因此，中国对于俄国和西欧出口的茶叶数量迅速增加（参见表 5-9、表 5-10）。

表 5-9　19 世纪上半叶恰克图茶叶输出量及所占份额

年代	茶叶价额（单位：1000 卢布）	茶叶贸易额占比（%）
1802—1907	2165. 3	42. 3
1812—1820	3838. 0	74. 3
1821—1830	5935. 5	88. 5
1831—1840	7551. 1	93. 6
1841—1850	6218. 4	94. 9

资料来源：刘建生等：《晋商研究》，山西人民出版社 2005 年版，第 52 页。

表 5-10 1760—1833 年广州十三行对东印度公司输出茶叶的贸易额及所占份额

年代	茶叶价额(单位:银两)	茶叶贸易额占比(%)
1760—1764	806242	91.9
1765—1769	1179854	73.7
1770—1774	963287	68.1
1775—1779	666039	55.1
1780—1784	1130059	69.2
1785—1789	3659266	82.5
1790—1794	3575409	88.8
1795—1799	3868126	90.4
1817—1819	4464500	86.9
1820—1824	5704908	89.6
1825—1829	5940541	94.1
1830—1833	5617127	93.9

资料来源:陈慈玉:《近代中国茶业之发展》,中国人民大学出版社 2013 年版,第 11 页。

在贸易后期,茶叶在出口总额中仍然占据较大的比重。在恰克图,这一时期其出口量稳定在中国对俄出口总量的 90%以上;在广州,茶叶在其对外贸易中仍占非常突出的地位,例如,1865 年广州的外贸量虽然迅速下滑,但是从茶叶贸易额来看,该年广州出口的茶叶达到 4027832 英镑,占当时广州出口商品总额的 28.80%①,仍然是广州出口商品中价值比重比较高的(参见表 5-11)。

表 5-11 1865 年广州出口的主要商品

(单位:英镑)

商品	对香港出口	对欧洲出口	对北美出口	总出口价值*
丝绸	7300363	88	10096	7515161

① 参见中国第二历史档案馆、中国海关总署办公厅:《中国旧海关史料:1859—1948》(第 2 册),京华出版社 2001 年版,第 313 页。

续表

商品	对香港出口	对欧洲出口	对北美出口	总出口价值 *
茶叶	765703	21399	142665	4027832
决明属	149578	91638	1105	396498
草席	68245	4126	27405	313556
薄脆饼干	103468	6167	19055	203014

* 此为中国广州对世界各国和各地区总出口总价值,故不为前 3 列之和。

资料来源:中国第二历史档案馆、中国海关总署办公厅:《中国旧海关史料:1859—1948》(第 2 册),京华出版社 2001 年版,第 306—313 页。

(二)差异之处

在贸易前期,差异之处如下:

首先,恰克图贸易进口的商品主要是生活必需品,而广州进口的商品中奢侈品占一定份额。

《恰克图条约》的签订为中俄贸易拉开了序幕,但其初期比较萧条,每年贸易量只有 10000 到 20000 卢布。此时俄国向中国出口的主要商品是皮毛,是当时中国民众需要的一种生活必需品,主要是为了满足中国北方居民的物质生活和补充军用。中国对俄国输出的主要商品是棉布和丝绸,同样也是一种生活必需品,这是因为俄国气候寒冷,中国质优价廉的棉布可以满足他们御寒的需要。其贸易方式主要是以货易货,18 世纪 50 年代后,商品贸易规模不断扩大,从 1755 年的 135763 两迅速增加到 1760 年的 386098 两①,商品结构逐渐变化,作为一般等价物的货币代表由土布等纺织品逐渐转换成茶叶,纺织品贸易的比重也不断下降。

在广州贸易中,中国进口的商品主要有南亚地区生产的香料和鱼翅,西欧国家生产的玻璃镜和钟表等工艺品,可以看出,这些商品在当时中国的消费结

① 参见[俄]特鲁谢维奇:《19 世纪前的俄中外交及贸易关系》,徐东辉、谭萍译,岳麓书社 2010 年版,第 143—144 页。

构中大都是奢侈品,普通的农民和新兴工场主是不会消费这些商品的,它们主要供贵族官僚享用。中国出口的商品主要是茶叶,仅以荷兰和英国东印度公司为例(参见表5-12),它们从17世纪20年代到60年代从中国进口的商品中茶叶占总价值的一半以上。由于贩运茶叶的利润率很高,并且茶叶在西欧地区的上层社会成为人们生活的必需品,所以,在东印度公司的商船上,要求从中国进口的瓷器、丝绸和蔗糖等只能占据船长和船员的私人空间,而船上的仓库中只能够存放茶叶,这就导致了当时从中国广州地区出口到西欧的茶叶呈现出爆发式的增长。

表5-12　1729—1760年广州对荷兰及英国东印度公司贸易额及茶叶贸易额和比重

年份	对荷兰贸易额			对英国东印度公司贸易额		
	茶叶贸易额	茶叶所占比例(%)	总贸易额(两)	茶叶贸易额	茶叶所占比例(%)	总贸易额(两)
1730	203603	86.7	67683	374311	73	469879
1736	201484	55.3	105166	87079	71	121252
1740	590328	54.9	309600	132960	71	186214
1750	960403	70.3	393763	366231	72	507102
1760	1614841	89.6	519523	653000	92	707000

资料来源:庄国土:《茶叶、白银和鸦片:1750—1840年中西贸易结构》,《中国经济史研究》1995年第3期。

第二,恰克图贸易额远小于广州的贸易额。

虽然两地在这一时期都是中国对外贸易的重要口岸,但是从横向来看,广州的贸易额与恰克图相比处于绝对优势地位,恰克图的贸易额增长速度较快:1728年中俄边境贸易刚刚通过条约集中到恰克图时,其贸易额只有30000卢布,约合18000两白银;这一时期,广州对最重要的两个国家英国和荷兰的贸易额已经达到约500000两白银以上,从中可以看出广州贸易额大约是恰克图贸易额的十几倍。随后,两地的贸易额迅速增长,恰克图由于贸易额基数较低,因此其增长速度较快,到 1755 年时,广州对英国和荷兰的贸易额是恰克图贸易额的 6 倍左右;1760 年时,这一比重变为 3 倍(如图 5-2)。这是因为:第一,广州贸易从汉代开始,陆陆续续持续了 1000 多年的时间,因此,其对外贸易的经验较为丰富,广州城市的建设过程中也注重为对外贸易服务,到了清代,在清政府把南方的对外贸易集中到广州以后,广州便可以利用已有的经验,迅速开展对外贸易;而在北部地区,恰克图市场是中俄双方在政治经济等因素博弈下所选定的贸易地区,没有任何的贸易基础,并且在选定后的几年中,俄商直接到北京贸易的情况还时有发生,一些年份还较多,只是在 18 世纪 50 年代逐渐集中到恰克图地区,这就导致了一些贸易收入并不在中俄边境的恰克图地区;第二,当时英国和荷兰是世界上比较重要的外贸国家。欧洲茶叶市场在此时不断扩大,并且茶叶出口到欧洲的利润率可达 10—20 倍,①荷兰和英国等国利用其海上贸易的优势,大量购买中国的茶叶,贩卖到欧洲大陆以获得大量利润,而恰克图的贸易主要是提供给俄国,当时俄国的生产力水平以及消费实力比西欧低,所以恰克图的贸易额较低;第三,从口岸的开放时间来看,当时广州口岸每年都开放,并且贸易活动中受到的限制比"一口通商"时期更少,恰克图地区由于政治的原因在 1727 年才确定下来,其基础设施建设比广州缓慢得多,这样,其贸易必须有一个缓慢发展的过程,无法在初期就得到迅速的发展。

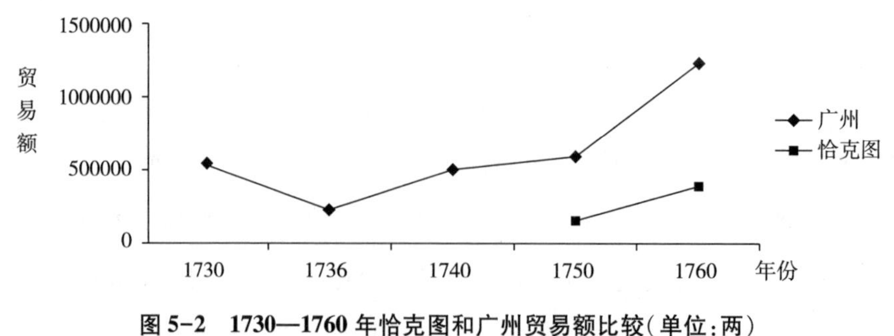

图 5-2　1730—1760 年恰克图和广州贸易额比较(单位:两)

① 参见庄国土:《18 世纪中国与西欧的茶叶贸易》,《中国经济史研究》1992 年第 3 期。

在贸易中期，差异之处如下：

首先，广州的贸易额远高于恰克图的贸易额。

在一口通商之后，随着清政府对于东南沿海管理的加强，西欧各国的对华贸易逐渐集中到了广州地区，使得广州聚集了大量外国商人，其对外贸易也繁荣起来，并呈现出不断发展的趋势。

而恰克图贸易主要是由于为了维护两国边境地区的安宁，所以在 1760—1790 年遭遇了三次闭关，对这一地区贸易的繁荣程度产生了一定的不利影响。从 18 世纪末期开始，恰克图的贸易发展迅速，但是与广州相比，仍然还有较大的差距。

恰克图在 1756—1760 年间的年均贸易额为 628844 两白银。广州十三行在 1761 年时，对英国的贸易便达到了 707000 两白银。可见，随着俄国官方商队不再到北京开展贸易，两国之间的贸易形式主要变为民间贸易，这样，贸易便开始集中在恰克图地区，由于恰克图成为中俄通商口岸的时间也不长，中俄之间零散的贸易活动还在边境地区的其他地区进行，只有大宗贸易在恰克图地区进行，导致恰克图的贸易额在此时还没有得到较大幅度的增长。广州则拥有比较优越的自然环境，并且其对外贸易历史悠久，在西欧各国的商船统一聚集到广州后，广州的贸易量便急剧增加。

到了 18 世纪七八十年代，恰克图的贸易额增长极为迅速，但是广州对英国和荷兰贸易额的增幅不大。这是由于：在恰克图，一方面，经过几次闭关，俄国对于恰克图地区的贸易更为谨慎，防止出现各类不利于贸易正常进行的情况，中国北方地区也需要俄国的皮毛，于是，两国商人之间就进行大量的商品交换，促使了贸易量的增加；另一方面，几次闭关给双方的商人带来了大量损失，为了弥补这类损失，两国商人之间的贸易活动更加频繁。反观广州地区，由于本身的贸易基数比较大，这一时期也没有发生促进贸易增长的重大事件；再者，美国独立战争后，随着美国经济本身的发展，其开始独自在广州开展贸易活动，而不仅仅是依附于英国，这样，英国和荷兰在广州的贸易额没有明显的增长，甚至出现低于恰克图贸易额的情况。

到了18世纪90年代以后，两地的贸易日益活跃，贸易量逐步增加，并且恰克图地区的增幅高于广州地区贸易的增幅，在某些商品的进出口上，恰克图的贸易额超过了广州。例如在1839年，中国从恰克图进口的俄制毛呢达到1219189俄尺（1俄尺=0.711米），而同年中国从广州进口的俄制毛呢仅有820925俄尺，相当于当年从恰克图输入中国的俄制毛呢的67%。① 但是从总体上来看，由于恰克图贸易量的基数比较小，并且其贸易对象俄国在这一时期的经济发展水平相对于西欧新兴国家来说还是比较落后，因此这一时期恰克图的贸易量总体上还是低于广州的贸易量，并且两地贸易额的差距并没有缩小的趋势。

其次，恰克图贸易的商品种类规定比广州严格。

在广州地区，由于贸易比较便利，走私活动较为普遍，虽然政府限制鸦片等贸易活动，但是鸦片走私屡禁不止，对十三行的贸易活动带来了严重的负面影响，从而引发了虎门销烟等一系列的运动。而在恰克图地区，中俄两国的商会对于贸易商品的控制较为严格，从中国方面来说，有监督人对茶叶等商品的质量进行监督，例如在1838年由于中国的茶叶质量低劣无法出售给俄国人，这一事件使得中国商人更加注重保证自己出口的商品质量；从俄国方面来讲，俄国明确规定，严禁向中国出售鸦片，违者处死。② 正是在这些严格规定的约束下，恰克图贸易的商品更为纯洁，这也是恰克图贸易的传统形式能够不断发展继而保持到20世纪初的一个重要原因。③

在贸易后期，差异之处如下：

① 参见米镇波：《清代中俄恰克图边境贸易》，南开大学出版社2003年版，第39页。

② 参见渠少森、庞义才：《山西外贸志》（上册，初稿），山西省地方志编纂委员会办公室1984年版，第62—63页。

③ 当然，并不是说中俄贸易在这一时期完全是纯洁的。当时，俄国在中国进行罪恶的奴隶贩运，并且有些还是沙俄皇家使团进行的，但是这不能否认恰克图贸易的相对纯洁性。参见汪敬虞：《近代中外经济关系史论丛》，方志出版社2006年版，第145—146页。

首先,19 世纪中后期,恰克图贸易在跌宕起伏中发展,而广州主要商品茶叶贸易在这一时期下降幅度较大,但是其贸易量总体有所提升。

到了 19 世纪中期,随着俄国商人大量在中国内地购买茶叶,恰克图贸易逐渐被俄商垄断。其贸易还比较繁盛,这是因为:第一,中俄一系列不平等条约中开放的北部边境通商口岸很多属于少数民族聚集区,经济发展水平还比较落后,所以在开放初期,其发展水平还远远不能和已经有百余年通商历史的恰克图相比;第二,由于晋商在恰克图地区的努力经营,并保证了相应的销售渠道,俄商与中国商人之间由于路径依赖依然在恰克图地区展开贸易活动;第三,从俄国方面来看,俄国为了促进远东地区的发展,仍然保持着恰克图地区的贸易活动。反观广州地区,由于上海等口岸的陆续开放,其贸易额并没有大幅度的上升,与恰克图形成了明显的反差。

以茶叶贸易为例,恰克图的茶叶贸易在 19 世纪下半叶处于繁盛时期,但是到了 19 世纪末在新交通运输工具的大规模应用和其他口岸发展日益繁盛的情况下,茶叶贸易量迅速下滑,如 1900 年恰克图的茶叶贸易量就比 1899 年下滑了 86.45%。而广州的茶叶贸易量在这一时期下降也较迅速,这是由于:第一,上海等通商口岸在这一时期相继开放后,东南沿海各地逐渐开展了对外贸易,这样,在“一口通商”时期国内商品均运到广州然后出口的现象便不复存在;第二,东南沿海各地交通便利,在开放之前受传统对外贸易政策的影响较小,对于外贸中的新观念和新思想较为容易接受;第三,对重要商品茶叶而言,外国商人从福建地区进行采购之后直接出口比雇用中国商人采购茶叶运到广州地区再出口所花费的成本更小;第四,上海经济发达,配套产业发展相对比较齐全,对于茶叶等产品的深加工能力也比广州强,所以很大一部分贸易活动转向了上海地区。这样,在诸多因素的影响下,广州的茶叶贸易额逐渐下降(参见表 5-13)。

表 5-13　1870—1900 年恰克图、广州和上海输出茶叶量

（单位:千担）

年份	恰克图	广州	上海	年份	恰克图	广州	上海
1870	83	68	673	1886	445	103	573
1871	100	90	641	1887	445	120	608
1872	133	110	679	1888	463	94	518
1873	148	88	616	1889	361	78	509
1874	102	102	607	1890	371	64	401
1875	198	85	565	1891	380	26	448
1876	199	99	486	1892	368	65	418
1877	214	127	544	1893	447	24	401
1878	275	122	364	1894	501	12	454
1879	400	116	405	1895	567	10	546
1880	297	113	536	1896	625	11	352
1881	294	115	623	1897	528	13	473
1882	275	123	486	1898	563	10	430
1883	290	111	470	1899	538	8	403
1884	315	105	460	1900	73	11	633
1885	345	131	537				

资料来源:陈慈玉:《近代中国茶业之发展》,中国人民大学出版社 2013 年版,第 228 页。

其次,从贸易商品种类上来看,广州地区的商品种类远远超过了恰克图地区。

这一时期在恰克图中国出口的商品主要是茶叶,并且其比重达到了 90%以上,其他的棉织品、绢、白砂糖等占极小的份额,而中国进口的产品主要有布匹、工业用原料、毛皮、食品等,无论进口还是出口,其贸易商品的种类都比较集中。这是因为,在恰克图出口面对的市场主要是俄罗斯市场,而中国北方地区的工业化水平相对较低,在工业化发展的过程中,俄国对于中国其他商品的需求比较少,导致恰克图贸易以茶叶贸易为主。

在广州的出口贸易中,虽然茶叶贸易价值较大,但是所占比例并不大,以

1865年为例，广州出口商品除了茶叶（占出口总额的28.8%）外，还有丝绸、面粉、蘑菇、大豆、酱油、糖、各类食品及蔬菜、筛子、电灯、决明属、黏土、竹子、种子、龟甲、磅秤、黄铜、皮革、橄榄、油画、藤杖、树脂、缠头巾、玩具等上百种产品，而从广州进口的主要包括琥珀、硼砂、皮革、针织品、装饰品、火柴、咖啡、葡萄干、大米、酒精、玻璃杯、钟表、珊瑚、肉豆蔻、煤油、荧幕、汽车、显微镜等数百种商品。

从这些商品种类中可以看出，广州贸易中的商品种类远比恰克图贸易中的丰富。在恰克图贸易中，由于当时中国北方地区经济较为落后，而俄国的工业化发展也较为迟缓，所以进出口的商品还主要集中在茶叶和农产品等几种传统的商品上。而在广州地区，这一时期，外国资本主义的生产方式以及产品已经融入到广州市民的生活中来，导致其进出口的规模虽然与南方其他地区相比相对有所下降，但是其绝对量并没有降低。另外，由于广州与其他国家的贸易联系非常密切，人们的思想观念相对比较开放，对于新产品的接受程度较高，所以其贸易的商品种类也异常丰富。这就使得广州地区出现了大量的近代化企业，促进了广州经济的发展。

第二节　两地税收收入的比较

清政府在征税时，一般会根据商品的类别，以计量单位为标准制定相应的税率，这使得国家的税收收入相对稳定。通过比较恰克图贸易和广州贸易的税收情况，可以更清楚地了解这两个口岸在清代对外贸易和财政收入中的地位。

一、恰克图贸易的税收收入

（一）税种与征免税则例

为了保证恰克图贸易的顺利进行，中俄双方商定，对于在恰克图贸易的商品不在边境征收税收,但是双方可以在各自国内的一些关口征收内地税。对俄贸易的关内商品必须通过张家口、杀虎口和归化城运往关外,其税收也主要通过张家口、杀虎口和归化城来进行,研究北路贸易的税收结构就要研究这三个关口的税收活动。由于恰克图贸易的一个重要目的是为了维护边境的稳定,所以清政府在此制定了一些免税则例,以便更好地保证中俄边境的安定。

(1)税种

考虑到对俄贸易主要是双方人民互换生活必需品,解决人民大众的生活需求,因此清政府根据对俄贸易的实际状况,在北路三关征税以货物税、商铺税和牲畜税为主。

第一,货物税。

由于对俄贸易的商品主要由张家口出口,因此张家口征税的货物也较多。具体来看,张家口征货物税主要有:布税、茶税、牲畜税、毛皮税、盐税和杂货税。杂货税包括诸如针线、镜子之类的粗杂货和丝绸及制成品之类的细杂货,其中前者每驮收税银 1 两 2 钱,后者每驮收税银 2 两 4 钱。另外,杀虎口关所征货物税亦有多种,民国六年杀虎口监督李钦所列征税货物就有 21 种,主要包括绸缎绢绉丝绒类、香料烟茶椒姜类、铜锡钢铅铁器类、竹木藤棕麻绳类、毡呢毯席类、器皿箱盒类、鞍毡鞘髻等杀虎口进出关的货物。归化关税收中的货物税主要有 5 项,分别为:牲畜税、杂货税(油烟酒)、铁器税、酒厘、芋厘。

第二,商铺税。

归化城除了对货物征收税收外,还会征收当贴课银、经征牙帖课银、缸油帖课银、药商坐票课银,这些税收是对商铺所征收的一种税收。当贴课银在乾隆年间开始征收,每个商铺每年纳银 6 两,由副都统衙门负责征收,但是,到了光绪十四年,由于政府的财力紧张,所以就要求每个当铺预先缴纳 20 年的当贴课银,即 120 两,这一政策并没有考虑到这些当铺的生存能力,只是应急之需。经征牙帖课银是对当地牙商征收的税银,每个牙行每年向藩库交纳 1 两 2 钱。缸油帖课银是向当地开设缸房的商户征收的,每个缸房每年向监督道宪衙门纳银 2 两 5 钱。药商坐票课银是从光绪二十四年开始向当地药商征收的，每户药商每年向筹饷局纳银 24 两。

第三，牲畜税。

牲畜税主要是归化城在征收，最初是在康熙年间为了有效地打击偷盗马匹的行为而设立，其征税权属于土默特人员，并且其所征税额也作为土默特公费，征收之后按年造报理藩院核销。随着中俄布匹、丝绵及茶叶贸易的兴起，晋商从恰克图地区换回大量马牛羊等牲畜，按例应当在土默特处缴纳常关税，但是由于商人对于路途比较熟悉，可以在归化城缴税进入关内后，由小路将牲畜拉往内地各处，这种规避税收的方式就导致了国家税源的减少。为了解决这一问题，在乾隆二十六年归化城设关之时，将牲畜税钱划定为正额税收，由杀虎口监督征收。这样，晋商从恰克图贩运回来的牲畜所缴纳的税款就统一由归化城的税关征收，其标准为：驼马牛羊分别计税，骆驼每头税银 6 钱，马每匹 3 钱，牛每只 2 钱 1 分，羊每只 3 分，骡驴猪每价银一两税银 3 分。

(2)三大税关的征税与免税则例

由于恰克图贸易的主要目的不是为了促进商品流通，而是为了保证北部边境的安定，所以清政府根据实际情况，在对通往恰克图货物规定征税方式外，还制定了一些免税规定。

①征税规定

为了方便商业贸易活动，清政府最初规定，凡从内地贩运的货物经过张家口或杀虎口缴税后，运到归化城就地贩卖的不再缴税；如果货物在张家口和杀虎口没有缴税，则须在归化城缴税，但是从归化城再次起运卖往其他地方的，无论是当地生产出来的还是外来贩运的，都需要再次缴税。按照这一规定，晋商从内地运往恰克图的货物都需要缴两次税。具体来看，在乾隆二十七年满斗任监督之后，上奏朝廷并经政府批准，从内地贩运到归化城的茶布杂货，由于在杀虎口已经缴纳过税银，所以在归化城便不再缴纳，以减轻商人的负担，只是从归化城转运到各省和后山蒙古的货物需要在此地征税。考虑到杀虎口的税收登记员不懂蒙语，致使他们只能登记货物数目和价格，并不登记姓名，一旦遇到盗窃等突发状况便无法查明货物的原主，给当地的交易带来了诸多的不便，于是在乾隆三十一年（1766）理藩院派遣章京前往杀虎口记档收税。乾隆三十二年（1767）监督法福礼上任后，对到达归化城的商品货物征收重税，引起了商人的强烈不满，对此，清政府考虑到归化城、杀虎口之间的关系以及当地的实际情况，规定在归化城一带生产的货物以及从关中贩运到归化城的货物（没有缴过税）要在归化城按照规定纳税；对于已经在杀虎口交过税的货物，则在归化城不必再行缴纳；对于民间零星的日用品买卖的行为，为了方便他们的生活，则不必要再行纳税。乾隆三十三年（1768），又将归化城税务改交由山西巡抚兼管。次年，清政府意识到归化城商品贸易极为繁盛，每年征收的税银往往能够达到正额银的几倍，导致当地的税官经常中饱私囊，并且可能会存在勒索商人的现象，为了保证归化城商业活动的税收安全，清政府要求该地的税务由山西巡抚选派道、府贤员管理，每任监督最长任职一年，开始是由河东道、归绥道、雁平道轮流担任的，到了乾隆三十七（1772）年以后，为了方便管理把其归入归绥道管理，稽查工作仍由山西巡抚负责。

19 世纪开始，恰克图的商业活动日益繁盛，从而带动了从内地经北路三关运出的货物大为增加，商人们就希望寻找更为便捷的商品运输线路，而西包头镇、萨拉齐、托克托城三处都在黄河沿岸，大量货物从这些地方运输可以在很大程度上降低运费。因此，商人们就不到归化城进行货物的集散。为了适应这一情况，保证政府的税收收入，再加上三处均设有归化关牲畜税厅，于是在 1854 年将西包头镇、萨拉齐、托克托城三处增设为归化城的分税口，就近征收货税。货物只需在总卡归化城和包头、萨拉齐、托县三个分卡任意一个税卡纳税即可，无须在指定的税卡纳税，这样，既满足了商人运输商品的需要，在一定程度上避免了商人重复纳税的负担，又在最大限度上保证了国家税源的稳定，有利于解决国家当时的财政困难。

到了清朝后期，随着中俄之间一系列不平等条约的陆续签订，归化城的税收则例也进行了相应的更改。对于到归化城买卖的货物以及从归化城贩运的货物都做了相应的规定：由杀虎口运来的一切粗细货物均不纳税，由得胜口、张家口运来的一切粗细货物必须纳税，由天津城运来的一切粗细洋货、洋糖等不纳税，由后山运来的一切粗细皮张、驼毛进城应交税、羊绒毛出城也应该交税（洋商除外），由西北古城运来的一切货物都应征税，从归化城贩运出去的一切粗细货物、油、酒、麦、面、曲子、盐、碱、烟、茶、铜、铁锅、糖都应当纳税。①

②免税规定

另外，在对外贸易中，免除征税的一些项目可以为商人节省一笔不小的开销，所以有必要梳理出与对外贸易有关的三大税关免税则例。

在张家口关，遇到以下情况则可以免征关税：对粮食运输等特殊的商品不征税；对于民间零星的买卖行为和老百姓的日常生活需要而产生的偶尔性商品交换活动不征税。

在杀虎口关，清政府规定：对于普通百姓进行的箕筐、笤帚、鞋袜、麦面等生活必需品的交换活动不征税，但是如果遇到大额的贩卖活动，如整车的货物等，仍需要交税；京城官吏持名帖通过此地，并且携带的货物数量不大，不必征税；对通过杀虎口的米麦、船料概不征税。

由于归化城在蒙古地区，从内地到归化城的商民基本上已经在张家口和杀虎口完税，按照规定，他们就不必在归化城再次交税。所以，归化城对于免税的规定基本上是对于口外的交易而言的，并且其规定与张家口、杀虎口比较而言，相对简单：对于民间的零星买卖行为不征税，到了咸丰六年以后，对于这种零星买卖有了更为详细的规定，即只要不超过 5 分便不纳税，如果超过这个限额则需要纳税。

（二）税率

张家口、杀虎口和归化关的货物税主要包括布税、茶税、铁器税、牲畜税、

① 参见绥远通志馆：《绥远通志稿》（第四册），内蒙古人民出版社 2007 年版，第 423 页。

毛皮税、盐税、烟酒税等。通过分析北路三关各种商品的税率，可以更加深入地了解恰克图贸易中商品的种类和成本，也可以对国内的漠北市场状况有所了解，并可以更加全面地认识北路贸易对清政府财政的贡献率。北路三关征收的关税主要分为进出口两种关税。

(1)出口商品税率

从中国内地出关经恰克图运往俄罗斯的商品主要是布、茶叶和铁器等。

首先是布税，它以从量税的方式来征收。咸丰六年，对于从张家口运往恰克图的布规定了明确的征税办法：即回绒每匹征税 5 分，锦布每匹征税 2 分，回子布每匹征税 7 厘。《蒙古及蒙古人》中也记载到大布和粗布每 36 匹征税 1 钱 6 分。杀虎口在清末民初规定该处的中平机布每匹征税 1 分，税率大约为 1. 4%。

其次是茶税，也是以从量税的方式来征收的。由于茶叶是恰克图贸易的重要组成部分，所以茶叶税也成为了张家口和杀虎口税收的重要组成部分，在张家口和杀虎口对于茶叶征收较高的关税，对于缓解清朝的财政困难有一定的帮助。具体来说，同治年间规定，每箱 800 包的茶叶征税 2 钱。在杀虎口有了更细的规定，要求在茶叶贸易较为繁盛的秋冬之际，每箱茶叶征税 3 两，可谓十分沉重。

(2)进口商品税率

从北路三关进入内地的俄国商品主要有牲畜、毛皮等。

首先是牲畜税。对于牲畜，清政府要求必须从张家口进入关内，康熙二十五年规定对于牲畜征收从价税，具体税率为每两交税 3 分，这一标准一直延续到雍正时期。到了乾隆年间，对于入关牲畜的征税标准发生了变化：开始按照牲畜的数量征收从量税，根据内地对于牲畜的需求状况对其按照不同的税率征税。如骆驼每只征税 5 钱，马匹每匹征税 3 钱，草牛每只征税 2 钱，骡子每只征税 1 钱，菜驴每头征税 5 分，猪每头征税 3 分等等。到了同治十三年，其税收税率为：骆驼每只征税 5 钱，骡马每匹征税 3 钱，牛每只征税 1 分，驴每头征税1钱,羊每只征税1分,大猪每口征税6分,中猪每口征税3分。可见,在乾隆年间以后,对于进口的牲畜征税方式从价税转变成了从量税,这种税率的改变使得对于进口牲畜的征税方式更加便捷,而根据各个时期不同的实际状况对征税标准进行相应的调整,也反映出清政府对进口牲畜管理的灵活性。

其次是毛皮税。由于中国北方地区较为严寒,而毛皮又是一种比较好的抵御严寒的物品,所以毛皮是中国从恰克图地区进口的一种重要商品。虽然蒙古地区也生产毛皮,但是并不能满足国内的需要,所以大量从俄国进口毛皮。对于这些皮毛,政府也根据当时的实际情况设定不同的税率,以同治年间的税收标准为例,参见表5-14。

表5-14　各种皮毛征收税银表

名称(单位:每张)	征收银两
银针貂皮	税银3钱、饭银3分
狼皮猪俐、猴皮	税银5分、饭银5厘
水獭皮	税银3分、饭银3厘
豹皮	税银3分、饭银3厘
狐狸皮	税银2分、饭银2厘
牛马皮	税银1分、饭银1厘
骨种羊皮	税银1分、饭银1厘
银鼠皮	税银1分、饭银3毫
穿狐、鹿熊	税银1分、饭银1厘
九角红、虫豹皮	税银1分、饭银1厘
前截皮	税银7厘、饭银7毫
土豹皮	税银6厘、饭银6毫
野猫皮	税银6厘、饭银6毫
羊獭皮	税银5厘、饭银5毫
狐欣背皮	税银5厘、饭银1厘
黄羊穿皮	税银3厘、饭银3毫
股子皮	税银3厘、饭银3毫
斜皮	税银3厘、饭银3毫

续表

名称(单位:每张)	征收银两
羊羔子皮	税银 3 厘、饭银 3 毫
兔皮	税银 2 厘、饭银 2 毫
黄老羊皮	税银 2 厘、饭银 3 毫
紫皮	税银 1 厘、饭银 1 毫
野狸猫皮	税银 1 厘、饭银 3 毫

资料来源:《征例税务清册》,清光绪抄本。

从表 5-14 中可见,银针貂皮、猴皮、水獭皮、豹皮等税负较高,这些产品的价值较高,而人民并没有较多的财富购买这些产品,对于其税负规定较高也可以限制相关皮毛的进口,防止在内地因滞销等原因而受损;对于价值较低的毛皮征收较低的关税,可以鼓励商人(主要是晋商)购买较多的这种毛皮,以满足内地市场的需要、满足广大人民的生活,从而更好地维护北部边境地区的安定。

(三)税收状况

在归化城税关征税之初,每年可以征收七八千两的税收,为政府所重视。在乾隆三十四年派道府官员负责归化城的税收时,考虑到从内地通过归化城发往蒙古地区及恰克图的商品有很大一部分已经在杀虎口和张家口缴税,为了制定归化城每年的税收定额,便首先允许该关试征一年关税,然后根据本年所征收的关税数量确定每年的税收额度,以使其对归化城税关的管理更有效。在一年的税收时限内,即乾隆三十四年四月十三日起至次年四月十二日,一年共收杂税银 16000 余两,牲畜钱 9000 余串。于是,清政府就以此年的税收状况为根据,规定归化城的税收正额为杂税银 15000 两,牲畜税钱 9000 串。到乾隆四十一年规定,在绥远城所开的店铺,也按照归化城的规定缴税。这样,归化城的征税制度逐步完善起来,对托克托城、萨拉齐、西包头等处的征税使得归化城的税收制度形成一个完备的体系,其税收额明显得到增加。例如,在乾隆四十年,税收额最低的四十九年也达到了20998两,与乾隆三十四年相比有明显的增加。这一税收水平一直延续到道光时期。这一时期,归化城的税收收入没有明显的增加,内地运往恰克图的商品基本上已经在杀虎口和张家口纳税,在归化城纳税的并不是很多,只是从蒙古地区出关的零星散货,其对于税收的影响并不是很大。

对于税收的分配而言,清政府除了征收相应的定额税收外,其他很大一部分都赏给主管税收的官员,这使得税官成为炙手可热的职位。以杀虎口税关为例,其在雍正十二年七月初二日到雍正十三年八月初七日监督谟尔德实征税银35000余两,但是比前任穆和伦所征税银相比少征5000余两,他认为这是因为其在任时间比穆和伦少53天,而"多管一日即多得一日税银,若多管一个月大约可多得税银二三千两,穆和伦比我多管七十二日,有多收一季木税"。可见,杀虎口税官在任上所征的税额特别巨大。① 再如刑部郎中觉罗法明在乾隆十九年八月到乾隆二十年八月得到盈余银7071两4钱,其中5500两交给了内务府,其余的1500多两赏给了法明。内务府郎中翁悟托在乾隆二十年八月到乾隆二十一年八月得到盈余银4604两5钱,其中4000两交给了内务府,其余的604两多赏给了翁悟托。② 常柱从乾隆二十一年八月十三日接任到乾隆二十二年七月十九日共征正税银35807两2钱6分6厘,其中交与户部正额银17248两9钱9分5厘,工部额数银7794两6钱7分1厘,差役的饭食银为2166两,管理经费1504两7钱3分,盈余银7092两8钱7分,这些盈余银中5500两交给了内务府,另外的1592两赏给了常柱。③ 兵部车驾

① 参见中国第一历史档案馆:《清宫珍藏杀虎口右卫右玉县御批奏折汇编》(上册),中华书局2010年版,第16页。

② 参见中国第一历史档案馆:《清宫珍藏杀虎口右卫右玉县御批奏折汇编》(上册),中华书局2010年版,第34页。

③ 参见中国第一历史档案馆:《清宫珍藏杀虎口右卫右玉县御批奏折汇编》(上册),中华书局2010年版,第33—34页。

司郎中兴海自乾隆二十二年八月到乾隆二十三年八月一年任内得盈余银7102两5钱4分1厘，这些盈余银中5500两交给了内务府，另外1600多两赏给了兴海。① 从以上的这些数据中可以看出，杀虎口的税官所能够获得的盈余银在这一时期是非常多的，虽然清政府根据每年的实际状况，对于正额银都会有一定程度的增加，但是由于杀虎口等关口是关内民众前往恰克图开展贸易的必经之地，所以在这三个关口所征税额相对较大，对于相应官员的赏赐也较为丰厚。

由于北路的税关关口并不像南路粤海关如此正规，所以，张家口、杀虎口、归化关的连续的税收收入在历史中是缺乏史料记载的，只能通过一些零星的记载找到部分年份的数据，从可获得的一些数据中寻找其税关税收收入的变化情况，来反映其对清政府财政收入的重要程度和贡献率。

首先是归化城，虽然归化城税关所征税的货物有一部分是内销，但是其征税的产品中还有很多是属于运往恰克图销售的，所以，对归化城税关的征税状况的分析在一定程度上有助于了解恰克图贸易状况。从表5-15中可以发现，在归化城管理制度完备之后，其税收额度大幅度增加，到了18世纪80年代以后，俄国发展还相对落后，对于商品的需求相对稳定，并且南方与欧洲各国的贸易也没有进入内地，其对于归化城等税关并没有产生冲击，因此税收额度相对稳定。

表5-15　归化城关税收入表

（单位：两）

年份	实征税银	年份	实征税银
1770	25685	1780	21524
1773	25982	1781	21659
1774	25986	1782	21659

① 参见中国第一历史档案馆：《清宫珍藏杀虎口右卫右玉县御批奏折汇编》（上册），中华书局2010年版，第38页。

续表

年份	实征税银	年份	实征税银
1776	25991	1783	24162
1777	23468	1784	20998
1778	21750	1787	21832
1779	27390	1791	17851

资料来源：祁美琴：《清代榷关制度研究》，内蒙古大学出版社 2004 年版，第 447—448 页。

表 5-16　张家口关税收入表

（单位：两）

年份	实征税银	年份	实征税银
1747	46760	1835	60703
1748	50644	1840	59493
1759	46239	1844	59327
1760	48672	1849	59487
1765	43028	1855	43679
1770	48012	1862	58980
1775	50135	1865	55952
1796	60570	1869	40488
1800	60614	1877	36928
1805	60619	1878	36927
1810	60642	1879	37092
1815	60648	1887	38359
1820	60653	1890	40353
1825	60663	1894	38755
1830	59479	1900	30077

资料来源：丰若非：《清代榷关与北路贸易—以杀虎口、张家口和归化城为中心》，中国社会科学出版社 2014 年版，第 223—226 页。

表 5-17 杀虎口关税收入表

（单位：两）

年份	实征税银	年份	实征税银
1724	21742	1835	46162
1745	37415	1840	46218
1750	36390	1845	46248
1756	32864	1850	46267
1760	30146	1855	22623
1765	35404	1860	41802
1770	34934	1865	44396
1775	35556	1870	44431
1780	36618	1875	44459
1785	37283	1877	44466
1790	40278	1878	27886
1795	43396	1879	43391
1800	44352	1880	43391
1805	45229	1885	25266
1810	45580	1890	43542
1815	45845	1895	27524
1820	45908	1900	43542
1825	45982	1905	43338
1830	46058	1907	114000

资料来源：丰若非：《清代榷关与北路贸易——以杀虎口、张家口和归化城为中心》，中国社会科学出版社 2014 年版，第 210—216 页。

对于张家口和杀虎口来说，张家口在清末由于晋商向恰克图贩运物品大幅度下降，其征税额在这一时期也出现了下滑（参见表 5-17）。而杀虎口实征关税基本呈现出不断上涨的态势，后期波动较大（参见表 5-18）。从 1724 年的 21742 两不断上涨，至 1852 年出现了波峰，随后几年间都延续着这种高位运行，直到 1878 年才出现了较大的降幅；1878 年杀虎口的税收收入出现了急剧的下降，下降幅度达到了 34%，原因主要是光绪三年（1877）山西发生严重的旱灾，使得山西饿殍遍地，普通人等生计无法得到基本保障，外出的人民基本都需要换取生活必需品，而不是专注从事贸易活动，去恰克图贸易的商人急剧下降、商业活动萧条导致了晋商在恰克图的贸易额迅速下降，这进一步导致了杀虎口所征关税量的剧烈下降。再加上这一时期俄国在中国内地开设工厂，生产茶叶进而贩运到恰克图地区，使得晋商在恰克图的贸易地位急剧下降，利润明显降低，无法为山西本地人民的生活提供一定的帮助，这一系列原因使得这时杀虎口的征税额急剧下降，虽然在荒灾之后有了小幅度的上升，但是无法恢复到18世纪前中期的水平。

二、广州贸易的税收收入

（一）税种

在广州成为通商口岸之后，逐渐建立了一套自己的征税体系，并在17世纪不断发展完善，广州的港口费及其他费用的具体数额逐渐标准化，根据罗克耶档案中的详细记载可知，税收计算方法在1704年正式确定。海关官员控制外国人的常用手段，控制广州和黄埔之间货物运输的机制，以及计算所有货物关税的公式也相继确立。

总的来说，粤海关在从“一口通商”到鸦片战争时期的税收主要包括正税和杂税，其中正税又包括“船钞”和“货税”。杂税包括分头、担头、挂号、规礼、耗羡银两等。

第一，正税

船钞又叫做船税、梁头税、吨税或船料，是根据船只的大小设定不同的等级，根据船只的等级征收一定的关税。在清初实行海禁之前，清政府对于往来贸易的船只征税采取的是丈抽制的方法，即按照船只的大小不同，将西洋船分为9个等级、东洋船分为4个等级。而在康熙二十四年设立海关之后，粤海关监督宜尔格图奏言：往日之贸易船多载奇珍异宝，价值高昂，而今日之贸易船系载日用杂物，较为低贱，10 船之值不及往日之 1 船，请在原来征收船税的基础上再减 2 分，东洋船亦照例。获准允行之后，通知其他海关，都按照粤海关的标准征收。通过表格可以清楚地看出粤海关对东西洋船只的税收征收标准，其标准参见表 5-18 和表 5-19：

表 5-18　粤海关对东洋船只的征税标准

等级	船长（丈）	船宽（丈）	该纳税银（两）	实际缴纳数（两）
一等	7.5	2.4	1400	1120
二等	7.0	2.2	1100	880
三等	6.0	2.0	600	480
四等	5.0	1.6	400	320

资料来源：姚贤镐：《中国近代对外贸易史资料》（第一册），科学出版社 2016 年版，第 208 页。

表 5-19　粤海关对西洋船只的征税标准

等级	船长（丈）	船宽（丈）	该纳税银（两）	实际缴纳数（两）
一等	7.5	2.4	1400	1120
二等	7.2	2.2	1100	880
三等	6.6	2.0	600	480

资料来源：姚贤镐：《中国近代对外贸易史资料》（第一册），科学出版社 2016 年版，第 208—209 页。

对于西洋船只的征收，前后发生过变化，据《钦定大清会典事例》记载，在康熙三十七年（1698）之前，其征收标准较高：一等船只征收 3500 两，二等船只征收 3000 两，三等船只征收 2500 两，在此之后，西洋船只改为按照东洋船只征收的标准。从康熙二十四年起，考虑到以前到广州的船只多拉有奇珍异宝，价值较高，但是在对外贸易的港口减少之后，到达广州的船只拉载的基本上是价值不高的杂货，是为了在当地售卖，而奢侈品却大为减少，这就导致了此时的十余条船货物的价值不到以前的一条船货物的价值，因此在原来应纳税银的基础上再减少 20%，由于此时南方开辟了 4 个港口，所以包括广州在内的 4 个港口的实征税银相应减少了 20%。

在实际工作中，船只的大小各异，不可能完全按照以上等级的吨位，为了保证税收的合理，粤海关在实际征收税银的过程中会根据樑头的长宽，对应征银两进行相应的增加或者减少，这样，一等船只征收的银两大多是在 1100 两到 2100 两之间，二三等船只征收的银两约在 400 到 800 两之间。可以看出，经过这样的调整，粤海关在实际操作过程中所征收的银两一般比其规定的应征银两要多。

货税也叫商品税，粤海关对于货税的征收采用的是从量税的计价方法。也就是根据货量的多少来确定应缴税额。由于粤海关负责中国与西欧各国之间的货物贸易往来，所以其进出口货物种类较为繁多，为了方便管理，粤海关将进出口货物分为衣物类、食物类、杂货类和用物类 4 个大类。然后每一大类分为几个目，每一个目再分为几个小目，把所有的商品囊括其内。例如，"食物"大类下分为米、面、果品、盐、茶等，而茶下又分为红茶、绿茶、黑茶、番茶等。对于计税单位，粤海关对其的规定也是按照货物的具体情况来设置计税单位，如对于衣服，按照匹、卷、筒、件、条、斤、十双、百双等计税；对于牲畜，按照数量和价格来计算，如果货物有包装，则不除去包装，每 100 斤的货物按照 90 斤来计算。

第二，杂税

杂税又叫作附加税，是在正税之后另行征收的费用。杂税的征收不仅种类繁多，而且数额巨大。粤海关的杂税主要包括：分头、担头、规礼、并平、罚料与截矿、舟车饭费、耗羡银两、添平银等，其中担头、规礼、并平、罚料与截矿、舟车饭费等收入自顺治入关以前即已存在，到了杨文乾接任粤海关监督以后，这项规例陆续归公，归公后，这些收入即由非法变为合法，它们的收取原则也随之从暗地里的做法变成了合法的税则，同时保留了原来的名称。到了乾隆二十五年（1760），两广总督李侍尧觉得不妥，奏请删除这些名称，一概称之为"归公"。

在这些杂税中，分头又叫估值，是通过估计货物的价值进行征收的税款，征收的对象通常是出口货物，这种出口不仅仅指本国出口到外国，还包括由广州出口到国内其他港口。并且其税率是在不断变化的，在雍正年间以前是3.9%，到了雍正年间杨文乾管理粤海关时加抽1分，成为了4.9%，但是这4.9%属于库平银，折算成纹银是4.5%，然而在实际交易中大多使用成色较低的外国银元，这样征收比例就变成了5.4%，不知从何时起，粤海关又以“该夷帮帖行商为搬运货物之辛工脚价”为由，再加收6厘，成了6%，即西洋人所说的“六分头”。在征收分头时对货物价值的估计通常是低于其真实价值的，并且长期不变，形成了一种“官价”，只有在价值发生很大的变化时，才会对货物进行重新的估价，进行分头的大小，由此可见，这一税种表面上是从价税，但是实质上依然是从量税。

担头又叫担银、担规、担头费、担头钱，是一种货物从量税。它是以货物一担(100斤)为单位来征收的，这原来是收取来充作胥吏、差役等人的工食及纸笔等办公费用的，在乾隆九年(1744)时，由管理关务的广州将军策楞奏报归公，编入了税则。这种税收对于所有贸易普遍征收，无论是进口贸易还是出口贸易，一律按量征收。在税率方面，各个口岸则标准不一。但实际上粤海关对于不同类型的货物，其收税标准是不同的，按照《粤海关志·税则》的记载，粤海关对于入关外国商船运载的货物，征税标准为每100斤3分8厘;对于本地商人所运载的进出口货物，征税标准为每100斤3分4厘;对于从粤海关发往分关口的货物，征税标准为每100斤3分6厘;对于免进出口税货物，征税标准为每100斤2分4厘。

规礼又叫陋规、规例，在粤海关成立之初就已存在，起初是粤海关为了满足自身的需要，运用手中职权上的便利，对进出口船只进行各种勒索，为了防止粤海关官员的过度勒索，在雍正五年后，政府把其划入税收中的一部分，从此，规礼也成为了第一批归公的陋规，其征收方式及数额等也有了一定的标准。从征收方式上来说，它的征收以船为单位，原先由通事代为缴纳，乾隆二十年(1755)以后改由保商代缴。从数额上来说,最初,规礼费用本身不是很高,但是在1721年后,由于"麦士里菲尔德"号挑战广州的公行制度,广州海关需索的"规礼"节节上升,每船通事索费250两,买办150两。这些规礼涵盖的名目极多,包括进口规礼30项,出口规礼38项。① 雍正年间,其应征银两从过去的3250两与2962两下降到1950两,计算方法参见表5-20。另外,法国船加100两,苏禄船减100两,且不论船只的大小,所以西欧也称规礼为"1950两"(参见表5-20)。规礼不仅对外国船只征收,也对本国船只征收,但是在数额上比外国船只少很多。到了1830年,英国东印度公司通过谈判,将广州进口货物的规礼费成功进行了降低,具体数额有不同的说法,马士认为降到了1718.52两,马礼逊则认为降到了1600.683两。② 直到1843年规礼费才被取缔。

表5-20　规礼银的计算

(单位:两(库平银))

项目	纹银	九折成色	九三成色
大关放关银	480.420	533.800	516.581
粮道放关银	116.424	129.360	125.187
入口规礼	1013.264	1125.960	1089.639
洋商杂支零用	203.292	225.880	218.593
总计	1813.500	2015.000	1950.000

资料来源:陈国栋:《清代前期的粤海关与十三行》,广东人民出版社2014年版,第78页。

并平、罚料与截矿是"并兑平余""漏税罚料"和"吏役应给火足截矿银"三项的合称,这三项原来并不属于陋规归公,只是不属于一般性的税课收入,未曾向中央申报而已。乾隆九年,策楞把它们申报归公,但是归公以后并没有

① 狭义上讲,规礼又专指送给地方官员的礼金,只占这68项中的几项。

② 参见[美]范岱克:《广州贸易——中国沿海的生活与事业(1700—1845)》,江滢河、黄超译,社会科学文献出版社2018年版,第232页。

列入关税的奏销文件,只是报送户部而已。

“并兑平余”中的“并兑”是“等量交换”的意思,这一收入就是“于收支银两之际,轻出重入,巧妙地操作秤子使政府能留下银两”①。

“漏税罚料”是针对走私漏税所收的罚款,但也包括没收(入官)的货品出售之后的收入,其收取方法为:漏粤海关税者,5 钱以上加罚 1 倍;1 两以上 2 倍;2 两以上 3 倍;3 两以上 4 倍;4 两以上 5 倍;5 两以上货物一半入官。对于更为严重的则没有更加严格的规定,但是在嘉庆年间的奏折显示,走私漏税严重的案件,私货全部没收,变价出售后,3 成赏给拿获走私品的人役,7 成归公。但是由于监督对于贸易事务的处理拥有近乎绝对的权力,因此对于走私货品的处理也有很特殊的案例。嘉庆五年(1800)时,监督佶山就曾以英国船只“西棱斯特”号(the Cirencester)走私呢羽、纱缎为理由,要求该船保商潘长耀补缴税款,并处罚金 100 倍,即 50000 两银子。同时,所查获的呢羽、纱缎又全数没收充公。事实上,这个被外国人称为“贪得无厌的监督”佶山,在稍早的时候也罚过保商伍佈官(伍秉钧、怡和行)50 倍的税款,并且将他认为是私货的两对手表也加以没收。不过,这样的重罚应该只是监督佶山的一意孤行而已。类似的个案,以北京崇文门税关为例,遇到有漏税或走私的情形,罚款最多也不过是应缴税额的 20 倍而已。这说明在漏税、走私的处罚上,经常由监督任意决定,而非绝对地依循法律或惯例。

“截旷银”是对于应付给胥吏和差役的“火足”(办公费和交通费),因为当事人请假,或因为小月“建旷”,从而扣除不支给的节省银两。

舟车饭费,这是指家人和胥吏、巡役于各口岸稽查船只时,向每艘船舶收取的费用,这些费用用银子大体是一二钱到 1 两之间,用钱则大体是在 10 文到 600 文之间。在大关、澳门一带大抵收银,因为以洋船为主要对象;在其他各口则以征钱为原则,因为征收的对象包括渔船在内的小船。

---

① [日]佐伯富:《清雍正朝的养廉银研究》,郑梁生译,台湾商务印书馆 1976 年版,第 69 页。

耗羡银两也就是对火耗征收的一种税目。通常情况下征收的税收都是散碎银两，粤海关在征收银两后需要加以处理，将其熔成银锭后才可上交国库，因此在熔造的过程中就会出现损耗，耗羡银两就是对这种损耗而进行征收的。通常情况下，火耗是根据货物税额加认征收的，也就是说每1两银子征收火耗1钱。但是在雍正初年时，粤海关征收的火耗是“加二”（20%）①，或许是在杨文乾管理粤海关时调整为10%。

添平银也叫“加法补平银”。“法”是指“法码”，也就是秤子或秤头。粤海关在起解“盈余”交给户部时，加1.5%的银子，用以预备填补因为秤子的标准（或准确度）不同而产生的差距，为此目的，或以此为借口，粤海关在收受银两时，原来每100多收1两6钱5分（1.65%）。乾隆二十年（1755），监督李永标以不敷解部，加收8钱，成为了2两4钱5分（2.45%）。由于收1两6钱5分已经超过户部的要求，再增加8钱更不合理，因此乾隆二十四年时，总督李侍尧等人就取消这8钱。粤海关的人员又借口说，这1两6钱5分必须是库平纹银，可是一般交来的是“番银市平”，因此每两就该收2分（2%），所以又称为“二分头”。

最后，缴送的10%税银是在雍正六年（1728）至乾隆初年征收的一种税，由行商代缴，即对于进出口的所有货物，行商都必须按照货物的价格交纳10%的税。从时间上来看，在没有与外商完成交易时，总督便要求行商缴纳10%的税，在很大程度上加重了行商的负担。直到1736年乾隆帝登基之后，10%的“缴送”才被取消。后来，虽然不再缴纳这一税款，但是粤海关的官员还是通过要求他们购买商品等方法要求行商缴纳，从此，勒索逐渐成为了一种有组织的制度，由行商出钱购买外商船只上的商品，但是这些商品的价格却由粤海关的官员制定，这一行为就使得粤海关可以更加便利地勒索。

杂税的征收除了以上几种外，还有挂号、平余等很多种税目，纷繁复杂。

---

① 参见《宫中档雍正朝奏折》（第五辑），台北故宫博物院1978年版，第106页。

所以,杂税也是粤海关税收收入的主要部分,是国家财政收入的重要来源。

在鸦片战争以后,粤海关征收的税种除了船钞和货物税两种正税外,对于进出口货物还征收复进口半税和洋药税厘。其中,船钞税在中英《五口通商章程》中规定150吨以上商船每吨征银5钱,150吨以下商船每吨征银1钱。在1858年的《天津条约》中将税率降为150吨以上商船每吨征银4钱,150吨以下商船每吨征银1钱;货税首先由中外政府协定征收。到1858年的《天津条约》规定了"值百抽五"的税则,并增加了免税范围,从此,税率大幅度降低。复进口半税是外商运土货出口后再次进口征收半税;洋药税厘是鸦片进入中国时每100斤纳税30两,在1887年以后并征厘金。

(二)税率

由于船钞及杂税较为固定,所以此处的税率主要是货物的税率。经过粤海关的货物主要有衣物、食物、用物和杂物四大类,而且每一类都有较为具体的分类,粤海关对于各类商品的税率规定也较为详细,通过分析这些商品的税率,也可以在一定程度上看到广州的商品贸易状况。

在"四口通商"时期,四个海关在税则设置上不尽相同,这就使得各个海关的监督可以根据本地的实际情况酌情设置税率,以保证自己本地的税收。但是从总体上来看,进口的税率为平均4%,而出口的税率为平均16%。① 可以看出,清朝初年就采取了鼓励进口、抑制出口的政策。

乾隆元年(1736),为了更好地实施广州的"一口通商"政策,避免由于粤海关的税收过多引起西方的船只到达其他港口进行私自的贸易,进一步维持南方各个城市的稳定秩序,进而活跃广州地区的海上贸易,大学士张廷玉、户部尚书兼内务总管海望、步军统领托时、左侍郎李绂、两位左侍郎申珠浑、赵殿最等大臣,认为在粤海关进出港的船只既交正税,又交规礼,不太合理,如果减

① 参见[英]莱特:《中国关税沿革史》,姚曾廙译,三联书店1958年版,第2页。

免这些负担每年可为船只节省八九万两白银，集体要求减免粤海关的税费。乾隆根据实际情况，规定粤海关的出入口关税税率不得超过康熙年间所定的水平。

这样，粤海关的法定税率一直保持在很低的水平，如果把当时的所有税都折合成从价税，那么其税率在前期稳定在2%—4%之间，后来略有上升，但仅仅达到3%—6%，该关税率虽低，但额外征收的规礼、火耗、分头等杂税较多，往往是正税的4倍以上。再加上有时外国商船到达广州之后，广州的官吏就会为了争取较多的利益而以各种借口使船滞留，并且征税的官吏们以专断的方式征税，如果不答应，就会公然索贿①，因而一般外商常常叫苦于关税课征的不确定性。这些论述中或许会有夸大的成分，但显而易见的是，虽然粤海关的税率较低，但是在实际的征收过程中官吏们会随意加征，勒索各种财物，来为自己谋取私利。

除了官吏们索要贿赂、强行征收以外，清政府经常对进出口商品征收名目进行更改。按照清政府的税则规定，当新的商品出现在粤海关时，粤海关对其就应当作为杂货进行处理，而杂货的税率很低，每100斤仅征2钱。监督往往不采用此种规定，而采用“引比征收”的方法，也就是将新出现的商品类比于正税则例中的近似商品，然后按照正税表中的商品征税。例如，对葡萄干就“比番蜜饯，每百斤（征收税额）五钱五分”。经过长时间的征收，这一行为便得到了默许，形成惯例，并由此形成了“比例簿册”，成为了一个新的税种。在具体实践中，一般每年将新出现的事例在年末汇总报到户部，户部根据具体的情况每两到三年将税收则例修订一次，以适应广州各类商品进出口的需要。

由于当时的勒索加征较为普遍，粤海关为了保证自己的收入，也会加派一些税赋给进出口船只。再者，在南方的沿海地区只有广州可以进行对外贸易，所以这一地区所制定的税率就可以有一定的随意性，不需要考虑其他港口与

① 参见［英］莱特：《中国关税沿革史》，姚曾廙译，三联书店1958年版，第4页。

其他竞争。这些税负的变动情况也较为频繁,所以当时的粤海关并没有公布这些税负征收的标准。为了对当时粤海关征收赋税的税率进行大致的了解,在此,通过查阅路克耶(Charles Lockyer)在1704年12月搭乘的英国东印度公司船只斯特雷瑟姆号(Stretham)到达广州时的记录,可以在一定程度上了解“一口通商”时期广州的税率状况(参见表5-21)。

表5-21 1704年斯特雷瑟姆号在广州贸易的相关数据

货物种类	单位	货价(两)	征收出口税(两)	税率(%)
生丝	担	140.00	1.80	1.28
丝织品	担	300.00	2.20	0.73
麝香	斤	13.00	0.20	1.50
干姜	担	1.50	0.10	6.70
大黄	担	14.00	0.10	0.71
铜	担	11.50	0.40	3.48
糖	担	1.75	0.10	5.71
茶	担	37.50	0.20	0.53
白铜	担	3.90	0.30	7.70

资料来源:[美]马士:《东印度公司对华贸易编年史》(第一二卷),区宗华译,中山大学出版社1991年版,第104页。

从表5-21中可以看出,丝织品的价格是比较昂贵的,但其税率并不是最高的,糖和干姜的价格并不是很高,但其税率却是最高的,达到了5.71%和6.7%。整体来看,当时征收的出口税率并不是很高,并且一些价值较高的商品其征收的税率反而很低。在正税的基础上,1708年的附加税为6%,即使这样,如此的出口税率与当时欧洲各国通行的税率比较也是非常低的。从表中可以看出,茶叶的出口税率是最低的,仅为0.53%,再加上6%的附加税,综合征收的税率为0.56%。以茶叶为例,中国出口每担茶叶征收0.2两税,加上附加税也只是0.212两,而这些茶在英国的进口税可达2先令3便士,约合50两白银,从中可以明确地看到当时中国广州的出口税率与欧洲国家的茶叶税率比起来是非常低的。这充分说明了当时的清政府并没有把对外贸易作为增加国家财政收入地维护国内经济稳定的一个手段,而只是把其作为朝贡贸易的一个附庸,对于贸易所带来的经济效果并不关心。

在具体的实践中,由于粤海关的官员和行商需要获得一定的利润,所以在实际征收环节并不是征收如此之少的税收,考虑到各种税收附加,其税率自然而然便上升了。具体来看,如上述所购买的铜,购买 1000 担铜需要支付 10900 两白银,其在出口过程中所缴纳的各种税费参见表 5-22。

从表 5-22 可以看出,考虑到各类具体的税目,10900 两铜出口最终需要交纳的税收合计为 1092.92 两,征收比率为 10.03%,但是按照斯特雷瑟姆号所记载的相关数据,其应承担的税率为 3.69%,所以在此研究粤海关的税率只能通过看记载来注意粤海关对于各类商品征税的重视程度。虽然这样,其征税量与其他国家相比还是特别低的,这是因为当时中国还处于传统社会,清政府还以天朝上国自居,在粤海关进行对外贸易主要是为了抚夷,而不是增加政府的财政收入,而当时在广州贸易的西欧各国已经开始实行重商主义,最大限度地增加政府的财政收入,为以后的经济扩张和社会发展铺路。可见,这样的税收比率通常情况下还是比较低的。

表 5-22　购买 1000 担铜的税收征收表

税目	税率(%)	税收(两)
1000 担铜的出口税	0.4	400
海关监督征收附加税	24	96
钦定称量补平加重	1.8	8.92
小计	—	504.92
纹银九三折	—	542.92(504.92÷93%)
火耗	2	8
书吏及其他仆役	—	84
过称费	—	2

续表

税目	税率(%)	税收(两)
雇佣驳船、苦力	—	20
通事抽货物买价	1	109
监督抽货物买价	3	327
合计	—	1092. 92

资料来源:[美]马士:《东印度公司对华贸易编年史》(第一、二卷),区宗华译,中山大学出版社 1991 年版,第 104—105 页。

鸦片战争后,随着一系列不平等条约的签订,广州海关的税收自主权一步步地落入外国列强的手中,清政府对曾经南方的主要海关税收的控制权一步步地降低。在列强的侵略下,粤海关的税率被大幅度降低。

这一时期,粤海关的税率有明确的记载,主要分为进口税和出口税。粤海关进出口商品的税收征收规则参见表 5-23、表 5-24。

表 5-23　粤海关出口商品的税收征收规则

项目	计税单位	原定税率(两)	实收税率(两)	实收比原定提高(%)
白矾	担	0. 2162	0. 4232	95. 74
八角	担	0. 4823	0. 6893	42. 92
铜箔	担	1. 3844	1. 4414	4. 12
樟脑	担	0. 8405	1. 3475	60. 32
三籁	担	0. 2249	0. 2819	25. 34
桂皮	担	2. 1309	2. 3379	9. 71
桂子	担	—	2. 5130	—
桂皮油	担	1. 2695	1. 3265	4. 49
土茯苓	担	2. 1309	0. 4319	-79. 73
各种瓷器	担	0. 6681	0. 9651	44. 45
花竹响爆等类	担	0. 5972	0. 6542	9. 54
良姜	担	0. 2249	0. 4319	92. 04

续表

项目	计税单位	原定税率(两)	实收税率(两)	实收比原定提高(%)
土珠	担	0. 5397	0. 5967	10. 56
土胶　鱼胶	担	—	1. 1850	—
各种夏布	担	0. 9823	1. 0393	5. 80
石黄	担	0. 5972	0. 6542	9. 54
红丹	担	0. 5972	0. 6542	9. 54
席	担	0. 2162	0. 2732	26. 36
麝香	斤	0. 3430	0. 3440	0. 29
紫花布	担	1. 8437	2. 6507	43. 77
粗紫花布	担	1. 0128	1. 0698	5. 63
纸扇	担	—	6. 9530	—
各种纸类	担	0. 4823	0. 5393	11. 82
各种蜜饯、糖果	担	0. 5845	0. 6415	9. 75
大黄	担	0. 3936	0. 9038	129. 62
浙江丝	担	15. 2760	27. 7330	81. 55
广东丝	担	8. 5760	10. 5702	23. 25
天然丝	担	4. 0866	4. 1436	1. 39
丝经	担	12. 7271	12. 7841	0. 45
丝线	担	8. 1068	8. 1638	0. 70
丝带	担	8. 6202	8. 6772	0. 66
丝绵杂货	担	3. 5123	3. 5693	1. 62
白糖　黄糖	担	0. 2690	0. 4750	76. 58
冰糖	担	0. 3253	0. 5323	63. 63
锡箔	担	0. 6108	0. 6678	9. 33
各种茶叶	担	1. 2794	6. 0000	368. 97
硍硃	担	3. 6038	3. 6608	1. 58

资料来源：姚贤镐：《中国近代对外贸易史资料》(第一册)，科学出版社 2016 年版，第 388—390 页。

表 5-24　粤海关出口商品的税收征收规则

货目	计税单位	规定税率（两）	实收税率（两）	实收比原定提高（%）
阿魏	担	1. 2000	3. 4100	184. 16
洋蜡　蜜蜡	担	0. 8000	2. 1400	167. 50
槟榔	担	0. 1412	0. 3233	128. 96
上等黑海参	担	0. 3081	0. 6409	108. 01
上等燕窝	担	3. 9019	4. 0840	4. 66
上等冰片	斤	102. 7073	105. 7594	2. 02
上等丁香	担	2. 0000	8. 8000	340. 00
下等丁香	担	1. 4000	2. 0200	44. 28
帆布	匹	0. 3000	0. 5900	96. 66
呀嘛米	担	1. 3348	1. 8169	36. 11
玛瑙	百片	1. 6075	1. 6095	0. 12
玛瑙珠	担	12. 8859	12. 9180	0. 24
棉花	担	0. 2980	1. 7400	483. 89
白洋布	匹	0. 2850	0. 6450	126. 31
白袈裟布	匹	0. 2848	0. 2864	0. 56
原色洋布	匹	0. 0693	0. 3730	438. 23
原色斜纹布	匹	0. 2848	0. 2864	0. 56
印花布	匹	0. 2593	0. 2609	0. 61
小手帕	块	0. 0100	0. 0150	50. 00
大手帕	块	0. 0200	0. 0300	50. 00
棉纱　棉线	担	0. 4834	2. 4064	397. 80
牛黄	斤	1. 9250	1. 9260	0. 05
儿茶	担	0. 3330	0. 9330	180. 18
上等不碎象牙	担	0. 4151	5. 6472	1260. 44
下等碎象牙	担	3. 9019	3. 9340	0. 82
鱼肚	担	—	1. 3800	—
火石	担	0. 0642	0. 2463	283. 64
玻璃片水晶器	担	3. 0000	4. 6000	53. 33
上等洋参	担	38. 5549	47. 5870	23. 42

续表

货目	计税单位	规定税率(两)	实收税率(两)	实收比原定提高(%)
下等洋参	担	3. 9019	3. 9340	0. 82
上等金银线	斤	0. 1288	0. 1292	0. 31
下等金银线	斤	0. 0287	0. 0291	1. 39
安息香	担	0. 2000	2. 6200	1210. 00
乳香	担	0. 9498	1. 1319	19. 17
没药	担	1. 6300	2. 1121	29. 57
犀角	担	18. 0000	23. 6000	31. 11
海珠壳	担	0. 1799	0. 3620	101. 22
洋熟铜	担	0. 4000	1. 6200	305. 00
洋熟铁	担	0. 1799	0. 2120	17. 84
洋生铁	担	0. 1799	0. 2120	17. 84
洋生熟铅	担	0. 4365	0. 6036	38. 28
水银	担	1. 5916	1. 6237	2. 01
洋生铜	担	0. 4365	0. 6186	41. 71
洋锡	担	1. 0782	1. 5153	40. 53
上等豆蔻	担	1. 8482	4. 2803	131. 59
下等豆蔻	担	0. 6000	0. 9800	63. 33
胡椒	担	0. 5649	0. 8970	58. 78
水香	担	1. 0140	1. 5861	56. 42
沙籐	担	0. 1799	0. 3620	101. 22
苏合油	担	3. 0000	5. 9000	96. 66
上等白鱼翅	担	0. 4365	1. 0080	130. 92
下等墨鱼翅	担	0. 4365	1. 0080	130. 92
生熟牛皮	担	0. 2000	0. 4600	130. 00
海龙皮	个	1. 2886	1. 2918	0. 24
大狐皮	个	0. 0500	0. 1450	190. 00
小狐皮	个	0. 0250	0. 0725	190. 00
虎豹　貂皮	个	0. 1000	0. 1320	32. 00
獭貉獾　鲨鱼皮	百个	0. 2400	2. 3120	863. 33
海螺皮	百个	2. 4000	7. 3000	204. 16

续表

货目	计税单位	规定税率(两)	实收税率(两)	实收比原定提高(%)
兔皮 灰银鼠皮	百个	0. 2400	0. 5120	113. 33
洋青	担	8. 1371	8. 6192	5. 92
大瓶洋酒	百瓶	0. 5649	0. 5970	5. 68
小瓶洋酒	百瓶	0. 5649	0. 5970	5. 68
桶装洋酒	担	0. 5649	0. 5970	5. 68
乌木	担	0. 7990	0. 3620	-54. 69
檀香木	担	1. 1423	1. 6244	42. 20
苏木	担	0. 2000	0. 6700	235. 00
大呢	丈	0. 7118	1. 2420	74. 48
小呢	丈	0. 2149	0. 3695	71. 94
洋白毡	条	0. 1000	0. 2300	130. 00
羽缎	丈	1. 2886	1. 2918	0. 24
羽纱	丈	0. 7752	0. 7784	0. 41
羽绸	丈	0. 3876	0. 3892	0. 41
羽布	丈	0. 1951	0. 1967	0. 82

资料来源:姚贤镐:《中国近代对外贸易史资料》(第一册),科学出版社 2016 年版,第 391—394 页。

从以上的税则数目中可以看出,无论是进口征税还是出口征税,绝大部分商品在粤海关的实收税率都比规定税率高,并且粤海关征收的税额不受市价波动的影响,也就是所征收的是从量税。这与粤海关在鸦片战争以前征收较高的税收有密切的关系,为了保证自己的利益,所以或多或少地在原来的基础上提高税率。但是这也在一定程度上影响了粤海关的货物进出口值,在各个口岸开通以后,商船经常到其他口岸开展商贸活动,这就使得粤海关的税收在这一时期并没有提高。

(三)税收收入

康熙二十三年(1684),清政府设立了江、浙、闽、粤四大海关,并且在康熙年间,为了调动海关官员的积极性,政府规定粤海关在缴纳关税时仅需把定额银缴足即可,对于盈余的银两可以由监督等自行处置。因此,政府所征收的税银无法真正地反映当时粤海关的税收状况和贸易发展程度。在雍正初年,政府实行了"耗羡归公"等多项影响深远的财政改革,对于海关而言,政府也要求地方海关将盈余银上交给中央政府,由清政府统一支配。从此时开始,我们便可以从粤海关的征税数额中大体看出当时广州的对外贸易状况(参见表5-25)。

表5-25 1724年至1756年粤海关年均税收收入表

(单位:银两)

时间	税收收入	时间	税收收入
1724. 2. 24—1725. 1. 23	97294. 5	1749. 12. 26—1750. 12. 25	466940. 729
1726. 1. 24—1727. 1. 23	129850. 0	1750. 12. 26—1751. 11. 25	459804. 284
1729. 4. 12—1730. 3. 11	198062. 0	1751. 11. 26—1752. 11. 25	502769. 065
1730. 3. 12—1731. 3. 11	228659. 7	1752. 11. 26—1753. 11. 25	514810. 008
1731. 3. 12—1732. 3. 11	309107. 9	1753. 11. 26—1754. 10. 25	515318. 039
1735. 4. 25—1736. 3. 24	216272. 8	1754. 10. 26—1755. 10. 25	486267. 794
1741. 1. 25—1742. 1. 24	296924. 9	1755. 10. 26—1756. 9. 25	404957. 048

数据来源:黄国盛:《鸦片战争前的东南四省海关》,福建人民出版社2000年版,第419—442页。

表5-25反映的是雍正二年(1724)至乾隆二十一年(1756)粤海关年均税收收入。从表中可以看出,这一时期粤海关的税收收入增长趋势十分明显。1724年税收收入为97294. 5银两,而在1726年税收收入达到129850银两,税收收入突破100000两额度,1726年税收大约为1724年的1. 33倍。1726年后粤海关税收逐渐增加,在1731年达到一个小高峰,为309107. 9银两,此后两年出现下浮。1750年粤海关税收达到了46万银两之多,实现了大幅度的上涨,短短10年的时间,税收就变为1741年的1. 57倍。从1750年到1756年,几乎每年的税收收入都在40万—50万银两之间,并且这样的增长速度随着对外贸易的不断发展也不断的加快。这反映了在"海禁"时期由于政策的影响,人们难以开展海外贸易,在允许广州口岸开展对外贸易之时,人们就逐

渐开始进行贸易活动，这一政策实行一段时间以后，贸易量便大为增加，从而导致广州的税收收入也大幅度增加。

表5-26反映的是1757年，也就是乾隆二十二年实行一口通商以后到1832年间的粤海关的税收收入情况。通过表5-25与表5-26的对比，可以明显看出在实行一口通商政策后，粤海关的税收收入有了很大的增长。从1757年到1783年税收收入从370037两变为797862两，1783年是1757年的2.15倍。1787年粤海关税收收入首次突破100万两，达到了1036999两，此后基本每年的税收收入均在100万两以上，最高在1802年达到了1695389两，较刚刚实现一口通商的1757年增长了1325352两，是1757年的4.6倍。表5-27反映了1860年到1901年的粤海关税收收入情况，从表中可以看出，1860年后的粤海关税收收入出现了下降的趋势。

表5-26　1756年至1832年粤海关年均税收收入表

（单位：船（艘）关税（两））

时间	船数	关税	时间	船数	关税
1756.11.18—1757.11.06	7	320531	1795.09.09—1796.08.27	53	981187
1757.11.07—1758.10.26	12	370037	1796.08.28—1797.08.17	51	973173
1758.10.27—1759.10.15	23	354668	1797.08.18—1798.08.06	63	1035757
1759.10.16—1760.10.03	13	356209	1798.08.07—1799.07.27	50	937037
1760.10.04—1761.09.23	13	382610	1799.07.28—1800.07.16	59	1210247
1761.09.24—1762.09.12	10	382631	1800.07.17—1801.07.05	64	1336172
1762.09.13—1763.09.02	17	411623	1801.07.06—1802.06.24	70	1540774
1763.09.03—1764.08.22	24	474337	1802.06.25—1803.06.14	84	1695389
1764.08.23—1765.08.11	31	505032	1803.06.15—1804.06.02	77	1555586
1765.08.12—1766.07.31	30	599965	1804.06.03—1805.05.23	85	1641972
1766.08.01—1767.07.20	20	546736	1805.05.24—1806.05.13	97	1621376
1767.07.21—1768.07.09	23	547102	1806.05.14—1807.05.02	96	1663830
1768.07.10—1769.06.28	23	548306	1807.05.03—1808.04.20	87	1470460
1769.06.29—1770.06.18	29	590063	1808.04.21—1809.04.09	66	1457202

续表

时间	船数	关税	时间	船数	关税
1770.06.19—1771.06.07	26	578067	1809.04.10—1810.03.29	77	1408642
1771.06.08—1772.05.27	30	591998	1810.03.30—1811.03.19	51	1165263
1772.05.28—1773.05.16	28	553826	1811.03.20—1812.03.08	73	1347937
1773.05.17—1774.05.05	31	541553	1812.03.09—1813.02.25	51	1246708
1774.05.06—1775.04.24	34	541864	1813.02.26—1814.02.14	47	1235258
1775.04.25—1776.04.13	26	533178	1814.02.15—1815.02.03	52	1185462
1776.04.14—1777.04.02	39	588408	1815.02.04—1816.01.23	73	1331240
1777.04.03—1778.03.23	33	588454	1816.01.24—1817.01.12	104	1446980
1778.03.24—1779.03.12	28	556185	1817.01.13—1818.01.01	101	1421304
1779.03.13—1780.02.29	25	556234	1818.01.02—1818.12.22	88	1432911
1780.03.01—1781.02.17	35	581802	1818.12.23—1819.12.12	90	1380097
1781.02.18—1782.02.07	24	548883	1819.12.13—1820.11.30	96	1479820
1782.02.08—1783.01.27	14	521141	1820.12.01—1821.11.19	94	1497022
1783.01.28—1784.01.17	36	797862	1821.11.20—1822.11.08	84	1485147
1784.01.18—1785.01.05	35	748126	1822.11.09—1823.10.28	65	1404913
1785.01.06—1785.12.26	46	872151	1823.10.29—1824.10.17	71	1444323
1785.12.27—1786.12.15	68	953961	1824.10.18—1825.10.06	112	1298829
1786.12.16—1787.12.04	73	981686	1825.10.07—1826.09.26	89	1576637
1787.12.05—1788.11.22	65	1036999	1826.09.27—1827.09.15	103	1850046
1788.11.23—1789.11.12	83	1101362	1827.09.16—1828.09.04	86	1441925
1789.11.13—1790.11.01	59	1127563	1828.09.05—1829.08.24	76	1499581
1790.11.02—1791.10.22	38	995883	1829.08.25—1830.08.13	99	1336635
1791.10.23—1792.10.10	55	1011426	1830.08.14—1831.08.02	77	1461806
1792.10.11—1793.09.29	44	885613	1831.08.03—1832.07.22	87	1532933
1793.09.30—1794.09.18	43	972949	合计	船数 4300	
1794.09.19—1795.09.08	59	1171911		税入 79360522	

数据来源：魏俊：《清代广州十三行的兴衰：白银供应的角度》，广西师范大学出版社 2018 年版，第 68—69 页。

表 5-27　1860—1901 年粤海关历年税收统计

（单位:两）

时间	税收收入	时间	税收收入
1860	1496294	1881	1050583
1861	1230296	1882	1104576
1862	1111926	1883	1137073
1863	950558	1884	1051051
1864	727890	1885	1089485
1865	843892	1886	1197713
1866	889476	1887	1904633
1867	934775	1888	2508292
1868	866269	1889	2398772
1869	869958	1890	2329499
1870	822066	1891	2480160
1871	1013492	1892	2342591
1872	1057799	1893	2034993
1873	942388	1894	1852997
1874	914552	1895	1750388
1875	991008	1896	1649327
1876	877712	1897	1885514
1877	1004707	1898	1877805
1878	988966	1899	2016270
1879	1093144	1900	1838931
1880	936783	1901	2159627

资料来源:《统计周刊》1930 年第 1 卷第 23 期。

同时,从图 5-3 中可以看出,粤海关关税从 1860—1864 年出现了大幅的下降,下降了大约 51%,1864—1887 年税收处于大体稳定状态,保持在 90 万两左右。1888 年出现了大额的增加,增长了 32%。1891—1896 年,税收收入又有所下降。1897—1900 年,税收收入有所波动。

这是因为在这一时期,在其他各个口岸开放的情况下,广州的进出口货物

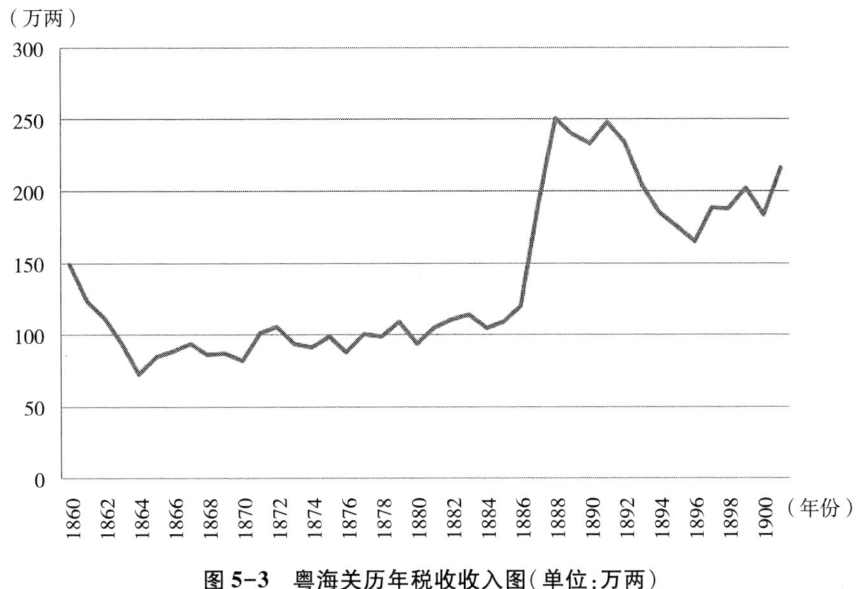

图 5-3　粤海关历年税收收入图（单位：万两）

逐渐分流到其他各个口岸，再加上粤海关的税率较低，这样，虽然进出口的货物总量有所增加，但是税收总额并没有相应增加。到了 1886 年，鸦片税厘的征收权由常关划归给了粤海关，这样，其税收额度大幅度增加。但到了 1891 年以后，随着国内鸦片种植的增长，进口的鸦片量急剧下降，再加上帝国主义瓜分中国狂潮的影响，政局波动较大，所以其税收收入一直处于波动状态。

三、恰克图和广州贸易税收收入的比较分析

从相同点来看，北路三关和粤海关的征税活动都为国家财政作出了巨大的贡献，但是在客观上并没有为中国近代化提供内生动力，具体来说：

首先，两处的税收都对国家财政作出了一定贡献。

清代中国的对外贸易主要集中在地理位置遥相呼应的一南一北两个口岸上，即北路的恰克图和南路的广州。在恰克图市场上，中俄两国商人交换各自具有资源禀赋优势的产品；在广州，中西商人源源不断地进行贸易交换。国内商品销往恰克图主要通过张家口、杀虎口和归化关三个榷关缴纳关税。在广

州进行对外贸易的商品都需要经过粤海关，而粤海关会对往来船只和货物进行征税。北路三关和粤海关的税收是清政府征收的一种商业税，鉴于当时政府的税收收入仍然是以农业税等国内税收为主，这种外贸的税收在财政收入中所占比重并不是很高，虽然如此，但是粤海关和北路三关作为政府管理对外贸易的重要环节，其对清政府的财政稳定做出了一定的贡献。

其次，它们都没有为中国经济的近代化转型提供内生动力。

当时无论是北方的恰克图还是南部沿海地区的广州，其贸易的时间较长，商品贸易量也较大。通过以上的数据很容易发现，两个口岸的收入在整个清代榷关收入中所占的比重非常有限，这表明清代的经济仍然是内贸型经济，不重视对外贸易的作用，只是把外贸作为抚驭外夷的一种手段。其税收收入也是为了维护传统的统治秩序，而不是积极用于近代化的资本积累和社会建设，虽然说其在客观上有助于外资和西方先进技术的流入，但是由于其税收并没有用于近代化建设，从而失去了较早进行近代化转型的机会，只能使中国在外在压力下被动走向近代化。

从不同点来看：

首先，两处税关的地位不同，导致它们征税规模有较大差异。

自康熙二十四年解除海禁政策后，清政府设立了江、浙、闽、粤四处海关。由于历史和地理等原因，开海通商后，作为粤海关所在地的广州对外贸易发展迅速，成为中国与外商进行贸易的一个重要集散地。一口通商的实施更是将粤海关推向了核心地位，并在这一时期的征税过程中发挥了重要作用；在鸦片战争以后，粤海关的地位与上海、天津等地的海关相比，虽然有明显的下降，但是其仍然是南方地区一个重要的海关，为清政府的外贸管理和税收征管发挥着非常重要的作用。恰克图作为一个北方边陲小镇，由于地理位置便利而成为中俄两国商人进行相互贸易的场所。清政府一直把恰克图贸易作为边境安宁的一个象征，不重视恰克图的经济效益，并且为了保证恰克图的安定，清政府同俄国政府商议把征税地点放到了两国国内，所以对于恰克图贸易的商品而言，其征收的赋税在很大意义上是国内商品的通过税。总体上看，在清代的对外贸易中，中国与西洋的贸易所占比重较大，与俄国在北部边境的贸易所占比例很小，因而粤海关的地位也就比北路三关更为重要。

第二，两地税收的性质不同。

清代的关税根据来源的不同，可以分为以贸易行为为目的而进出中国国境的商品所征收的海关税和以贸易行为为目的而进出国内各关卡的商品所征收的常关税。因此，粤海关征收的税收全部是进出口贸易活动产生的，其财政贡献率便是广州外贸活动的财政贡献率。北路三关征收的税收既包括前往恰克图贸易的税收，又包括一部分内贸活动所征的税，囿于资料的限制，暂时还无法把北路三关税收中的内贸商品税与恰克图外贸商品税完全区分。从税收总额上来讲，北路三关的税收总额远远低于粤海关的税收总额，由此可以推断出恰克图贸易商品的税收远低于粤海关的税收。所以，从税关的性质上，我们可以发现恰克图的贸易商品应征的税收量要低于北路三关实征的税收量，其对财政的贡献率要低于北路三关税收收入对财政的贡献率。

第三，两地的免税规定不同。

恰克图贸易一向免税，而且北路三关也存在很多免税的规定，如张家口对粮食、民间日用及零星物品等规定商品免征关税；杀虎口对军前所需、米麦、船料等概不征税；归化城对民间零星日用物件不征关税等。而粤海关不仅不存在免税规定，在征收关税时还有正税和杂税之分。与广州贸易相比，恰克图贸易是一种相对自由的边境贸易。

第四，两地税收对财政的贡献程度差异较大。

从税收额的角度来看，张家口每年的税收收入大约为 4 万两左右；杀虎口为 3 万两左右；归化城为 2 万多两，三关总和大约为 10 万两左右。而粤海关每年的税收收入大约为 400 万—500 万两，但从数额上来看，二者就不在一个量级上。粗略估算，粤海关税收收入以每年 450 万算，北路三关以 10 万两来计算，粤海关每年的税收收入就是北路三关之和的 45 倍，二者差距甚大。

具体来看,杀虎口、张家口和归化城的税收额远低于粤海关的税收额,以资料相对比较齐全的 1849 年为例,张家口、杀虎口和归化城 3 关税收收入总额为 128499 两,占全国财政收入的 0. 35%,粤海关税收收入为 1471318 两,占全国财政收入的 3. 98%。这主要是因为在鸦片战争以后,大量欧洲国家的商品通过广州等地进入中国,他们也需要中国的茶叶、丝绸、粮食、蔬菜、皮革、黄铜、玩具等商品,所以总的贸易量并没有因茶叶的贸易量下降而下降,广州海关所征收的关税还保持在一个较高的水平;在恰克图贸易中,其商品结构比较简单,并且在 1850 年以后,茶叶的贸易额几乎占了张家口贸易额的全部份额,这时俄商通过特权在中国内地大量采购茶叶,再缴纳极低的税费将茶叶运往俄国,在 19 世纪末期运输线路也不再通过杀虎口、张家口和归化城地区,因此,这三个税关在对外贸易中所征的税负便没有得以增加,并时常有所降低。虽然北路三关的税收收入较粤海关比较低,对清政府的财政贡献率与粤海关相差较大,但是其每年的税收收入也有数万两之多,为缓解清政府的财政压力做出了一定贡献。

第六章　恰克图和广州贸易影响的比较

恰克图贸易和广州贸易的发展稳定了边境局势，促进了商品的交流，为中国与俄国、西欧各国的交往做出了突出贡献，但是由于两地所面临的社会环境和政治环境有较大的差异，所以它们对于区域内和世界发展所产生的影响有较大的差异。

第一节　恰克图贸易的影响

通过前文所述，可以发现，晋商在恰克图地区的贸易活动促进了内外蒙古等地的城市发展，在与俄国的贸易上，晋商远涉戈壁、沙漠，在恰克图与俄罗斯商人进行贸易，促进了恰克图的繁荣，也推动了俄国的经济发展。其影响主要表现在以下几个方面：

第一，晋商在恰克图的贸易活动促进了经济中心区和边贸区的形成和发展。

首先，晋商在为恰克图运送货物的过程中促进了山西经济中心区的形成。

晋商在贸易过程中，一方面，晋商把南方的货物运送到山西，之后出张家口或杀虎口进入蒙古地区，穿越戈壁到达恰克图；另一方面，晋商在恰克图贸易经商致富后往往会返回山西购置土地，修建宅院，将山西尤其是晋中地区作为沟通中国南北方贸易活动的重要枢纽，例如在美国人罗比・尤恩森在所著的《宋氏三姐妹》一书中，称太谷为“中国传统的金融中心”“中国的华尔街”①。因此，恰克图的晋商以山西省为中心扩展其商贸活动，通过货物和资金的频繁流动，山西的经济得到了迅速发展，再加之各地向恰克图运送货物的商号持续通过会馆等与山西境内的总号展开联系，山西经济中心区得到了不断发展。

其次，晋商的贸易促进了北部边贸区的形成和发展。

这里的边贸区主要包括内地的商品货物集散中心和中俄边境的恰克图地区。

对于内地的商品货物集散中心来说，在清初，归化城还只是城池狭小的一个小镇。随着晋商在蒙古地区贸易活动的日益频繁和恰克图贸易的开展，归化城作为一个重要商贸基地的作用日益凸显。康熙三十五年，归化城已经逐渐发展成为蒙古地区的一个重要商业中心。之后，由于大批山西商人经过杀虎口向蒙古地区和中俄边境贩卖茶叶等物资，归化城的中转站地位日益显现，当地商贾云集，内地民众不计其数。这样，归化城就十分拥挤。为了解决这一问题，当地开始扩建城池，到了乾隆二年(1737)建成“周一千九百六十丈，高二丈四尺，底宽三丈五尺，顶宽二丈三尺”的土城。城内建有将军、副都统、官员等瓦房三千八百三十间，土房一千六百五十三间，兵士土房一万两千间，铺面房一千五百三十间。清朝末年，归化城有皮行、肉行、百货行、当行、钱行以及票号等诸多的行业，经济得到了迅速的发展，其北方经济重镇的地位日益突出。同样，在东口张家口，随着晋商的到来，这里逐渐从一个小城镇发展起来，如在康熙年间，张家口“商业半为客籍人所经营，尤以山西及蔚县人为多，本地人商业势力甚微”②。随着市场的繁荣，尤其是南来的晋商需要在张家口地区作短暂的停留，增添衣物，进行休整，这样为贸易商人提供各种服务的工人和菜农便逐渐增多，张家口市场日益繁荣起来。

恰克图原先只是一个小城，随着《恰克图条约》的签订，恰克图地区的经

---

① 参见李丽娜:《晋商的兴起与山西城镇的变迁》,《太原理工大学学报》(社会科学版)2008年第1期。

② (清)陈坦:《宣化乡土志·实业》,康熙五十年抄本。

济逐渐得到了发展，到了 18 世纪 60 年代以后，中俄之间的贸易活动集中到了恰克图地区，促使恰克图地区的基础设施逐步完善起来，两国商人在此地开展广泛的经济交流，该地的经济也得到了迅速发展。

第二，晋商在恰克图地区的贸易活动促进了社会分工和农副产品的商品化。

晋商在贸易活动中，足迹遍天下。为了更好地在恰克图地区开展边境贸易，大量的晋商到达张家口开展贸易活动。明代隆庆五年（1571）在张家口堡设立马市之后，吸引了全国各地的商人来此对蒙贸易。张家口离山西很近，吸引了大量山西商人来此贸易。张家口的马市经过几十年的经营，至明末清初，已是主要由山西商人操控的市场了，到了清朝初年，随着恰克图贸易的发展，张家口市场逐渐繁荣，城市规模也逐渐发展、壮大。晋商在张家口的活动促进了当地马市、商业和交通运输业的发展。另外，为了更好地保障恰克图边境贸易活动的繁荣，张家口还根据恰克图买卖商品的具体情况，对于商品进行有针对性的二次加工。例如当时中国从恰克图地区大量进口的皮毛，很多都是比较原始的原料，无法直接运到内地市场上销售，而张家口又是恰克图皮毛商品运往内地是一个中转站，商人们为了更好地销售皮毛，在张家口地区对俄国的皮毛进行加工，这就促进了张家口皮毛加工业的兴起与发展。在皮毛加工业发展壮大的同时，与之相关的制革业、马具业等行业逐渐产生并日益壮大。进入道光时期以后，张家口市圈拥挤不堪，不敷商铺居住，因而又有“朝阳村”的开辟，未几“铺户开设至二十余家，半系市圈分设”。过去，市圈商人由恰克图贩回俄国的进口货，均在市圈先行纳税，然后才能销售。自从朝阳村开辟后，商人并不纳进口货税，或俟四五月出售后才纳税，因而张家口关监督奏请开征朝阳村税，不然，如果将来市圈铺户纷纷迁至该处开设，恐怕就会对国家的税收带来巨大的损失。到了光绪初年，“东口贸易类多西商，每岁往还以数万人计”①。这些现象充分说明了恰克图商业贸易的日益繁荣是张家口的经济快

① 《商有戒心》，《大公报》（天津版）1902 年 12 月 21 日。

速发展为华北地区重要经济中心的一个重要原因。

第三,晋商在恰克图的贸易促进了新式金融机构的发展。

由于恰克图地处中俄边境,离张家口、杀虎口等城市有 1500 公里,并且沿途荒漠居多,供人休息的旅店等很少,单就张家口到恰克图而言,每一次往返,中途运输需要半年以上,如果加上从福建等地采购茶叶或者将俄国货物运到中国内地出售这一过程,那么其运输过程和贸易周期便会大大增加,这导致了他们垫支的资本增加,使得他们不得不缩小贸易规模或者向金融业寻求借贷支持,为了保证自己的丰厚利润,后者便是更好的选择。这样,票号的业务逐渐从中国经济比较发达的地区开到关外的一些城市,并开始在俄罗斯境内的一些主要城市为中国商人提供信贷支持,保证恰克图贸易的正常进行。另外,与票号类似的账局也在中国北方产生并逐渐发展到全国各地。[①] 例如,随着贸易的日益扩大,在票号等金融机构产生之后,晋商便把这类机构带到张家口地区,促进了张家口金融业的发达。

第四,晋商恰克图贸易中传播的文化使得山西文化走向全国,也促进了各地的文化交流。

首先,晋商建筑丰富了明清民间建筑的内容和形式。

晋商在恰克图贸易中积累了大量财富,他们将这些财富运回山西,建立了诸如乔家大院、渠家大院、常家庄园等大量的大院,这些大院代表了明清之际中国民间建筑文化的最高水平,成为了中国传统建筑文化的一个重要组成部分。到了近几年,借助这些晋商大院的丰富资源,山西历史文化产业蓬勃发展起来,为丰富人们的精神文化生活做出了突出的贡献。

晋商为了联络的方便,在全国各地建立了大量会馆。晋商从武夷山区贩茶到达恰克图地区,路经平原、湖泊、山地等多种地形,路途遥远,花费时间长,为了在各地联络感情,沟通不同地域的经济信息,以便能够在贸易中做出正确

① 参见董继斌、景占魁:《晋商与中国近代金融》,山西经济出版社 2002 年版,第 44 页。

且及时的决策，晋商在其路经的许多城市建立了大量会馆，并在会馆中设置戏台等娱乐设施，以解劳累和思乡的苦闷。这些会馆成为了山西商人对于当地文化的一种独特贡献。

其次，晋商的活动丰富了中国戏曲文化的形式和题材。

一方面，在晋商为恰克图贸易贩运商品的途中，山西梆子等剧种也逐渐传到南方及北方边境地区。在北方，随着贸易的进行，戏剧之类的内地文化融合了蒙汉人民的情感，有利于大一统国家民族的融合，在此之中扩大了山西的知名度和影响力，对晋商的对外贸易活动起到了极大的促进作用。例如，晋商纷纷在张家口地区设立钱庄、票号，开办会馆，这就丰富了张家口的山西戏剧文化，使得中路梆子逐渐成为张家口的一个重要剧种，并沿着通往恰克图的商路逐渐到达多伦、库伦和恰克图等地，丰富了恰克图商人们的生活，同时也增进了两国人民的感情，有利于贸易的顺利进行。

另一方面，在晋商建立的各类会馆中，邀请名师常年演出，促进了山西地方戏向外部的发展，也推动了不同戏剧文化的融合，对晋剧的传承创新发挥了重要的作用。

第二节　广州贸易的影响

广州作为中国南方与西方和东南亚贸易的一个重要窗口，为中西经济文化的交流做出了突出的贡献，成为中国接触与融入世界的一个起点，也是中国由传统农业社会向现代工业社会转变的一个重要节点。其对中国经济社会的影响主要表现在以下几个方面：

第一，促进了珠三角城市群的兴起与发展。

明清时期，在中国小商品经济高涨的推动下，广州城市经济辐射能力陡然剧增，其经济行业运行地理空间的向外延伸，直接催生了附近地带崛起的澳门、佛山两座城市，使得珠江三角洲出现了自身历史上第一个城市集群——

"广州——佛山——澳门"。广州十三行以地域为中心，与世界各地发生贸易关系，成为了珠三角城市集群不可或缺的纽带。

广州十三行的经济辐射，很大程度上还促成了地处西、北两江至广州的主要航道的佛山成为广州的内河港口。由于紧贴广州这一独口通商的巨大的外贸中心，佛山还直接承接了广州十三行大量的内贸业务，以至于佛山在明清时期商业贸易也高度繁盛，甚至出现了商贾云集、万家灯火、百货充斥大街小巷的繁荣局面，在全国有"天下巨镇"之誉。并且，以广州为轴心，在商业上形成了同城运转的"大广州"分工体系：广州十三行聚集的是"外洋百货"，负责集散外国商品和出口的土特产品；而佛山镇聚集的是"内地百货"，负责集散"广货（广东产品）"和"北货（全国内地产品）"①，两相衔接，分工整合，良性循环，总体上以广州的贸易发展和枢纽组织为主导。可以说，佛山在很大程度上就是广州城市经济延长发展的结果，因此，在当时人们的话语中，也往往言佛山必言广州，言广州必言佛山，如乾隆十五年（1750）时任和平县知县的胡天文说："查粤省之十三行、佛山镇、外洋、内地百货聚集。"②

第二，促进了手工业的繁荣与发展。

一方面，广州贸易促进了广州地区各类手工业的繁荣。一般来说，外商到广州开展交易活动需要居住在澳门地区，他们居住往往长达几个月，需要从广州购买大量的生活物资，带动了广州的各类手工业及商业的发展。据记载，清初广州有七十二行，如土丝行、颜料行、米埠行、瓷器行、牛皮行、金行等，这些行业商铺"其在本邑者，不过寥寥数行"③。可见，在这一时期，广州的行业分工已经非常细化，另外这些商人中本地人不多，可以看出，广州外贸的发达吸引了一大批专职商人在此地进行经商活动。这一行为进而带动了广州各类服

① 罗一星：《明清佛山经济发展与社会变迁》，广东人民出版社1994年版，第12页。

② （清）曹鹏翊等修，朱超玫等纂：《和平县志》卷一，清乾隆二十八年刻本。

③ 广东省人民政府参事室等：《广东海上丝绸之路史料汇编》（清代卷），广东经济出版社2017年版，第38页。

务业的发展,行业发展趋于完备,也便利了在澳门的外商,从而吸引了更多的外商来此展开经营活动。

另一方面,广州对外贸易的不断发展也促进了周边的不断发展。在贸易的过程中,内河航运、沿海航运和远洋航运等多种运输形式逐渐形成和完善,广州商人在东南亚地区设立自己的会馆,并利用自己在广州贸易所掌握的经验推动了当地经济的发展;广州商业的发展促进了整个广州城的商品经济日益繁荣,其市场规模的扩大使得广州城不断拓宽发展,为以后广州发展成为中国南方最大的城市奠定了坚实的基础;广州外贸的发展带动了周边城乡商品经济的发展,在较高利润率的吸引下,广州及周边地区的人们逐渐从农业生产转向商品生产和销售,传统的自然经济相应地逐渐瓦解,为广州及周边地区的近代化转型创造了条件。

第三,广州十三行对外贸易活动促进了中外之间的文化交流。

十三行在发展过程中,除了在发展外贸事业的过程中发挥了非常重要的作用之外,还带动了中西文化之间的交流,广州也成为当时中国联结西方乃至世界的平台、西方国家了解中国的窗口,在中西文化交流互动的过程中发挥了非常重要的作用。这些交流主要体现在以下几个方面:

一是由于行商需要长时间和外商开展交易活动,而外商主要使用英语,为了交流的方便,当时的广州商人创造出了广东英语。这种英语虽然没有比较规范的语法,但是在十三行商人及其以后的买办等商人看来,这种语言适合与外国商人接触。正是在这种语言的帮助下,十三行的商人和以后的买办阶级顺利地与外国商人交流、交往,促进了广州贸易的不断发展壮大。

二是广州商人在与外商的接触中,把欧洲的绘画手法与中国传统的国画技艺相结合,创造出来了一种新型的外销画及广彩瓷。这两种商品的大量外销,在促进广州商业进一步发展的同时,推动了广州文化艺术产业的发展壮大。

三是广州贸易的发展也使得西医传入中国。嘉庆十年(1805),英国东印度公司医生皮尔逊在广州为儿童接种牛痘，在这一年，种痘的孩童有千人之多，也有当地人学习种痘技术，并把其传播到其他省份。另外，皮尔逊写了《种痘奇方详悉》一书，在书中把西方运用种牛痘预防天花的做法传入中国，并通过耳濡目染让大众加以了解，在行商的积极推广下，愿意接受种牛痘的人越来越多，在广州开了中国种牛痘防天花的先河。随后，眼科医院等近代化的医院也在广州设立起来，这些医院把西方当时先进的医术传到当地，推动了广州医学的进步，从而为中国近代医学的发展提供了一些帮助。

四是广州贸易的发展使得汇票等新型的商业工具在广州开始运用。广州贸易的不断发展，使得广州行商无法仅仅利用白银满足商业的需要，这以后，行商就逐渐接受西方的汇票作为支付手段。在乾隆三十七年(1772)，曾经到达过欧洲的行商潘振承首先使用汇票，为自己的商业服务。这推动了他的商业贸易进一步发展，促进了广州新型贸易工具的诞生。

五是广州对外贸易的发展也推动了中国文化的向外传播，粤商中类似谭公、冼夫人、一百零八兄弟公、洪圣王等民间信仰，也通过这条贸易通道广泛传播到东南亚等地区。在数百年中，广州及周边地区的商人到东南亚地区经商立足，促进了所在地经济的发展，也在当地形成了华人聚集区，为当地与中国的交往做出了巨大贡献。同样，广州外贸的发展也把西方的先进科技、外国的作物纷纷带入中国，当时一些思想先进的中国人学习这些先进的技术知识，也在一定程度上促进了当时中国科学技术的进步。

第三节　恰克图与广州贸易影响的比较分析

一、恰克图与广州贸易影响的相似之处

第一，从经济作用来看，都促进了内地社会分工的扩大与区域之间的经济联系。

从城市经济结构来看，晋商在恰克图贸易中，将全国各地的商品运往恰克图地区，并在运送的过程中在各地零散地采购和销售商品，促进了各地的专业化生产和区域之间的经济联系。同样，在广州地区，由于手工业的发达，各个地区已经形成了专业化的生产模式，众多的产品实行出口导向式的生产，加速了社会分工的进程，使得不同地区的产业既存在竞争也存在合作，推动了经济的快速发展。

从农村经济结构看，在晋商和十三行行商的影响下，两个地区的农民都从农业中分离出来，流入城市，这使得手工业得到了较为快速的发展。尤其在经济发达的广州地区，家庭手工业成为农民收入的重要来源，并发挥着越来越重要的作用，粮食生产只作为自给自足之需，在农村经济中的地位日益下降。

第二，从精神层面来看，都促进了文化的发展。

恰克图和广州的贸易都推动了中国文化的发展。其中，晋商通过恰克图贸易积累了大量财富，建立了大量的晋商宅院和会馆，促进了内地建筑、戏剧等文化的发展，为中华文明的传承做出了重要贡献。广州十三行是国人认识世界、学习西方科技文化的窗口，也是世界透视中国、传播古老东方文明的桥梁。在广州的对外贸易过程中，欧洲、东南亚地区的商人大量聚集在这一地区，他们在这一地区的生活和商业活动使得他们了解了中国人的商业基因，广州商人率先实行类似远期汇兑交易方式这种敢为天下先的精神通过这些商人传播到了海外，使得广州地区率先融入世界一体化的大潮之中，成为中国认识世界、世界了解中国的重要窗口。

二、恰克图和广州贸易影响的差异之处

第一，从国内辐射作用来看，恰克图贸易带动了中国从南方到北方沿线城市的发展；广州贸易促进了以广州为中心的商圈的形成。

晋商在从福建向恰克图贩运丝织品、棉织品以及茶叶等商品的过程中，途经国内福州、汉口、社旗、洛阳、太原、张家口等众多城市，在经过这些城市的过

程中，晋商往往建立会馆，进行商品买卖活动，促进了这些城市的发展。

如在南方城市汉口，19 世纪中期以后，由于茶叶采购中心由福建地区转移到湖南、湖北地区，汉口的交通枢纽地位日益凸显，随着俄国人在此地用机器大规模加工茶叶，汉口的金融、运输、建筑等行业迅速发展起来。再如，在归化城，晋商在当地开展的各类商业活动有利于当地手工业发展的专业化，手工业在发展过程中日益出现了剩余，晋商的商业活动使得当地很多商品都可以通过他们的运输运到恰克图地区，进而转卖给俄国人。另外，俄国的毛织品运往归化城，丰富了当地的市场，提升了当地人民的生活水平。到了嘉庆至道光年间，归化城的商业发展到极盛时期，晋商在归化城随处可见，晋商开的行社就有 100 余个。大量的商业活动促进了饭馆、戏班的迅速发展，使该城市成为了当时口外地区最大的城市。可见，晋商在贩运商品的途中带动了沿途城市的发展，为这些城市商业的发展注入了活力。

广州的对外贸易活动主要集中在广州及其周边地区，这些活动带动了珠三角城市圈的发展。在国家政策的支持下，广州成为了清代中前期中国最大的对外贸易口岸，也成为南方重要的商品集散中心，该地区的商人主要集中在广州及周边地区，很少进行长途贩运活动，南方各地的商人便到广州开展贸易活动，广州贸易的日益繁荣带动了周边城市的发展，进而促进了珠三角城市圈的形成与发展。在商业的发展过程中形成了相互协调与配合的“大广州”分工体系：广州地区进口并销售各国的货物，负责集散外国商品和出口本国的土特产品；而佛山地区则成为内地小商品集散中心，负责销售国内的各类产品。在这种分工体系下，广州及其周边城市迅速发展起来，广州商圈逐渐形成。

第二，从全球化进程来看，恰克图贸易促进了俄国的资本原始积累，为其工业化创造了条件；广州十三行贸易推动了中国南方近代化的进程。

对于俄国而言，到 19 世纪 40 年代，恰克图贸易就已经成为了俄国财政收入的支柱之一：“一个恰克图抵得上三个省，它通过自己的贸易活动将人民财富的宝贵而富有生机的汁液输送到整个西伯利亚”①。可见，恰克图贸易在此时对俄国具有重要的意义。由于俄国在19世纪以前经济还相对比较落后，它只能通过大力发展边境贸易来积累财富。随着恰克图贸易的发展，俄国积累了大量的资本，工业化进程逐渐加快，带动了俄国远东地区的发展和资本的原始积累，也在一定程度上促进了中国北部边境地区城市的发展。而当其工业化发展到一定水平时，面对中国这个广阔的市场，它就急于运用武力打开，因此，到19世纪后半期，俄国用武力打开中国市场后，加快了对中国北方地区的侵略，同时加快在中国内地的商业活动，使得这一地区被迫卷入了全球的政治经济体系。

而在广州贸易中，大量白银源源不断地流入中国，缓解了中国当时出现的货币危机。据巴雷特和阿特曼等经济学家的统计，西班牙统治的拉丁美洲在17世纪和18世纪共生产了11.2万吨白银，其中4万余吨被输送到中国的广州地区，然后以各种形式从广州流入了中国内地，为了平衡这一贸易，从鸦片战争开始，西方国家对中国发动一系列的战争，中国被迫卷入世界市场，南方的小农经济成分不断解体，新的经济形态不断出现。十三行贸易也随之结束，广州的买办阶级逐渐兴起，他们在服务外商的同时，积极提升自身的实力，增强他们经商的本领。他们或当买办，或当掮客，在为外商服务的同时对商品买卖的过程、中外汇兑的差异等有了深入的了解，逐渐接触并从事近代工业生产，从而在19世纪后期逐渐兴起，成为南方的一支重要的商业团体，并为广州及周边地区的近代化进程创造了良好的条件。

---

①　[俄]特鲁谢维奇：《十九世纪前的俄中外交及贸易关系》，徐东辉、谭萍译，岳麓书社2010年版，“代序”第10页。

结　语

通过对清代恰克图贸易和广州贸易的信用机制、管理方式、商人主体、商品结构、税收状况以及其对于产业发展的影响进行比较,可以得出下列基本结论:

第一,在信用机制上,在恰克图贸易和广州贸易中,商人信用、商业信用以及政府信用都以各自的方式为两地的贸易活动提供保障。事实证明,在当时以农业为主体的国家发展中,这几类信用的相互配合很好地促进了两地对外贸易的发展,只是在发展前期恰克图的信用以商业信用为主导,而十三行的发展中以政府信用为主导。鸦片战争后,政府信用无法发挥作用,加速了晋商的衰落;十三行退出历史舞台后,外商自由雇佣买办的兴起,商业信用则在广州贸易中发挥了主导作用。

第二,在管理机构设置上,恰克图的商业活动前期主要由土谢图汗进行属地兼管,后期主要由理藩院派员管理,税收则由杀虎口、张家口和归化城3处税关负责征税;而广州的商业活动和税收活动由粤海关管理,并以政府委任的广州十三行行商为中介具体负责实施。这种设置方式都源于清政府御控外藩的天朝上国思想和稳定边境的基本国策。从不同点来看,恰克图的税收与市场管理相分离,而广州的税收与市场管理在同一地区;管理机构设置的目的上,恰克图重在稳定边境,敦促两国关系的友好。广州则在于御控外商,预防滋扰,避免纠纷。这也使得恰克图的管理政策要比广州更为宽松。

第三，在商人发展变迁上，恰克图的商人以晋商为主，而十三行的行商以闽商和粤商为主。由于南北方地域差异很大，风俗习惯各异，决定了恰克图以北方商人为主，广州以南方商人为主；他们在发展过程中都坚持诚信经营，并加强与政府之间的联系，从而不断发展壮大。但是在后来的发展过程中，两地商人在多方面因素的影响下逐渐衰落。从共同点来看，首先，商人利益集团的弱小使其无力要求政府维护其合法权益，而逐渐衰弱的清政府制定的一系列抑商政策又加速了晋商和行商的衰落；其次，从国家理论来看，国家对于商人的予取予求直接导致了两地商人的衰落。从不同点来看，首先，交易费用上升引起了恰克图晋商和广州十三行行商的衰败，但恰克图贸易中管理的交易费用相对较低，因而在19世纪中后期还可以正常经营；而广州十三行贸易管理中管理和买卖的交易费用较高，导致其较早衰败。其次，外来掠夺型制度是恰克图市场晋商衰败的一个重要原因，而部分十三行商人却完成了向近代化买办转型。

第四，在商品结构上，贸易早期，恰克图和广州出口的都是当时中国占绝对优势的商品，但是在进口商品中恰克图进口的主要是生活必需品，而广州进口商品中一部分是供皇室用的奢侈品；贸易中期，茶叶逐渐成为两地贸易的主要商品，并且贸易总额发展较快；贸易后期，两地的茶叶贸易仍占非常突出的位置，但恰克图贸易量波动很大，并在20世纪初迅速衰落下去，而广州在与西方各国的广泛交往过程中，其贸易商品的种类日益增多，总体贸易规模也有一定的增长。

第五，在税收收入上，对于恰克图贸易的商品有一些免税规定，而广州贸易中不仅不存在免税规定而且还征收一些杂税，此外，恰克图外贸商品的税收收入要远远小于广州地区。两地的贸易活动都为国家的财政收入做出了一定的贡献，但是它们作为处于传统社会晚期的税收，并没有被用于社会发展建设中，从而没有为当时中国的社会转型提供内在支持。

第六，在影响上，两地贸易都促进了国内手工业的繁荣，推动了中外经济和文化的交流。恰克图贸易带动了沿线城市的发展,广州贸易促进了以广州为中心的商圈的形成;恰克图贸易促进了俄国资本原始积累,为其工业化创造了条件,广州贸易推动了中国南方近代化的进程。

总之,从1644年清政府入关到鸦片战争前,政府在有限的几个口岸持续开展着对外贸易活动,这种口岸的选择与清政府的内外政策密切相关:虽然此时中国的经济发展水平还处于世界的领先地位,再加上诸如茶叶之类的产品生产与销售在世界上处于垄断地位,但是其政策重心依然放在国内,外贸的发展依然是为国内的稳定和发展服务,对于对外经济文化交往的重视程度还远远不够,所以,清政府在此时有限度的"闭关锁国"与其当时的国际地位和国内目标密不可分。从以上的分析中可以看出,这两处对外贸易口岸对当时中国的发展起到了积极的作用,推动了中国南方和北方经济的发展,而由于其作用主要体现在区域内部,再加上当时西方发达资本主义国家的入侵,中断了它们通过自由贸易发展自身的进程,因此,中国便无法通过和平发展的道路使自身完成近代化的历程。

清代两地的对外贸易活动给了我们深刻的启示。目前,在世界经济政治发展不景气的情况下,贸易保护主义盛行,给经济的发展带来更多的不稳定因素。为了更好地促进中国的发展和世界经济的稳定与繁荣,中国提出了"一带一路"的倡议,并积极倡议设立亚洲基础设施投资银行,为亚洲的基础设施和生产性领域提供投资服务,这些倡议得到世界众多国家的积极响应,为全球经济的复苏与发展贡献出了中国力量。

首先,我们在发展过程中,要注意国内各地区的不同实际情况,有针对性地制定政策。

清政府考虑到南北地区存在明显的差异,在两地采取了不同的政策措施,并且两处的外贸业划归不同的部门进行管理。对于北方与俄国在恰克图地区开展的贸易活动,清政府的主要目的在于维护北部边境地区的稳定,所以允许商人自由贸易的同时也通过闭关手段对俄国进行牵制;对于广州的贸易活动,主要是为了防止西方国家的侵扰，所以要求他们的贸易活动由行商代为进行。在如今的贸易中，我们不能采用这种手段，但是目前我国的对外贸易也比较复杂，面对世界各国的不同条件与政策措施，我们要结合外贸企业的实际情况制定相应的贸易措施，以保证贸易活动的正常进行。

其次，在产业发展中，要有针对性地发展相关产业，鼓励企业创新，以适合进出口的需要。

清代无论是恰克图贸易还是广州贸易，在很长时期内商品种类并没有太大的变化，正是在这一时期，西欧国家的各类产业相继出现，纺纱、棉布生产工艺迅速超越中国，这样，中国的出口商品就被限制在了有限的几类。这启示我们要大力发展相关产业，努力开展创新型国家建设。

目前，"一带一路"倡议得到了世界众多国家的认同并正在不断推进，在贸易和投资中，我们一定要注重不同地区的地域特色，有针对性地发展不同的产业，在对外交往的过程中，要吸取清朝时期恰克图贸易和广州贸易的经验与教训，在贸易的过程中积极发挥企业家的作用，政府要为企业的发展提供良好的保障，给国内企业的发展提供优质的服务，积极与周边国家和其他国家开展友好合作，为企业走向世界做好保障。另外，要处理好政府宏观调控与行业自律、企业自主之间的关系。政府既要鼓励本国有实力的企业积极开展国际贸易，也要对其政策力度进行有效地把控。如果政府过度干预本国企业的对外经贸往来，则会为利益寻租提供温床。因此，政府要充分发挥市场在优化资源配置中的作用，在需要干预的领域，要抱以公益的心态，运用商业的手法进行合理、科学的管理，维护市场秩序，保证个体理性与集体理性相统一，以便更好地推动个体理性的最终实现和国家利益的安全。

最后，要在全国构建起完善的信用体系，为贸易的长久发展提供保障。

清代无论是在恰克图贸易还是在广州贸易中，其贸易能够维持长久运行的一个重要原因就是两地的商人绝大多数都坚持诚信经营的原则，虽然在发展后期由于政府、时局变动等原因使得贸易量急剧下滑，但是商人的诚信原则并没有丢失,他们的被迫停业是时局动荡造成的结果,而诚信原则使得他们能够在动荡的时局中还能够维持一段时间的经营,这对于我们目前从事的国际贸易具有重要的意义。

在当今的全球化浪潮下,市场经济在一定程度上就是信用经济,开展国际贸易时必须注重诚信机制的建立,遵守与不同交易主体之间达成的信用规则。只有这样,中国才能更好地融入世界,进而不断地发展壮大本国经济。具体来说,目前,我们面对各国不同的法律、法规和道德规范及社会文化背景,要建立能够融入世界市场的、符合中国市场经济发展状况的社会信用制度,以融入国际社会大家庭、参与国际市场竞争。例如,在本民族文化道德中被认为具有合法性的事,在域外则可能被认为是背信弃义;而在域外文化中被认为可行的规则和行为,在国内可能会受到道德规范等的约束而失去获利机会。这就存在一个国际间的相互协调问题。尤其是在当今新冠肺炎依旧全球肆虐、世界经济整体不景气的情况下,从事对外贸易的企业如果不能很好地遵守所在国的信用体系,可能就会彻底失去所在国的市场份额,对于企业发展会造成致命的打击。所以,外贸企业必须深刻了解贸易对象国的社会文化背景,遵守贸易对象国的相关准则、价值观和信念,才能够更加有效地参与国际市场竞争,在竞争中不断发展壮大自己。

参考文献

（一）著作类

1.（东汉）班固：《汉书》，中华书局 1962 年版。

2.（清）曹鹏翊、朱超玫等：《和平县志》，清乾隆二十八年刻本。

3. 曹英：《近代中外贸易冲突及中国应对举措研究》，湖南师范大学出版社 2013 年版。

4. 陈慈玉：《近代中国茶业之发展》，中国人民大学出版社 2013 年版。

5. 陈开科：《巴拉第与晚清中俄关系》，上海书店出版社 2008 年版。

6. 陈复光：《有清一代之中俄关系》，国立云南大学法学院 1947 年版。

7. 陈国栋：《经营管理与财务困境——清中期广州行商周转不灵问题研究》，花城出版社 2019 年版。

8. 陈国栋：《清代前期的粤海关与十三行》，广东人民出版社 2014 年版。

9.（清）陈坦修：《宣化乡土志》，康熙五十年抄本。

10. 陈争平：《1895—1936 年中国国际收支研究》，中国社会科学出版社 1996 年版。

11. 成艳萍：《经济一体化视角下的明清晋商》，科学出版社 2013 年版。

12. 戴一峰：《近代中国海关与中国财政》，厦门大学出版社 1993 年版。

13.《（道光）广东通志》，清道光二年刻本。

14. 董继斌、景占魁：《晋商与中国近代金融》，山西经济出版社 2002 年版。

15. 方行、经君健、魏金玉：《中国经济通史 · 清代经济卷》，经济日报出版社 2000 年版。

16. 丰若非：《清代榷关与北路贸易——以杀虎口、张家口和归化城为中心》，中国社会科学出版社 2014 年版。

17．高春平:《晋商学》,山西经济出版社 2009 年版。

18．耿昇:《贡斯当与〈中国 18 世纪广州对外贸易回忆录〉》,《暨南史学》第二辑,暨南大学出版社 2003 年版。

19．《宫中档雍正朝奏折》,台北故宫博物院 1978 年版。

20．故宫博物院:《清代外交史料》,成文出版社 1968 年版。

21．故宫博物院明清档案部:《清代中俄关系档案史料选编》,中华书局 1979 年版。

22．广东省人民政府参事室等:《广东海上丝绸之路史料汇编》,广东经济出版社 2017 年版。

23．广州历史名城研究会、广州市荔湾区编志委员会:《广州十三行沧桑》,广东省地图出版社 2001 年版。

24．广州十三行研究中心、中共广州市荔湾区委宣传部、赵春晨、冷东:《广州十三行研究回顾与展望》,广东世界图书出版公司 2010 年版。

25．郭德焱:《清代广州的巴斯商人》,中华书局 2005 年版。

26．郭蕴生:《中俄茶叶贸易史》,黑龙江教育出版社 1995 年版。

27．(清)何秋涛:《朔方备乘》,日本早稻田大学藏书。

28．何勇:《清代漠南地区的商业重镇归化城》,《城市史研究》第 24 辑,天津社会科学院出版社 2006 年版。

29．黑龙、包和平主编:《钦定理藩院则例》,辽宁民族出版社 2019 年版。

30．黄国盛:《鸦片战争前的东南四省海关》,福建人民出版社 2000 年版。

31．黄鉴晖:《明清山西商人研究》,山西经济出版社 2002 年版。

32．孔佩特:《广州十三行:中国外销画中的外商》,商务印书馆 2016 年版。

33．李东阳:《大明会典》,广陵书社 2007 年版。

34．李国荣、覃波、李炳:《帝国商行:广州十三行》,九州出版社 2007 年版。

35．李康华、夏秀瑞、顾若增:《中国对外贸易史简论》,对外贸易出版社 1981 年版。

36．李庆新:《濒海之地——南海交通与中外关系史研究》,中华书局 2010 年版。

37．李庆新:《广东省社会科学院历史与中山研究所建所五十周年纪念文集(1958—2008)》,银河出版社 2008 年版。

38．李永胜:《清末中外修订商约交涉研究》,南开大学出版社 2005 年版。

39．厉声等:《中国历代边事边政通论》,黑龙江教育出版社 2015 年版。

40．连心豪:《中国海关与对外贸易》,岳麓书社 2004 年版。

41．梁嘉彬:《广东十三行考》,广东人民出版社 1999 年版。

42.（清）梁廷枏:《粤海关志》,广东人民出版社 2014 年版。

43. 刘鉴唐、张力:《中英关系系年要录》(第一卷),四川省社会科学院出版社 1989 年版。

44. 刘建生:《商业与金融:近世以来的区域经济发展——国际学术研讨会论文集》,山西经济出版社 2009 年版。

45. 刘建生等:《晋商研究》,山西人民出版社 2005 年版。

46. 刘锦藻:《清朝续文献通考》,上海古籍出版社 2000 年版。

47. 龙文彬:《明会要》,中华书局 1956 年版。

48. 卢现祥:《新制度经济学》,武汉大学出版社 2011 年版。

49. 罗一星:《明清佛山经济发展与社会变迁》,广东人民出版社 1994 年版。

50. 罗玉东:《中国厘金史》,商务印书馆 2010 年版。

51. 吕铁贞:《晚期涉外经济法律制度研究》,知识产权出版社 2008 年版。

52. 马汝珩、马大正:《清代的边疆政策》,中国社会科学出版社 1994 年版。

53. 蒙古国家档案局、内蒙古自治区档案局编:《旅蒙商档案集萃》,内蒙古大学出版社 2009 年版。

54. 孟宪章:《中苏贸易史料》,中国对外经济贸易出版社 1991 年版。

55. 米镇波:《清代中俄恰克图边境贸易》,南开大学出版 2003 年版。

56. 米镇波:《清代西北边境的中俄贸易》,天津社会科学院出版社 2005 年版。

57. 穆雯瑛:《晋商史料研究》,山西人民出版社 2001 年版。

58. 潘剑芬:《广州十三行行商潘振承家族研究(1714—1911)》,社会科学文献出版社 2017 年版。

59. 彭慕兰:《大分流:欧洲、中国及现代世界经济的发展》,江苏人民出版社 2003 年版。

60. 彭信威:《中国货币史》,上海人民出版社 1958 年版。

61. 祁美琴:《清代榷关制度研究》,内蒙古大学出版社 2004 年版。

62. 乾隆官修:《清朝文献通考》,杭州古籍出版社 2000 年版。

63.《清朝续文献通考》,台北新兴书局 1965 年版。

64.《清经世文三编》,卷五十兵政六,清光绪石印本。

65.《清实录》,中华书局 1985 年版。

66. 渠少森、庞义才:《山西外贸志》(上,初稿),山西省地方志编纂委员会办公室 1984 年版。

67.《三朝筹办夷务始末(道光朝)》,中华书局 2014 年版。

68. 山西文史资料编辑部:《山西文史资料全编》,山西文史资料编辑部 1998

年版。

69．沈云龙:《近代中国史料丛刊三编》,文海出版社 1991 年版。

70．(北宋)司马光:《资治通鉴》,中华书局 1936 年版。

71．绥远通志馆:《绥远通志稿》,内蒙古人民出版社 2007 年版。

72．“台北故宫博物院”文献处:《清代外交史料》,成文出版社 1968 年版。

73．谭元亨:《海国商道:来自十三行后裔的历史报告》,人民出版社 2015 年版。

74．汤象龙:《中国近代海关税收和分配统计》,中华书局 1992 年版。

75．田兆元、田亮:《商贾史》,上海文艺出版社 1997 年版。

76．汪敬虞:《近代中外经济关系史论丛》,方志出版社 2006 年版。

77．王尔敏:《五口通商变局》,广西师范大学出版社 2006 年版。

78．王建朗、黄克武:《两岸新编中国近代史・晚清卷》,社会科学文献出版社 2016 年版。

79．王茂荫:《王侍郎奏议》,黄山书社 1991 年版。

80．王庆云:《石渠余记》,北京古籍出版社 1985 年版。

81．王铁崖:《中外旧约章汇编》,三联书店 1957 年版。

82．王锡祺辑:《小方壶斋舆地丛钞》,杭州古籍书店 1985 年版。

83．王晓菊:《俄国东部移民开发问题研究》,中国社会科学出版社 2003 年版。

84．王云五主编:《万有文库・中外条约汇编》,商务印书馆 1933 年版。

85．王之相:《中俄陆路通商关系之历史上的变迁》,《辛巳文录初集》,文奎堂书庄 1941 年版。

86．魏俊:《清代广州十三行的兴衰:白银供应的角度》,广西师范大学出版社 2018 年版。

87．厦门大学台湾研究所:《康熙统一台湾档案史料选辑》,福建人民出版社 1983 年版。

88．徐文月:《山西经济开发史》,山西经济出版社 1992 年版。

89．许地山:《鸦片战争前中英交涉史料》,商务印书馆 1928 年版。

90．燕红忠:《中国的货币金融体系(1600—1949):基于经济运行与经济近代化的研究》,中国人民大学出版社 2012 年版。

91．(唐)杨倞注:《荀子》(第 2 卷),商务印书馆 1919 年版。

92．姚明辉:《蒙古志》,成文出版社 1968 年版。

93．姚贤镐:《中国近代对外贸易史资料》,科学出版社 2016 年版。

94．叶柏川:《论俄国早期对华贸易中推行的官方贸易垄断政策》,《中俄关系的历史与现实》,社科文献出版社 2009 年版。

95．叶松年:《中国近代海关税则史》,三联书店 1991 年版。

96．袁森坡:《康雍乾经营与开发北疆》,中国社会科学出版社 1991 年版。

97．章文钦:《广东十三行与早期中西关系》,广东经济出版社 2009 年版。

98．章文钦:《广州十三行沧桑》,广东省地图出版社 2001 年版。

99．张书才:《雍正朝汉文朱批奏折汇编》,江苏古籍出版社 1989 年版。

100．张晓宁:《天子南库:清前期广州制度下的中西贸易》,江西高校出版社 1999 年版。

101．张正明:《晋商兴衰史》,山西古籍出版社 1996 年版。

102．张正明:《明清晋商及民风》,人民出版社 2003 年版。

103．赵尔巽等:《清史稿》,中华书局 1976 年版。

104．赵淑敏:《中国海关史》,台湾"中央文物供应社"1982 年版。

105．(清)赵翼:《簷曝杂记》,中华书局 1982 年版。

106．(东汉)郑玄注:《礼记正义》,上海古籍出版社 1990 年版。

107．郑友揆:《中国的对外贸易和工业发展》,上海社会科学院出版社 1984 年版。

108．周湘:《广州外洋行商人》,广东人民出版社 2002 年版。

109．中国第二历史档案馆、中国海关总署办公厅:《中国旧海关史料:1859—1948》,京华出版社 2001 年版。

110．中国第一历史档案馆:《明清宫藏中西商贸档案》,中国档案出版社 2010 年版。

111．中国第一历史档案馆:《清代中俄关系档案史料选编》,中华书局 1981 年版。

112．中国第一历史档案馆:《清宫珍藏杀虎口右卫右玉县御批奏折汇编》,中华书局 2010 年版。

113．中国第一历史档案馆:《雍正朝汉文朱批奏折汇编》,江苏古籍出版社 1989 年版。

114．中国第一历史档案馆、广州市荔湾区人民政府:《清宫广州十三行档案精选》,广东经济出版社 2002 年版。

115．中国人民银行山西省分行、山西财经学院、黄鉴晖:《山西票号史料》,山西经济出版社 2002 年版。

116．[奥]约瑟夫·熊彼特:《经济分析史》,朱泱译,商务印书馆 1991 年版。

117．[德]G. F. 米勒、彼得·西蒙·帕拉斯:《西伯利亚的征服和早期俄中交往、战争和商业史》,李雨时译,商务印书馆 1979 年版。

118．《资本论》,中共中央马克思恩格斯列宁斯大林著作编译局译,人民出版社 2004 年版。

119.《马克思恩格斯选集》,人民出版社 1972 年版。

120.[法]张诚:《张诚日记》,陈霞飞译,商务印书馆 1973 年版。

121.[俄]阿·科尔萨克:《俄中贸易关系史述》,米镇波译,社会科学文献出版社 2010 年版。

122.[俄]米·约·斯拉德科夫斯基:《俄国各民族同中国的贸易经济关系史(1917 年以前)》,宿丰林译,社会科学文献出版社 2008 年版。

123.[俄]娜·费·杰米多娃、弗·斯·米亚斯尼科夫:《在华俄国外交使者(1618—1658)》,黄玫译,社会科学文献出版社 2010 年版。

124.[俄]尼古拉·班蒂什-卡缅斯基编著:《俄中两国外交文献汇编(1619—1792)》,中国人民大学俄语教研室译,商务印书馆 1982 年版。

125.[俄]特鲁谢维奇:《十九世纪前的俄中外交及贸易关系》,徐东辉、谭萍译,岳麓书社 2010 年版。

126.[美]道格拉斯·C.诺斯:《经济史上的结构和变革》,厉以平译,商务印书馆 1992 年版。

127.[美]范岱克:《广州贸易——中国沿海的生活与事业(1700—1845)》,江滢河、黄超译,社会科学文献出版社 2018 年版。

128.[美]马士:《东印度公司对华贸易编年史(1635—1834)》,区宗华译,中山大学出版社 1991 年版。

129.[美]马士:《中华帝国对外关系史》,张汇文等译,商务印书馆 1963 年版。

130.[日]滨下武志:《近代中国的国际契机》,朱荫贵、欧阳菲译,中国社会科学出版社 1999 年版。

131.[日]滨下武志:《中国近代经济史研究:清末海关财政与通商口岸市场圈》,高淑娟、孙彬译,江苏人民出版社 2008 年版。

132.[日]松浦章:《清代海外贸易史研究》,李小林译,天津人民出版社 2016 年版。

133.[日]佐伯富:《清雍正朝的养廉银研究》,郑梁生译,台湾商务印书馆 1976 年版。

134.[苏]卡巴诺夫:《黑龙江问题》,姜延祚译,黑龙江人民出版社 1983 年版。

135.[苏]斯拉德科夫斯基:《中国对外经济关系简史》,郗藩封等译,财政经济出版社 1956 年版。

136.[英]安格斯·麦迪森:《世界经济千年统计》,伍晓鹰译,北京大学出版社 2009 年版。

137.[英]格林堡:《鸦片战争前中英通商史》,康成译,商务印书馆 1961 年版。

138.[英]莱特:《中国关税沿革史》,姚曾廙译,三联书店 1958 年版。

（二）论文类

139．蔡鸿生：《清代广州行商的西洋观——潘有度〈西洋杂咏〉评说》，《广东社会科学》2003 年第 1 期。

140．蔡鸿生：《“商队茶”考释》，《历史研究》1982 年第 6 期。

141．陈诗启：《清末税务处的设立和海关隶属关系的改变》，《历史研究》1987 年第 3 期。

142．成艳萍、王阿丽：《与恰克图茶叶贸易相关的人员流动分析》，《山西大学学报（哲学社会科学版）》2011 年第 3 期。

143．崔俊霞、成碧莹、朱颖原：《信用伦理视域下的明清晋商》，《经济问题》2017 年第 3 期。

144．戴和：《试论清前期粤海关征税用人的弊端》，《广州研究》1985 年第 1 期。

145．戴和：《清代粤海关税收的考核与报解制度述论》，《海交史研究》1988 年第 1 期。

146．邓端本：《鸦片战争前的粤海关》，《岭南文史》1984 年第 2 期。

147．邓沛勇：《雍正时期的中俄关系及其历史作用》，《边疆经济与文化》2011 年第 8 期。

148．邓亦兵：《清代前期税则制度的变迁》，《中国史研究》2003 年第 3 期。

149．樊树志：《从恰克图贸易到广州“通商”》，《社会科学战线》1982 年第 2 期。

150．丰若非、马建华：《晋商信用的起源与维持机制》，《经济管理》2008 年第 13 期。

151．高春平：《诚信晋商与信用山西》，《山西社会主义学院学报》2009 年第 2 期。

152．何本方：《清代的榷关与内务府》，《故宫博物院院刊》1985 年第 2 期。

153．何本方：《乾隆年间榷关的免税措施》，《历史档案》1987 年第 4 期。

154．何本方：《清代户部诸关耗羡归公的改革》，《南开史学》1984 年第 2 期。

155．韩芸：《试论明清晋商会馆的信用自治管理》，《山西煤炭管理干部学院学报》2007 年第 1 期。

156．郝玉凤：《中俄恰克图边境贸易述论》，东北师范大学硕士学位论文，2007 年。

157．黄国声：《十三行行商颜时瑛家世事迹考》，《中山大学学报》（哲学社会科学版）1990 年第 2 期。

158．黄国盛：《鸦片战争前粤海关当局与“大班”的关系及其演变》，《福建论坛》（文史哲版）1998 年第 1 期。

159．黄鉴晖：《山西茶商与中俄恰克图贸易》，《中国经济史研究》1993 年第 1 期。

160．贾瑞:《恰克图贸易商品结构探析》,《运城学院学报》2020 年第 5 期。

161．贾瑞、刘建生:《清代对外贸易政府管理体制探析——恰克图和广州对外贸易政府管理体制的比较研究》,《求是学刊》2019 年第 1 期。

162．贾瑞、石磊:《清代晋商脚下的万里茶路》,《文史月刊》2020 年第 6 期。

163．贾瑞、张喜琴:《清代中俄贸易信用体系探析——以晋商对俄贸易为例》,《学习与探索》2018 年第 11 期。

164．蒋祖缘:《清代十三行吸纳西方文化的成就与影响》,《学术研究》1998 年第 5 期。

165．赖惠敏:《清乾隆朝的税关与皇室财政》,《台湾“中央研究院”近代史研究所集刊》2004 年第 46 期。

166．赖惠敏:《清政府对恰克图商人的管理(1755—1799)》,《内蒙古师范大学学报》(哲学社会科学版)2012 年第 1 期。

167．赖惠敏:《山西常氏在恰克图的茶叶贸易》,《史学集刊》2012 年第 6 期。

168．冷东、刘桂奇:《十三行与清代中后期广州现代医疗卫生体系的初建》,《西南大学学报》(社会科学版)2010 年第 5 期。

169．李丽娜:《晋商的兴起与山西城镇的变迁》,《太原理工大学学报》(社会科学版)2008 年第 1 期。

170．李易文:《清中后期的蒙古地区的对俄茶叶贸易》,《中国边疆史地研究》1996 年第 4 期。

171．李现云:《概述清代中俄四个贸易阶段的演变——以万里茶道河北段为例》,《农业考古》2017 年第 5 期。

172．李玉龙:《晋商信用机构的外部性探析》,《中共山西省委党校学报》2007 年第 5 期。

173．李志学:《中俄恰克图贸易述评》,《暨南学报》1992 年第 2 期。

174．廖声丰:《乾隆实施“一口通商”政策的原因——以清代前期海关税收的考察为中心》,《江西财经大学学报》2007 年第 3 期。

175．廖声丰:《清代前期粤海关的商品流通及税收》,《华南农业大学学报》2009 年第 1 期。

176．林日杖:《论清代大黄制夷观念发展强化的原因》,《福建师范大学学报》(哲学社会科学版)2006 年第 1 期。

177．刘秉贤:《清政府挽救蒙古茶叶利权的措施——围绕〈中俄陆路通商章程〉的签订及两次修订》,《内蒙古民族大学学报》(社会科学版)2010 年第 3 期。

178．刘秉贤:《中俄系列商约框架下的晋商恰克图茶叶贸易》,《山西档案》2014 年第 5 期。

179．刘建生、贾瑞:《近代中国对外贸易式微的制度诱因与治理审视——以清代恰克图晋商和广州十三行行商为参照》,《河南师范大学学报》(哲学社会科学版)2019年第3期。

180．刘建生、王锦:《恰克图与广州对外贸易管理体制比较研究》,《史志学刊》2016年第3期。

181．刘梅英:《从福建大米进口贸易的消长看地缘经济优势》,《特区经济》2006年第10期。

182．刘秋根、周星辉:《山西票号的客户管理》,《清华管理评论》2013年第6期。

183．刘孝勇:《沙俄在"恰克图时代"中俄贸易中的地位》,《首都师范大学学报》(社会科学版)2010年第S1期。

184．刘选民:《中俄早期贸易考》,《燕京学报》1939年第25期。

185．罗椿咏:《清末俄国对中国茶叶市场的控制及其影响》,《云南师范大学学报》(哲学社会科学版)2011年第2期。

186．潘刚儿:《清代与世界经济接轨的杰出海商代表——广州十三行行首潘振承及其同文(孚)行》,《闽台文化交流》2010年第1期。

187．彭泽益:《清初四榷关地点和贸易量的考察》,《社会科学战线》1984年第3期。

188．彭泽益:《清代广东洋行制度的起源》,《历史研究》1957年第1期。

189．齐运东:《试论清代中俄茶叶贸易》,《中国茶叶》2006年第6期。

190．石涛、陈鹏、李军:《盛极而衰:清代中俄恰克图边贸新探》,《中国经济史研究》2012年第4期。

191．史军伟:《试论清代中俄恰克图边市贸易》,《内蒙古社会科学》(汉文版)2011年第6期。

192．宿丰林、杨芳:《中俄边境贸易的过去、现在和将来》,《西伯利亚研究》2006年第33期。

193．隋福明:《清代"广东十三行"的贸易制度演化》,《社会科学战线》2007年第1期。

194．孙守春:《早期恰克图贸易的历史地位和作用》,《辽宁师范大学学报》(社会科学版)2003年第3期。

195．塔日:《中俄恰克图贸易对蒙古地区经济文化的影响研究》,中央民族大学硕士学位论文,2013年。

196．汤象龙:《鸦片战争前夕中国的财政制度》,《财经科学》1956年第1期。

197．陶德臣:《马克思论中俄茶叶贸易》,《中国茶叶》2008年第3期。

198．腾德永:《粤海关与晚清宫廷的购金》,《中国经济史研究》2019年第1期。

199. 王飞:《清代十三行贸易和恰克图贸易比较研究》,《经济问题》2018 年第 3 期。

200. 王立诚:《英国与近代中外贸易“法治”的建立》,《历史研究》2001 年第 2 期。

201. 王少平:《恰克图贸易中断原因初探》,《学习与探索》1987 年第 3 期。

202. 王士铭:《19 世纪穆氏家族与俄罗斯商人在恰克图交易大黄情况》,《内蒙古师范大学学报》(哲学社会科学版)2013 年第 4 期。

203. 王询、许晓东:《清代广州通商及其十三行制度》,《东北财经大学学报》2013 年第 6 期。

204. 韦庆远:《论康熙时期从禁海到开海的政策演变》,《中国人民大学学报》1989 年第 3 期。

205. 吴义雄:《兴泰行商欠案与鸦片战争前夕的行商体制》,《近代史研究》2007 年第 1 期。

206. 吴义雄:《鸦片战争前粤海关税费问题与战后海关税则谈判》,《历史研究》2005 年第 1 期。

207. 燕红忠、李东:《基于晋商实践的信用起源与维持机制》,《经济问题》2006 年第 2 期。

208. 许檀:《清代山西归化城的商业》,《文史哲》2009 年第 4 期。

209. 许檀、经君健:《清代前期商税问题新探》,《中国经济史研究》1990 年第 2 期。

210. 燕红忠、李东:《基于晋商实践的信用起源与维持机制》,《经济问题》2006 年第 2 期。

211. 杨宏烈:《“十三行”:清朝广州城市发展动力分析》,《中国名城》2014 年第 5 期。

212. 杨永生、李永宠、刘伟:《中蒙俄文化廊道——“丝绸之路经济带”视域下的万里茶道》,《经济问题》2015 年第 4 期。

213. 衣长春:《清代中俄恰克图边境早期官制考》,《西伯利亚研究》2004 年第 4 期。

214. 曾耀辉、匡小平:《康乾盛世的税收制度文化诱因》,《财经理论与实践》2012 年第 3 期。

215. 章文钦:《从封建官商到买办商人——清代广东行商伍怡和家族剖析》(上),《近代史研究》1984 年第 3 期。

216. 章文钦:《从封建官商到买办商人——清代广东行商伍怡和家族剖析》(下),《近代史研究》1984 年第 4 期。

217. 章文钦:《从封建官商到买办官僚——吴健彰析论》,《近代史研究》1989 年第5期。

218. 张忠民:《顶身股:晋商的员工激励》,《清华管理评论》2013年第2期。

219. 周湘:《清代广州行商倪秉发事迹》,《中山大学学报》(社会科学版)2001年第5期。

220. 周湘:《清代毛皮贸易中的广州和恰克图》,《中山大学学报论丛》(社会科学版)2000年第3期。

221. 庄国土:《18世纪中国与西欧的茶叶贸易》,《中国经济史研究》1992年第3期。

222. 庄国土:《茶叶、白银和鸦片:1750—1840年中西贸易结构》,《中国经济史研究》1995年第3期。

223. 庄国土:《从闽北到莫斯科的陆上茶叶之路——19世纪中叶前中俄茶叶贸易研究》,《厦门大学学报》(哲学社会科学版)2001年第2期。

后　　记

该书是在我的博士毕业论文的基础上修改而成的。5 年前，通过复习与考试，我如愿以偿，与山西大学这座百年学府结缘，并有幸拜在刘建生老师的门下学习经济史。由于我的硕士专业为国际贸易，所以刘老师给我提供了恰克图与广州对外贸易比较的题目展开研究。虽然自己对经济史很感兴趣，但是在这一领域，自己明显是一个初学者。之后，我阅读了大量与经济学和历史学相关的经典著作，慢慢形成了经济史的学习与研究方向和思路，为自己的研究打下了基础。在此基础上，我通过不断的努力，终于完成了博士毕业论文。在毕业后的两年里，通过对论文不断修改完善，完成了这本小书。

在书稿即将付梓之际，我首先要感谢我的博士生导师刘建生教授，在山西大学求学的 3 年中，刘老师无论在学习上还是在生活上都给予了我极大的指导与帮助，从对外贸易史研究方向的确定，到论文的选题、构思、初稿的写作及修改，刘老师都倾入了巨大的心血，我从他那里学习到的东西虽然不多，但却使我终生受益。感谢山西大学晋商学研究所石涛、刘成虎、成艳萍、荣晓峰等老师的帮助，几年来，各位老师一直关心我的学习和成长，使我更加坚定了在学术探索道路上不断前进的勇气。感谢山西大学晋商学研究所这一平台，使我在学习期间能够频繁地参加国内的各种学术研讨会，通过与全国各地经济史学者的广泛交流，开阔了我的学术视野、提升了我的研究能力。感谢工作以来，运城学院经济管理系、科技产业处的领导和同事给予我的无私关怀和帮助,使我能够迅速融入一个温暖的大家庭。感谢林枫、燕红忠、冷冬、耿烨强等老师提出的意见和建议,虽然本书还远未达到各位老师的期望,好在学无止境,这给我明确了未来的研究方向。本书的出版得到了山西省晋商文化基金会研究专项课题(JSKTY201910)、山西省高校哲社项目(2020W160)和运城学院金融学学科建设项目的支持。同时感谢运城学院经济管理系秦哲璇、中共山西省翼城县委党校张晓瑢在文稿校对过程中所做的大量工作,感谢人民出版社方国根编审为本书的出版付出的辛勤工作。

最让我深怀愧疚的是我的家人,正是他们的理解和默默支持,才使我安心完成学业。

博士论文的出版是我研究的一个起点,以后,我将更加努力,在学术研究的道路上不断前进。

贾　瑞

2021 年 12 月于运城学院馨园

责任编辑:方国根

图书在版编目(CIP)数据

清代恰克图与广州对外贸易方式比较研究/贾瑞 著.—北京:
人民出版社,2022.3
ISBN 978-7-01-024159-3

Ⅰ.①清… Ⅱ.①贾… Ⅲ.①对外贸易-贸易方式-对比研究-俄罗斯、中国-清代 Ⅳ.①F752.949

中国版本图书馆 CIP 数据核字(2021)第 256414 号

清代恰克图与广州对外贸易方式比较研究

QINGDAI QIAKETU YU GUANGZHOU DUIWAI MAOYI FANGSHI BIJIAO YANJIU

贾 瑞 著

人民出版社 出版发行
(100706 北京市东城区隆福寺街 99 号)

北京汇林印务有限公司印刷 新华书店经销

2022 年 3 月第 1 版 2022 年 3 月北京第 1 次印刷
开本:710 毫米×1000 毫米 1/16 印张:15.25
字数:210 千字

ISBN 978-7-01-024159-3 定价:65.00 元

邮购地址 100706 北京市东城区隆福寺街 99 号
人民东方图书销售中心 电话 (010)65250042 65289539